权威·前沿·原创

皮书系列为
"十二五""十三五""十四五"时期国家重点出版物出版专项规划项目

BLUE BOOK

智 库 成 果 出 版 与 传 播 平 台

国际新闻蓝皮书

BLUE BOOK OF INTERNATIONAL JOURNALISM

国际新闻传播研究报告（2022）

ANNUAL REPORT ON INTERNATIONAL JOURNALISM AND
COMMUNICATION STUDIES（2022）

主　编／徐清泉　白红义

社会科学文献出版社
SOCIAL SCIENCES ACADEMIC PRESS（CHINA）

图书在版编目（CIP）数据

国际新闻传播研究报告 . 2022 / 徐清泉，白红义主编 . --北京：社会科学文献出版社，2023.8
（国际新闻蓝皮书）
ISBN 978-7-5228-2454-3

Ⅰ.①国… Ⅱ.①徐… ②白… Ⅲ.①国际新闻-新闻工作-研究报告-中国-2022 Ⅳ.①G219.26

中国国家版本馆 CIP 数据核字（2023）第 158264 号

国际新闻蓝皮书
国际新闻传播研究报告（2022）

主　　编／徐清泉　白红义

出 版 人／冀祥德
组稿编辑／吴　敏
责任编辑／张　媛
责任印制／王京美

出　　版／社会科学文献出版社·皮书出版分社（010）59367127
　　　　　地址：北京市北三环中路甲 29 号院华龙大厦　邮编：100029
　　　　　网址：www.ssap.com.cn
发　　行／社会科学文献出版社（010）59367028
印　　装／三河市东方印刷有限公司

规　　格／开本：787mm×1092mm　1/16
　　　　　印张：20.25　字数：300 千字
版　　次／2023 年 8 月第 1 版　2023 年 8 月第 1 次印刷
书　　号／ISBN 978-7-5228-2454-3
定　　价／158.00 元

读者服务电话：4008918866

主编简介

  徐清泉 上海社会科学院新闻研究所研究员，文学博士、经济学博士后，上海社会科学院马克思主义学院博士生导师，"移动互联全媒体传播研究"创新工程团队首席专家，上海市海峡两岸民间交流与发展研究会副会长，主要从事传媒、文化及舆论方面的特定专题学术研究工作。主持完成国家社科基金项目 2 项、国家高端智库项目及省部级社科规划招标课题 10 余项，先后获省部级以上科研成果奖励 10 余项。

  白红义 复旦大学新闻学院教授、博士生导师，复旦大学全球传播全媒体研究院研究员，兼任《新闻记者》特约编辑，研究领域包括新闻理论、新闻社会学、数字新闻学等。先后主持国家社科基金后期资助项目、国家社科基金一般项目、上海市哲社规划一般项目、教育部人文社科基金青年项目等课题。已出版专著 3 部，在《新闻与传播研究》《国际新闻界》《新闻大学》《现代传播》《新闻记者》《南京社会科学》等 CSSCI 来源期刊发表论文 50 余篇。

摘　要

　　从知识和理论创新的角度来看，以往中国新闻传播学研究的理论主题、分析框架以及研究方法等都受到欧美传播研究的深重影响，呈现较为明显的"拿来主义"和范式借用倾向。既有的大多数新闻传播研究以西方为基础，衍生出一种所谓的普适模型。正是因为看到这种做法存在的弊端，近年来，国内学界开始强调建设中国特色的新闻传播学学科体系、学术体系、话语体系，希望创造能够切实回答和解决中国实际问题、满足时代发展需要的新的理论范式和知识体系。但中国新闻传播学建构自主知识体系的过程，并不意味着完全抛弃国外特别是西方新闻传播学已经形成的知识体系。了解和发掘国外新闻传播学的概念、理论、知识依然是一项重要的工作。《国际新闻传播研究报告（2022）》由上海社会科学院新闻研究所主持编撰，对这两年来国外新闻传播学最新研究成果进行系统梳理，通过动态追踪发现全球新闻传播学的新概念、新理论、新知识。报告分析了近年来国际新闻传播学的关注热点和研究旨趣，提炼出社会传播系统中的新闻实践、信息传播经验的新路径、虚假信息的传播扩散与事实核查、身份政治的传播话语实践、新闻与社交媒体等关键研究主题。报告指出，在对经典与前沿主题探讨不衰的同时，实践动态与学界意志是推动热门主题研究发展的主要力量；此外，理论与方法应用上的进益仍是当下新闻传播学研究的主要课题。

关键词：　新闻传播学　理论范式　学科发展　国外研究

目　录 ↖

Ⅰ　总报告

Ⅱ　前沿热点篇

Ⅲ　媒介社会篇

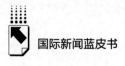

皮书数据库阅读**使用指南**

总 报 告
General Report

B.1
2022年国际新闻传播学发展报告

徐清泉　白红义*

摘　要： 本报告以四本SSCI期刊2022年发表的新闻传播研究型论文为索引，分析本年度西方新闻传播学的关注热点和研究旨趣。报告在综合关键词主题聚类结果和期刊专题的基础上，提炼出五大关键研究主题，即社会传播系统中的新闻实践、受众/用户转向、虚假信息的传播扩散与事实核查、身份政治的传播话语实践、新闻与社交媒体。报告发现，在对经典与前沿主题探讨不衰的同时，实践动态与学界意志是推动热门主题研究发展的主要力量；此外，理论与方法应用上的进益仍是当下新闻传播学研究的主要课题。

关键词： 新闻学　传播学　期刊综述　西方研究

---

* 徐清泉，上海社会科学院新闻研究所研究员，主要从事传媒、文化及舆论方面的特定专题研究；白红义，复旦大学新闻学院教授、复旦大学全球传播全媒体研究院研究员，研究领域包括新闻理论、新闻社会学、数字新闻学等。

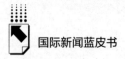

随着西方数字技术的发展，新闻学与传播学之间发生更多的交叉和融合，新闻学研究在数字新闻实践的推动下，成为初具凝聚力也不断面临挑战的传播研究子领域。虽然对现代新闻业的学术关切可追溯至 20 世纪初的美、英、德等地的社会科学界，但是以新闻业为终极关切的"新闻研究"却一直面临着划定学术边界的难题，处在学界和业界、人文科学和社会科学场域之间反复拉扯的紧张关系之中，新闻研究的发展充满了冲突和不平衡。①

然而，新闻传播研究内部面临的最大挑战仍是形成一套基本的认识论共识、整合的理论体系，从而将新闻传播学的宏观、中观和微观层面连接起来。② Carlson 等人曾提出新闻研究的六项核心关切或研究承诺（commitments），分别是语境敏感性、整体的关系性、比较研究倾向性、对规范性的意识、置入性的传播权力以及方法论上的多元性。若从这六项基本"承诺"出发，可将其视作新闻传播研究的"最大公约数"，进而勾勒近 10 余年来的研究版图，探知研究领域的核心认识论关切，即将新闻业视作社会公共事务信息的主要来源、生产、流通机制，并与其他媒体和传播形式有所区分。③

在此共识的基础上，近年来西方新闻传播研究呈现关切多元、理论方法多样的特点。Steensen 等人将学术文本作为描摹一个学科领域研究旨趣、研究方法和引证关系等特点的入口，由此发展出一套较为完善的通过统计分析学术文本的关键词、摘要、参考文献等特征性数据分析研究样貌的方法。④受此启发，本报告采取类似方法抓取《数字新闻学》等四本 SSCI 期刊论文

---

① 〔美〕芭比·泽利泽：《严肃对待新闻：新闻研究的新学术视野》，李青藜译，中国人民大学出版社，2022。
② Erjavec, K., & Zajc, J., "A Historical Overview of Approaches to Journalism Studies," *Medijska Istrazivanja/media Research*, 2011, 17 (1).
③ Carlson, M., Robinson, S., Lewis, S. C., & Berkowitz, D. A., "Journalism Studies and its Core Commitments: The Making of a Communication Field," *Journal of Communication*, 2018, 68 (1).
④ Steensen, S., Grøndahl Larsen, A. M., Hågvar, Y. B., & Fonn, B. K., "What Does Digital Journalism Studies Look Like?" *Digital Journalism*, 2019, 7 (3).

的关键词后，进行编码、主题聚类和频数排序。在此基础上，本报告还注意到四本期刊均设有数量不等的研究专刊，如"COVID-19""虚假信息""全球南方"等。作为学术期刊编辑部的专题策划，专刊也在一定程度上反映该领域学者一段时间以来所关注的重点话题，成为新闻研究领域学术知识生产多样化的重要方式。① 因此，专刊也成为确定研究主题的一个重要参考因素。对此，本报告先将所有论文汇总，统一根据关键词编码；然后结合专刊情况，研读讨论论文后，对部分专题进行拆解分散，最终确定了2022年新闻传播学五个关键研究主题。下文将从本年度的五个热门研究主题入手，并以之为"经"，以不同的研究视角和方法为"纬"，讨论西方学术界如何运用学术方法关切当下世界。

一 社会传播系统中的新闻实践：COVID-19危机报道

COVID-19对于新闻业来说，不只是"有待报道"的社会危机事件，作为社会信息传播系统的一个重要环节，其功能和角色也可能被改变，这是一个关键的时刻。因此，COVID-19新闻的传播实践，既有此前危机话语的特点，又有新的变化。这些"变与不变"成为西方学者所关注的新闻话语实践的起点，并将此情境中的生产常规、策略变化作为首要研究关切。

Kim讨论了在作为突发新闻现场的COVID-19报道中，记者是如何平衡本土受众兴趣和全球事态发展、提供持续新闻价值的，并对英国、美国、韩国的新闻生产做了横向的比较。② 她指出，在以上国家的新闻传播实践中，

---

① Ekdale, B., Biddle, K., Tully, M., Asuman, M., & Rinaldi, A., "Global Disparities in Knowledge Production Within Journalism Studies: Are Special Issues the Answer?" *Journalism Studies*, 2022, 23 (15).

② Kim, Y., "Outbreak News Production as a Site of Tension: Journalists' News-making of Global Infectious Disease," *Journalism*, 2022, 23 (1).

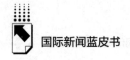

记者虽然内化了全球观念，但仍强调COVID-19是来自全球南方的危机，不断完成一种对"去领地化"的"再领地化"，并试图跳脱突发新闻的叙事框架。还有学者使用民族志的方法细致描画特殊情境下新闻生产常规的改变，以印度尼西亚的广播电视新闻生产为例，探讨疫情之下新闻制作条件、实践地点变化以及对专业权威的影响。研究发现，疫情冲击下，广播电视记者将"新闻室内的新闻制作"视作不可让步的专业性实践，信源地理的可接触性成为塑造媒体与信源关系的重点；此外，对于当地记者来说，身入现场比预录报道或深度分析更重要。这一研究从第三世界国家的新闻室现场切入，展现了与发达国家不同的疫情新闻生产常规。① 随着新冠疫情进入常态化的波动期，其影响还波及了细分条线的新闻常规，如受制于接触限制和赛事停摆，体育新闻成为"无米之炊"，进而加剧了本身存在于体育新闻中远离直接信源、依赖官方信源、偏向数据和分析驱动报道的实践趋势。② 可以说，在长期疫情条件下，新闻业的关切已经从聚焦突发现场逐渐转向常规报道，且呈现丰富的地区差异。

在新闻生产实践受影响、重塑的基础上，研究者还关注到疫情中新闻工作者的劳动状态。在疫情初期的封控冲击下，记者们首先面临的是高度的工作不稳定性和收入骤减，进而是复杂的情感劳动和职业认同挑战。③ 关注记者职业压力的研究发现，记者们在疫情期间面临更密集的社会信息需求、高强度的疫情新闻接触，以及居家工作条件之下的压抑情绪。④⑤ 疫情中记者

① Saptorini, E., Zhao, X., & Jackson, D., "Place, Power and the Pandemic: The Disrupted Material Settings of Television News Making during COVID-19 in an Indonesian Broadcaster," *Journalism Studies*, 2022, 23 (5-6).

② Velloso, C., "Making Soufflé with Metal: Effects of the Coronavirus Pandemic on Sports Journalism Practices," *Journalism*, 2022, 23 (12).

③ Libert, M., Le Cam, F., & Domingo, D., "Belgian Journalists in Lockdown: Survey on Employment and Working Conditions and Representations of their Role," *Journalism Studies*, 2022, 23 (5-6).

④ Šimunjak, M., "Pride and Anxiety: British Journalists' Emotional Labour in the Covid-19 Pandemic," *Journalism Studies*, 2022, 23 (3).

⑤ Tandoc Jr., E. C., Cheng, L., & Chew, M., "Covering COVID: Changes in Work Routines and Journalists' Well-being in Singapore," *Journalism Studies*, 2022, 23 (14).

的情感劳动不仅包括处理因工作产生的负面情绪，还有更多来自对公共情感敏锐感知、专业处理的挑战。有学者将大流行视作一种"发生在家门口的创伤报道"实践。① 在危机报道中，记者无时无刻不面临着道德挑战，即如何在创伤和疗愈中取舍、如何共情且冷静地传递情绪等。但大流行作为席卷所有人的"家门口"的危机，记者不再是灾难现场的"局外人"，记者也生活在这场灾难中，进而改变了传统创伤报道中的记者—信源关系。

除了从新闻生产角度探讨疫情与新闻业，受众和用户对新闻的接受习惯和态度也成为研究者透视疫情影响社会新闻传播流通结构的一面镜子。Broersma 和 Swart 关注疫情期间用户使用习惯的形成和调整，归纳了五类使用习惯类型，分别是新闻回避者、从关注转为回避者、稳定阅读者、频繁阅读者和新闻沉迷者，展现了疫情影响下的复杂新闻消费习惯。② 人们在疫情期间对新闻的使用态度，反映了社会对新闻角色和功能的期待。有研究者对比了传统新闻渠道中的信源使用情况和受众反馈的信任偏好，发现在英国的COVID-19 新闻中，尽管官方信源仍然占据主流，但受众更倾向于信任科学声音，更青睐作为信源出现的独立科学家。③ 这证明了受众仍然期待新闻能够批评、监督政府的危机决策，特别是在涉及科学问题的疫情状态下。更多研究还关注到数字媒体条件下，用户的使用习惯④和批评行为⑤。前者以社交媒体上信息传播的可见性为研究关切，发现在社交平台上含有突出情感性或理性要素的传播内容都更受青睐，而媒体品牌性因素的影响则并不突出；后者则通过分析社交媒体上用户对晨间新闻栏目的批评，发现大流行期间用

---

① Jukes, S., Fowler-Watt, K., & Rees, G., "Reporting the Covid-19 Pandemic: Trauma on Our Own Doorstep," *Digital Journalism*, 2022, 10 (6).

② Broersma, M., & Swart, J., "Do Novel Routines Stick after the Pandemic? The Formation of News Habits during COVID-19," *Journalism Studies*, 2022, 23 (5-6).

③ Cushion, S., Morani, M., Kyriakidou, M., & Soo, N., "Why Media Systems Matter: A Fact-Checking Study of UK Television News during the Coronavirus Pandemic," *Digital Journalism*, 2022, 10 (5).

④ Zhang, X., & Zhu, R., "How Source-level and Message-level Factors Influence Journalists' Social Media Visibility during a Public Health Crisis," *Journalism*, 2022, 23 (12).

⑤ Gutsche Jr., R. E., Forde, S. L., Pinto, J., & Zhu, Y., "Good Morning, COVID! The Inertia of Journalistic Imaginaries in Morning Shows' Online Comments," *Journalism*, 2022, 23 (12).

户对"好新闻"的想象仍在很大程度上贴合硬新闻的传统标准。

从受众的接受习惯和态度来看，在危机中人们仍然抱有对"好新闻"的期待，这也可以理解为对专业规范和边界的审视和介入。由此，COVID-19对于新闻业自身来说也成为一个展示专业主义和元新闻话语的重要领域。新闻专业主义的实践选择[1]和关于危机中的职业认同表述[2]都展现了对元新闻话语的表达。而以英国、美国和奥地利的新闻行业期刊与媒体社论为经验材料的研究则更集中地考察了危机中元新闻话语的表达策略，以及其如何成为新闻专业场域的"稳定器"。[3][4]

因此，除了探讨新闻业的既有常规、建构危机报道范式如何被改变，研究者更关注在COVID-19的长期情境下，新闻业是如何调整和合理化专业主义理念、稳定职业场域的。然而，既有研究从个案和经验上扎根的较多，从社会理论高度关涉疫情作为一个现代风险事件的系统性论述较少。其特殊性在于，它既从微观结构上改变了社会行动者的常规和互动方式，又从宏观结构上作用于社会场域之间的相互关系。在与病毒共存的漫长未来，新冠疫情还将不断对新闻场域产生持续的影响，留待后学探索。

二 受众/用户转向：信息传播经验的新路径

在COVID-19的新闻传播学研究中，受众/用户的内容消费是一个重要面向，这在一定程度上是最近几年数字新闻学受众转向的体现。与忽略受众

① Saptorini, E., Zhao, X., & Jackson, D., "Place, Power and the Pandemic: The Disrupted Material Settings of Television News Making during COVID-19 in an Indonesian Broadcaster," *Journalism Studies*, 2022, 23 (5-6).
② Libert, M., Le Cam, F., & Domingo, D., "Belgian Journalists in Lockdown: Survey on Employment and Working Conditions and Representations of their Role," *Journalism Studies*, 2022, 23 (5-6).
③ Finneman, T., & Thomas, R. J., "Our Company is in Survival Mode: Metajournalistic Discourse on COVID-19's Impact on US Community Newspapers," *Journalism Practice*, 2022, 16 (10).
④ Perreault, G., Perreault, M. F., & Maares, P., "Metajournalistic Discourse as a Stabilizer within the Journalistic Field: Journalistic Practice in the Covid-19 Pandemic," *Journalism Practice*, 2022, 16 (2-3).

的传统路径不同，研究者们开始更加系统地对用户进行探讨，不仅对用户的新闻使用有大量系统的研究，还特别关注到用户的内容参与、评论等方面。

研究者首先希望更多了解用户的新闻使用行为和习惯。Peters 等人重点关注 18~24 岁丹麦青年的新闻使用偏好和经历，探索年轻人新闻使用的五种类别。① 研究者也关注到超本地化信息环境下受众成员的信息使用情况② 与全球南方如肯尼亚的日常新闻使用和错误信息处理情况③。Van der Meer 和 Hameleers 认为受众在新闻选择中存在否定性和确认性偏差，会导致过度负面和扭曲的世界观。④ 在此基础上，研究证明媒介素养干预可以作为一种工具来对抗在线新闻选择中的负面偏见。除了媒介素养，研究者还从情感等角度试图改善受众的错误新闻使用情况，总结了应对情感规则与情感体验之间错位的四种策略：中止、继续使用违反情感规则的媒体、区隔化和合理化。⑤

值得注意的是，受众的新闻使用正在走向两种不同的方向。第一种是关注新闻乃至积极参与内容生产。虽然编辑室中的制度僵化导致人们不愿意让新闻生产更加协作化⑥，但是公众参与新闻仍然是如今新闻生产的重要组成部分。Chung 和 Jeong 强调公民视觉贡献者对新闻的贡献⑦，Ristovska 则提倡通过使用现场目击者图像来提高当地声音的可见度⑧，Chung 和 Nah 讨论

---

① Peters, C., Schrøder, K. S., Lehaff, J., Vulpius, J., "News as they Know it: Young Adults' Information Repertoires in the Digital Media Landscape," *Digital Journalism*, 2022, 10 (1).

② Örnebring, H., & Hellekant Rowe, E., "The Media Day, Revisited: Rhythm, Place and Hyperlocal Information Environments," *Digital Journalism*, 2022, 10 (1).

③ Tully, M., "Everyday News Use and Misinformation in Kenya," *Digital Journalism*, 2022, 10 (1).

④ Van der Meer, T. G. L. A., Hameleers, M., "I Knew it, the World is Falling Apart! Combatting a Confirmatory Negativity Bias in Audiences' News Selection Through News Media Literacy Interventions," *Digital Journalism*, 2022, 10 (3).

⑤ Lehaff, J., "When News Use Feels Wrong: Four Reactions to Misalignments between Feeling Rules and Feeling Responses," *Journalism Studies*, 2022, 23 (8).

⑥ Schmidt, T. R., Nelson, J. L., Lawrence, R. G., "Conceptualizing the Active Audience: Rhetoric and Practice in 'Engaged journalism'," *Journalism*, 2022, 23 (1).

⑦ Chung, D. S., Jeong, H. J., "Role Conceptions, Performance, and the Impact of Credibility: Professionals' and Citizens' Views on Citizen Visual Contributors," *Journalism*, 2022, 23 (10).

⑧ Ristovska, S., "Open-source Investigation as a Genre of Conflict Reporting," *Journalism*, 2022, 23 (3).

了美国社区报纸如何整合社区成员的新闻参与活动①。随着数字技术的发展，媒体与公众之间分明的界限被打破，公民的新闻参与和协作不断改写传播实践和传统价值观念。研究者们倡议媒体应继续重视公民的贡献，同时有必要向公民明确表明他们的贡献价值，从而保护其言论自由和获得真实信息的权利。② 但受制于专业新闻生产的封闭性，用户依然主要通过评论来对新闻生产施加影响。由于用户评论对个人和社会意见的形成具有潜在影响，用户的新闻评论质量一直是人们广泛关注的话题，用户讨论的质量既与用户的论证有关，也与新闻机构的决策有关。③ Miro 考察了《纽约时报》评论版面中记者把关和受众参与的情况，认为读者喜欢对抗性的、直接的、一致的评论，记者更喜欢和解的、清晰的、多样化的评论。④ Baek 等人则关注恶意评论，研究发现韩国恶意评论者的人口学特征倾向于男性和年长者。⑤

第二个受到学者关注的方向是在信息爆炸、快速变化的媒体环境中，受众的新闻回避、新闻疲劳等现象。Ohme 等人澄清了低新闻使用、一般新闻回避和新闻主题回避三者在概念上的差异，在此基础上进一步指出新闻策展、新闻快餐和验证性参与等新闻使用行为会成为用户潜在的反新闻规避策略。⑥ 新闻回避不仅由个体特征所塑造，而且会作为特定时间

---

① Chung, D. S., & Nah, S., "Community Newspaper Editors' Perspectives on News Collaboration: Participatory Opportunities and Ethical Considerations Toward Citizen News Engagement," *Journalism Practice*, 2022, 16 (7).

② Sixto-García, J., Rodríguez-Vázquez, A. I., & Soengas-Pérez, X., "Co-creation in North American and European Digital Native Media: Web, Social Networks and Offline Spaces," *Journalism*, 2022, 23 (9).

③ Marzinkowski, H., Engelmann, I., "Rational-critical User Discussions: How Argument Strength and the Conditions Set by News Organizations are Linked to (Reasoned) Disagreement," *Digital Journalism*, 2022, 10 (3).

④ Miro, C. J., "The Comment Gap: Affective Publics and Gatekeeping in The New York Times' Comment Sections," *Journalism*, 2022, 23 (4).

⑤ Baek, H., Jang, M., Kim, S., "Who Leaves Malicious Comments on Online News? An Empirical Study in Korea", *Journalism Studies*, 2022, 23 (4).

⑥ Ohme, J., Araujo, T., Zarouali, B., de Vreese, C. H., "Frequencies, Drivers, and Solutions to News Non-attendance: Investigating Differences between Low News Usage and News (Topic) Avoidance with Conversational Agents," *Journalism Studies*, 2022, 23 (12).

框架和社会文化因素的一部分表现出来。① 有学者在不同的国家背景下，全面和细致地了解新闻回避的驱动因素、实践和模式。② 研究区分了有意新闻回避的两个驱动因素，即认知驱动和情感驱动；在此基础上，其认为认知驱动因素受到不同国家背景因素的影响，而新闻回避的情感驱动因素则在不同的国家背景下实现共享。除了新闻回避，持续性的新闻议题同时会造成受众产生新闻疲劳，Gurr 以英国脱欧问题为重点，认为新闻用户对正在发生的新闻疲劳与他们对新闻媒体的评价是互为因果关系。③

尽管新闻传播学对受众的关注日益增加，但以内容生产为中心的学科视角，决定了研究往往自然而然地从与新闻产业相关并有益处的问题出发。Swart 等人主张一种更为激进的受众转向，将新闻传播学研究推向超越规范和行业关切的领域，从受众本身出发。④ 在此基础上，他们为推进受众转向创设了四个具有建设性的出发点：通过关注非新闻和采用非媒体中心的方法进一步生产去中心化新闻；扩大受众的范围，把被认为在商业上没有吸引力的受众包括在内；将焦点从什么是新闻使用转移到什么是信息传播经验；将受众定位为能动者。然而，这种激进的受众转向也为新闻传播学研究带来了根本性困境，使人们对该领域的研究对象、所考虑的新闻使用空间和语境以及作为一个领域的新闻学研究的目标产生了疑问。研究者需要进一步思考如何从受众/用户的角度来概念化信息传播需求，以及如何将在日常社会传播机制中的新闻作用理论化。

---

① Dhoest, A., Panis, K., & Paulussen, S., "Women at the Table: Female Guests and Experts in Current Affairs Television," *Journalism Practice*, 2022, 16 (4).

② Landis, B. T., & Allen, W. L., "Cascading Activation Revisited: How Audiences Contribute to News Agendas Using Social Media," *Digital Journalism*, 2022, 10 (4).

③ Gurr, G., "Does Fatigue from Ongoing News Issues Harm News Media? Assessing Reciprocal Relationships between Audience Issue Fatigue and News Media Evaluations," *Journalism Studies*, 2022, 23 (7).

④ Swart, J., Groot Kormelink, T., Costera Meijer, I., & Broersma, M., "Advancing a Radical Audience Turn in Journalism. Fundamental Dilemmas for Journalism Studies," *Digital Journalism*, 2022, 10 (1).

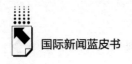
三 虚假信息的传播扩散与事实核查

随着传播生态系统的变化，以虚假新闻为代表的虚假信息已经严重扰乱了传播秩序，进而对政治生态产生影响，成为政治学、新闻传播学等学科的热点，虚假新闻的生成与传播扩散机制以及如何抑制，是新闻传播学研究的重点。

虚假信息研究常与政治话题联系在一起。Wilczek 和 Thurman 指出，越接近选举日，英国大报发布不准确的政治信息的行为就越多，并促使其他媒体也违反准确性规范，这是因为在竞争加剧的媒体市场中，违反准确性规范所带来的预期收益高于新闻委员会制裁所造成的预期成本。[①] 而在 2018 年巴西大选期间，社交媒体的广泛使用使得虚假信息占据了公众讨论的中心位置，为了应对平台的反制措施，虚假信息的形式以图片和视频居多，或者用真实的图像混合虚假的文本。[②] Choi 和 Lee 也指出，社交媒体的新闻功能增加了假新闻的曝光率，接触到假新闻的人更容易对其中的政治信息感到困惑，但这并非无解，当一个人在社交媒体中关注的专家越多时，这个人接触到的假新闻就会越少，从而其对政治现实的困惑也会越少。[③] 假新闻对民主的损害不仅因为其病毒性传播，还要警惕对"假新闻"一词的随意工具化，不能让假新闻成为使限制公民自由和镇压合理化的话语工具。[④]

人们有时会主动分享他们认为可能不准确的新闻，因为其具有弥补自身潜在不准确性的特征，比如"如果是真的，会很有趣"（interestingness-if-

---

① Wilczek, B., & Thurman, N., "Contagious Accuracy Norm Violation in Political Journalism: A Cross-national Investigation of How News Media Publish Inaccurate Political Information," *Journalism*, 2022, 23 (11).

② Ferreira, R. R., "Liquid Disinformation Tactics: Overcoming Social Media Countermeasures through Misleading Content," *Journalism Practice*, 2022, 16 (8).

③ Choi, J., & Lee, J. K., "Confusing Effects of Fake News on Clarity of Political Information in the Social Media Environment," *Journalism Practice*, 2022, 16 (10).

④ Neo, R., "A Cudgel of Repression: Analysing State Instrumentalisation of the 'Fake News' Label in Southeast Asia," *Journalism*, 2022, 23 (9).

true），这是一个不同于趣味性和准确性的新闻价值。① 相较于接触到事实核查，人们在对真假新闻进行个人评估时，会认为假新闻的真实性更高，并更愿意分享假新闻，这种现象在笃信宗教和最受社会结构性不平等影响（如受教育程度较低、主观收入较少）的群体中更加明显。②

视觉误导/虚假信息由于其数量大、传播速度快、微妙或不可见的欺骗性等特质，成为记者、新闻媒体和社交平台的"心腹大患"，单靠记者的人工检测是不够的，还要依靠图像验证等数字工具，同时要注意使用机器学习的检测工具、其数据集可能不具有代表性等问题，最好使用多种检测工具，以正确、完整地评估来源不明的图像。③ 在当前视觉虚假信息肆虐的媒体生态中，Gregory 指出，新闻目击行为面临着两大新威胁：一是深度伪造（deepfakes），即由人工智能生成的图像，它们看似真实，实则被彻底操纵，这会造成"假新闻"，更会削弱一线目击者的可信度；二是旨在测试深度伪造所使用的视听内容独创性的真相挖掘技术，作者称之为"真实性基础设施"，出于隐私原因，它可能会成为伤害目击者的武器。④

由此，如何应对"假新闻"、揭露虚假信息并阻止其传播也成为西方新闻学界高度关注的领域。Tully 等人基于六个非洲国家的 36 个焦点小组的数据，指出个人和机构对阻止虚假信息传播负有共同责任，个人要提升媒介素

① Altay, S., de Araujo, E., & Mercier, H., "If This Account is True, It is Most Enormously Wonderful: Interestingness-If-True and the Sharing of True and False News," *Digital Journalism*, 2022, 10 (3).

② Brenes Peralta, C. M., Sánchez, R. P., & González, I. S., "Individual Evaluation vs Fact-checking in the Recognition and Willingness to Share Fake News About Covid-19 Via Whatsapp," *Journalism Studies*, 2022, 23 (1).

③ Thomson, T., Angus, D., Dootson, P., Hurcombe, E., & Smith, A., "Visual Mis/disinformation in Journalism and Public Communications: Current Verification Practices, Challenges, and Future Opportunities," *Journalism Practice*, 2022, 16 (5).

④ Gregory, S., "Deepfakes, Misinformation and Disinformation and Authenticity Infrastructure Responses: Impacts on Frontline Witnessing, Distant Witnessing, and Civic Journalism," *Journalism*, 2022, 23 (3).

养，而政府、新闻媒体、社交媒体平台等机构同样发挥着巨大作用。① 新闻媒体在进行事实核查报道时，要提及对此事做事实核查的重要性并传达一些负面内容，这样能够调动用户的评论积极性和提升参与度。② 一般来说，在新闻报道中加入第三方事实核查会增加报道的可信度，但 Carson 等人通过调查实验发现了一种逆火效应：第三方事实核查会降低读者对原始新闻报道和渠道的信任度，这给新闻媒体提供了警示。③ 记者作为新闻媒体的重要组成部分，其事实核查技能对于揭露虚假信息通常是有效的，但当面临时效压力、消息来源似乎可信、对某话题缺乏深入了解等情形时，记者发布"假新闻"的风险提高，上文提到的深度伪造视频是记者最难核实的内容之一④，因此记者在进行信息核查时要尤其警惕这些方面。

除了媒体和记者本身外，一个国家整体的媒体生态也会影响受众对事实核查的接受程度，大流行期间，英国电视新闻凭借公正的媒体生态和公共服务理念让受众良好地接受了其对虚假信息的揭露。⑤ 值得注意的是，在大多数情况下，事实核查人员对其监督角色的感知与其所属机构的立场是一致的，因此，在不同媒体系统中，事实核查人员的看法可能彼此敌对。⑥ 诸如

---

① Tully, M., Madrid-Morales, D., Wasserman, H., Gondwe, G., & Ireri, K., "Who is Responsible for Stopping the Spread of Misinformation? Examining Audience Perceptions of Responsibilities and Responses in Six Sub-Saharan African Countries," *Digital Journalism*, 2022, 10 (5).

② Kim, H. S., Suh, Y. J., Kim, E. M., Chong, E., Hong, H., Song, B., Ko, Y., & Choi, J. S., "Fact-Checking and Audience Engagement: A Study of Content Analysis and Audience Behavioral Data of Fact-Checking Coverage from News Media," *Digital Journalism*, 2022, 10 (5).

③ Carson, A., Gibbons, A., Martin, A., & Phillips, J. B., "Does Third-Party Fact-Checking Increase Trust in News Stories? An Australian Case Study Using the 'Sports Rorts' Affair," *Digital Journalism*, 2022, 10 (5).

④ Himma-Kadakas, M., & Ojamets, I., "Debunking False Information: Investigating Journalists' Fact-Checking Skills," *Digital Journalism*, 2022, 10 (5).

⑤ Cushion, S., Morani, M., Kyriakidou, M., & Soo, N., "Why Media Systems Matter: A Fact-Checking Study of UK Television News during the Coronavirus Pandemic," *Digital Journalism*, 2022, 10 (5).

⑥ Ferracioli, P., Kniess, A. B., & Marques, F. P. J., "The Watchdog Role of Fact-Checkers in Different Media Systems," *Digital Journalism*, 2022, 10 (5).

Google、Facebook 等互联网技术平台也会依据各自对于网络虚假信息的建构，实施一系列干预措施，包括阻止虚假信息制作者获得平台广告激励、对内容和用户进行直接监管、以补助金和培训的形式支持第三方事实核查人员和记者等。① 但也有学者提醒道，要注意这种汇总了大量事实核查成果的数据库，其作为数字基础设施具有固有的偏见。② Vinhas 和 Bastos 也告诫政策制定者不要过分期望事实核查可以避免虚假信息。③ Opgenhaffen 创新性地提出，可以通过社交媒体上的卡通人物如图蒂丝（Tootis）等，温和地指出某主张的不正确之处，这对用户来说是一种有效的事实核查干预。④

四　身份政治的传播话语实践：媒介呈现与社会建构

身份政治来自 20 世纪后半叶以来一系列权利争取与解放运动，描述了一种基于性别、种族、民族等身份认同的社会思潮。随着#MeToo（"我也是"）运动和 BLM（"黑命贵"）运动风起云涌，身份政治运动在西方愈演愈烈并波及全球。一方面，身份政治所诉求的"平权"仿佛成为一种"政治正确"；另一方面，身份政治也是当下政治极化的主要推手。由此，身份政治成为如今西方社会公共领域最具争议的话题之一，既激发对传播所构建和反映的现实的反思，又波及作为社会组织的新闻业自身。

从以效果研究为主流的年代开始，大众媒介对特定社会群体的再现方式（representation）就成为身份政治运动重要的研究关切。沿着这条传统的学术脉络，学者们对不同领域、不同身份的媒介再现进行了批判式分析，例如

① Lien, C. H., Lee, J., & Tandoc, E. C., "Facing Fakes: Understanding Tech Platforms' Responses to Online Falsehoods," *Digital Journalism*, 2022, 10 (5).
② Nissen, I. A., Walter, J. G., Charquero-Ballester, M., & Bechmann, A., "Digital Infrastructures of COVID-19 Misinformation: A New Conceptual and Analytical Perspective on Fact-Checking," *Digital Journalism*, 2022, 10 (5).
③ Vinhas, O., & Bastos, M. T., "Fact-Checking Misinformation: Eight Notes on Consensus Reality," *Journalism Studies*, 2022, 23 (4).
④ Opgenhaffen, M., "Fact-Checking Interventions on Social Media Using Cartoon Figures: Lessons Learned from 'the Tooties'," *Digital Journalism*, 2022, 10 (5).

对女性政治家在选举报道中被片面呈现的分析①②，以及对大众媒体以缺省难民故事和人口流动成因的复杂性完成符号性歼灭，从而建构难民身份的研究。进入后大众传播的时代，对特定身份的符号性歼灭仍以更碎片、多样的形式出现。Gutsche 等就研究了在"因为是黑人而拨打911"这一社会现象中，社交媒体上的"话题标签"（hashtag）是如何成为一种象征性歼灭的。③这些相关新闻的"话题标签"往往以打趣的话语呈现，比如戏称因黑人在公园烧烤而企图报警的白人女性为"烧烤贝基"，过滤了新闻中严肃的部分，减弱了对种族议题的关注。

除了针对身份的再现方式展开批判的分析，研究者还关注了特定身份群体对新闻报道的主动参与和呈现形式。在数字技术和移动设备的中介与赋权之下，身份共同体成员的具身参与和主动介入，形成了对以往新闻中刻板印象和符号歼灭的反抗或补充，亦折射了近年身份政治社会运动风起云涌的社会现实。Richardson 从警察对黑人暴力执法时黑人目击者用手机记录的这一视觉现场切入，对当下黑人反抗的图像话语做了与20世纪60年代民权运动相勾连的考察，指出这一具身目击实践建构了一个"黑人视觉公共空间"。作者将以智能手机接近现场、记录传播警察暴行的这一"处在风险中的黑人身体"（black bodies at risk）实践视作一种重要的具身抗议新闻实践，并归纳了同类事件中黑人运动者广泛调用的两类图像语言，即"历史的并置"和"象征性的死亡"。④ Sliwinski 则更进一步考察了智能手机在为黑人运动提供目击证词中的特殊作用，特别强调了那些目击证言的声音维度是如何助

---

① Hayek, L., & Russmann, U., "Those Who have the Power Get the Coverage-Female Politicians in Campaign Coverage in Austria over Time," *Journalism*, 2022, 23 (1).

② D'Heer, J., De Vuyst, S., & Van Leuven, S., "Gendering in the Electoral Run: A Media Monitoring Study of Women Politicians' Representation in Belgian News," *Journalism*, 2022, 23 (11).

③ Gutsche Jr., R. E., Cong, X., Pan, F., Sun, Y., & DeLoach, L., "Diminishing Discrimination: The Symbolic Annihilation of Race and Racism in News Hashtags of 'Calling 911 on Black People'," *Journalism*, 2022, 23 (1).

④ Richardson, A. V., "Black Bodies at Risk: Exploring the Corporeal Iconography of the Anti-police Brutality Movement," *Journalism*, 2022, 23 (3).

力公民反抗和权利争取的。[1]

当然，新闻业自身也被裹挟在社会运动的进程之中，相关研究对业内的身份问题进行了探讨，批判新闻业内基于身份的不平等现象和结构。Douglas受CNN黑人记者在报道现场被逮捕的事件触发，以质性方法考察了英国主流新闻机构中有色人种记者的工作境况，认为西方主流新闻场中充满了对有色人种的不公。[2] 研究发现，尽管英国主流新闻机构在表面上宣称坚守"种族多样性"的承诺，但这本质上仍是将少数族裔员工视作"种族资本"（racial capital）的策略，有色人种记者仍在经历种族主义的符号暴力，并面临着被排除在主流叙事之外的不平等困局。除了一线工作记者之外，还有研究追问了女性作为信源和嘉宾等外部参与者加入新闻实践的意愿和表现问题。[3]

还有学者更进一步，从更理论的高度讨论"身份"如何回应新闻组织的制度性问题。Geertsema-Sligh和Vos的研究从元新闻话语角度讨论新闻业内性别不平等的状态与对策。[4] 他们通过对2002～2019年美国新闻业的行业出版物进行内容分析，发现关于美国新闻业的元话语文本中，有大量反映性别不公的内容，这种不公包括女性记者遭遇的"不被充分代表""玻璃天花板""性骚扰"等。这些基于性别身份的不公逐渐变得可见，并被认为是对建设"更好的（更正确、更全面、更受欢迎、更具女性优势）新闻业"极为重要的。立足政治经济学的批判视野，Pajnik和Hrženjak从父权制资本主义的理论视角切入，追问了媒体工作中性别区隔以及女性弱势的制度根源。[5] 研究以斯洛文尼亚从社会主义转向市场体制中的媒体组织为经验对

---

[1] Sliwinski, S. , "The Acoustics of Civil Resistance: Summoning the Spirit of the Law with a Smartphone," *Journalism*, 2022, 23（3）.

[2] Douglas, O. , "The Media Diversity and Inclusion Paradox: Experiences of Black and Brown Journalists in Mainstream British News Institutions," *Journalism*, 2022, 23（10）.

[3] Shine, K. , "Willing but Wary: Australian Women Experts' Attitudes to Engaging with the News Media," *Journalism*, 2022, 23（11）.

[4] Geertsema-Sligh, M. , & Vos, T. P. , "Running up Against a Brick Wall: US Metajournalistic Discourse of Gender Equality in Newsrooms," *Journalism Studies*, 2022, 23（14）.

[5] Pajnik, M. , & Hrženjak, M. , "Engendering Media Work: Institutionalizing the Norms of Entrepreneurial Subjectivity," *Journalism*, 2022, 23（2）.

象，讨论在后社会主义、高不稳定性的媒介市场中，作为"贪婪机构"（greedy institution）的市场化媒体将"企业家式自主性"（entrepreneurial subjectivity）内置于劳动者身上的现象；认为其产生了具有男性气质、全身心投入工作、无须顾及家庭养育责任的职业文化，不断将女性置于更不平等的职业境地之中。

尽管当下新闻传播学研究对身份政治话题的切入路径多种多样，但最为主流的仍是基于媒体呈现框架象征性意义的讨论，且呈现鲜明的地区性或个案特性。这些关于身份政治的讨论反映了当前西方主流的政治议题和社会矛盾，也突出了基于身份的"不平等"是当下西方社会中的客观实在。

五　新闻与社交媒体

数字新闻时代，技术一直是形塑新闻业的关键变量。在本年度的报告中，这一主题集中体现在学者们对社交媒体与新闻业的研究上。作为一个持续被新闻传播学关注的热点话题，既有研究大多采用二元对立的视角，将社交媒体和传统媒体对立，以此审视社交媒体给新闻业带来的破坏，例如使用社交媒体搜索新闻的人数显著增长，随之而来的是新闻公信力的危机，以及对传统新闻媒体运作方式改变产生的担忧，如流量驱动带来的新闻价值改变。

2022年对于社交媒体的新闻学研究在很大程度上继承了这一视角，研究重点仍旧是社交媒体与传统新闻生产逻辑对比。有研究认为，新闻媒体正在融入社交媒体的平台逻辑，以一种新的方式提供新闻，以增加媒体在社交网络中的新闻消费。① 进一步而言，新闻媒体了解社交媒体平台改变了信息文本和新闻话语传播的背景，削弱了新闻行业信任和权威的合法性，但新闻从业者和新闻机构对平台的持续依赖暗示了有形的短期利益如受众范围扩大

---

① Vázquez-Herrero, J., Negreira-Rey, M. C., & López-García, X., "Let's Dance the News! How the News Media are Adapting to the Logic of TikTok," *Journalism*, 2022, 23（8）.

或商业目标增加可能会超过对长期利益——信任的追求。[1] Shin 和 Ognyanova 以场域理论为模型，比较了两种不同类型的新闻资本——品牌效应和网站质量与社交媒体资本之间的关系，发现在新闻领域受到重视的专业规范——例如准确性、客观性以及透明性——并不能有效地转化为社交媒体资本。[2] 另一项有关新闻工作惯例的研究指出，记者在新闻中选择使用 Twitter 上的内容时，新旧媒体逻辑并存。[3] 与之相同，Kapidzic 等人在分析新闻网站如何引用 Twitter 内容时也得出结论，记者倾向于根据他们的传统习惯使用 Twitter，并将传统的新闻规范转移到新的环境之中，不愿因社交媒体的规范而改变他们的新闻生产过程。[4] 一项关于卢旺达新闻编辑室的研究分析了 WhatsApp 在新闻采集方面的可供性，尽管 WhatsApp 缩减了物理距离，延伸了新闻编辑室的虚拟权力，但物理环境中固有的障碍，如车辆短缺、恶劣天气也是新闻生产中的重要制约因素，这些物质因素共同构成了新闻生产逻辑。[5] 而 Riedl 则从社会物质性框架与"可通约性"出发，为社交平台研究和新闻研究提供了两条本体论路径，突破行动者网络理论，更加注重传播物质性与社会之间的相互作用。[6]

随着新闻平台化趋势日益明显，新闻从业者在社交媒体环境下的新闻工作受到越来越广泛的关注。Neilson 和 Gibson 聚焦社交媒体编辑的角色

[1] Ross Arguedas, A. A., Badrinathan, S., Mont'Alverne, C., Toff, B., Fletcher, R., & Nielsen, R. K., "It's a Battle You are Never Going to Win: Perspectives from Journalists in Four Countries on How Digital Media Platforms Undermine Trust in News," *Journalism Studies*, 2022, 23 (14).

[2] Shin, J., & Ognyanova, K., "Social Media Metrics in the Digital Marketplace of Attention: Does Journalistic Capital Matter for Social Media Capital?" *Digital Journalism*, 2022, 10 (4).

[3] Oschatz, C., Stier, S., & Maier, J., "Twitter in the News: An Analysis of Embedded Tweets in Political News Coverage," *Digital Journalism*, 2022, 10 (9).

[4] Kapidzic, S., Neuberger, C., Frey, F., Stieglitz, S., & Mirbabaie, M., "How News Websites Refer to Twitter: A Content Analysis of Twitter Sources in Journalism," *Journalism Studies*, 2022, 23 (10).

[5] Moon, R., "Moto-taxis, Drivers, Weather, and WhatsApp: Contextualizing New Technology in Rwandan Newsrooms," *Digital Journalism*, 2022, 10 (9).

[6] Riedl, M. J., "Negotiating Sociomateriality and Commensurability: Human and Algorithmic Editorial Judgment at Social Media Platforms," *Journalism Studies*, 2022, 23 (3).

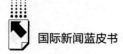
变化，重点关注社交媒体编辑在网络新闻消费者、营销部门和新闻编辑室之间的独特地位，认为在数据饱和的新闻编辑室中，社交媒体编辑受到商业压力与职业规范的双重影响。① Mellado 和 Hermida 则进一步探讨社交媒体上记者身份的改变与平衡，研究提出了一个分析模型来理论化社交媒体中的新闻身份以及它们如何与数字空间中的内部和外部力量相互作用。② 传统的记者身份也在社交媒体的环境下面临着双重困境，研究者对法国日报记者的调查发现，尽管记者将 Twitter 的使用融入了他们日常的新闻制作实践已经成为不争的事实，但在将其用作来源或识别来源的手段时，记者们普遍持保留态度。记者对向 Twitter 用户开放纸质报纸的编辑空间保持谨慎，并重申他们的"精英"地位。③ 综合来看，新闻机构及其记者将社交媒体看作一种使用工具，而新闻建设、新闻传播以及打造品牌是最常见的三种使用场景。④

除了对新闻生产逻辑的关注，用户行为也是研究的重点部分。Ahmad 等人研究了 Instagram 上针对美国广播公司和福克斯新闻的恶搞模因（meme），用户借此展现对这两个新闻机构政治表达的不满。⑤ 另一项有关主流媒体在社交平台页面上的新闻内容研究显示，"受众指标"（曝光度、网页浏览量、输入 URL、刷新页面、花费时间）正在使发布在 Facebook 上的新闻软化⑥，而 Walker 则提到用户、公民记者和手机报道影响了突发新闻

---

① Neilson, T., & Gibson, T. A., "Social Media Editors and the Audience Funnel: Tensions between Commercial Pressures and Professional Norms in the Data-Saturated Newsroom," *Digital Journalism*, 2022, 10 (4).

② Mellado, C., & Hermida, A., "A Conceptual Framework for Journalistic Identity on Social Media: How the Personal and Professional Contribute to Power and Profit," *Digital Journalism*, 2022, 10 (2).

③ Hernández-Fuentes, A., & Monnier, A., "Twitter as a Source of Information? Practices of Journalists Working for the French National Press," *Journalism Practice*, 2022, 16 (5).

④ Humayun, M. F., & Ferrucci, P., "Understanding Social Media in Journalism Practice: A Typology," *Digital Journalism*, 2022, 10 (9).

⑤ Ahmad, M. A., Ersoy, M., & Dambo, T. H., "Influence of Political Tweets on Campaign Coverage: Building the News Agenda in Twittersphere," *Journalism Practice*, 2022, 16 (1).

⑥ Lamot, K., "What the Metrics Say. The Softening of News on the Facebook Pages of Mainstream Media Outlets," *Digital Journalism*, 2022, 10 (4).

事件中记者的把关角色①，通过使用社交媒体和与边缘化社区的联系，公民记者跳出叙事框架，挑战了传统规范的力量，从不同方面讲述社会事件。与此同时，社交媒体也影响着用户认知，Oeldorf-Hirsch 和 Srinivasan 使用认知调节模型对千禧一代在社交媒体上的新闻实践进行研究，尽管社交媒体能够作为他们最方便可得的新闻来源，但在认知阐述和认知学习层面，社交媒体能够带来的内容并不多。②

对社交媒体另一个层面的研究与传播学经典的议程设置理论相关，Humayun 与 Ferrucci 对尼日利亚 2019 年大选中总统候选人的推文进行分析，证明了社交媒体上的政治推文建构着媒体议程。③ 与之类似，Joa 和 Yun 检验了 2016 年美国总统竞选期间新闻机构在 Twitter 上的新闻写作实践，认为"社交媒体上的情绪"是另一类型的议程属性。④ Landis 和 Allen 则使用数据化过程展示了社交媒体平台对传统媒体机构议程产生的影响，并使用"级联激活"概念来表明用户使用社交媒体对新闻议程产生的影响。

六　结语

本报告以具体的研究主题为抓手勾勒过去一年西方新闻传播学的研究重点。在关键词分析的基础上，本报告还兼顾了四本期刊上刊发的众多专题，由此提炼出本年度的五个研究主题，从中一窥当前新闻传播学研究的若干特点。

首先，经典和前沿话题始终是当前研究的重点，如政治、技术、专业主义等。虽然本报告对它们进行了区分，但实际上对这些问题的考察贯穿在各

---

① Walker, D. , "There's a Camera Everywhere: How Citizen Journalists, Cellphones, and Technology Shape Coverage of Police Shootings," *Journalism Practice*, 2022, 16 (10).

② Oeldorf-Hirsch, A. , & Srinivasan, P. , "An Unavoidable Convenience: How Post-millennials Engage with the News that Finds them on Social and Mobile Media," *Journalism*, 2022, 23 (9).

③ Humayun, M. F. , & Ferrucci, P. , "Understanding Social Media in Journalism Practice: A Typology," *Digital Journalism*, 2022, 10 (9).

④ Joa, C. Y. , & Yun, G. W. , "Who Sets Social Media Sentiment?: Sentiment Contagion in the 2016 US Presidential Election Media Tweet Network," *Journalism Practice*, 2022, 16 (7).

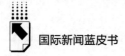

个主题之内。举例来说，媒体信息的用户和受众既可以作为一个单独的主题来讨论，着重分析他们的人口学特征及其新闻消费行为和习惯，也能在新闻专业主义、新闻生产等主题下看到受众的影子，因为他们的新闻消费行为会产生一些"未预后果"。针对记者的在线骚扰就是一个极端例证，这是最近两年英文学界非常关注的一个普遍性问题，记者因为政治倾向、性别、族裔等因素可能成为被骚扰的对象，网络攻击已经超出了媒介批评的范畴，或将对新闻业产生巨大的破坏力。

其次，新闻传播学的研究热点固然与新闻实践有着非常密切的联系，但学界也有很强的自主制造话题的意识。尤其是通过学术期刊的专刊这种形式，集中探讨一些看起来不那么热门的话题，引发更多研究者的关注。在新闻学研究中，通过这种方式拓展研究话题的多样性和作者的多元性，例如为了打破新闻学研究被"全球北方"论文支配的现象，仅 2022 年的《数字新闻学》和《新闻学研究》就刊发了两个专题讨论"全球南方"的问题。这似乎构成了一种新的"政治正确"，导致一些质量并不是很高的论文也出现在这些主流刊物上。

最后，从彰显该领域学术特质的理论与方法应用方面看，新闻传播学研究虽仍保持着鲜明的跨学科、背景多元的特点，但也具有相对稳定的趋向性。从学术源流来说，大部分研究论文的关切是社会学的；而从方法论上讲，也更多青睐以访谈、观察为主的质性方法和以内容分析等为主的量化方法，或是将二者混合使用。当下，新闻传播学研究虽有较高的理论自觉[1]，但在理论的系统性、适应性调用和延伸拓展方面仍有较大的耕耘空间。

---

[1] Steensen, S., & Ahva, L., "Theories of Journalism in a Digital Age: An Exploration and Introduction," *Digital journalism*, 2015, 3（1）.

前沿热点篇

Cutting-edge Developments

B.2
2022年传播政治经济学前沿
问题研究报告

张雪魁*

摘　要： 数字革命背景下，传播政治经济学需要拓展其新的研究视野，而以下六个方面的课题尤为值得关注：一是重新挖掘马克思政治经济学作为传播政治经济学的核心理论资源和理论支撑的作用，进一步夯实传播政治经济学研究的理论根基和价值立场；二是传播政治经济学在总体上隶属于政治经济学的学科范畴与学术范围，除了注重利用马克思政治经济学理论资源之外，还需要对其他的政治经济学理论资源加以借鉴和吸收，从而进一步丰富和增强其理论筋骨；三是传播政治经济学不断拓展自身研究的宏观视野，特别是应更加注重对数字时代和互联网信息技术革命带来的新的"数字经济体"的运作机制和治理模式、信息技术革命引发的制度变迁和全球信息地缘政治革命等宏观议题的研究；四是加快构

---

* 张雪魁，上海社会科学院新闻研究所研究员。

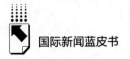

建或者重建传播政治经济学的微观基础，宏观政治经济学必须要
有微观基础作为支撑，传播政治经济学的宏观研究同样需要顾及
它的微观基础问题；五是信息革命浪潮之下，传播政治经济学研
究不但需要在人文社会科学内部进行更大范围、更深程度上的融
合创新，也需要与大数据科学以及新兴的计算社会科学进行广泛
深入的对话，借鉴并引入新的研究方法和技术手段；六是推进具
有中国问题意识的传播政治经济学研究，以提升回答当今中国所
面临的传播政治经济学重大理论和现实问题的能力，从中获得学
科发展和学术创新的动力和营养。

关键词： 传播政治经济学　宏观问题　微观基础

　　传播政治经济学，是在第二次世界大战之后逐步发展和兴起的，将传播
学研究的批判传统与马克思主义政治经济学研究紧密结合起来，对当今社会
和全球传播秩序进行跨学科、跨领域综合研究与探索的一门新兴交叉学科，
是一个方兴未艾的多学科融合创新研究领域。

　　互联网时代的到来和信息科学技术革命的突飞猛进，对传播政治经济学
研究提出了新的课题，拓展了新的领域。上一代传播政治经济学者所关注的
受众商品、数字劳工、信息拜物教、军事—工业—传播—娱乐联合体等信息
资本主义生产方式的诸多问题，以及全球信息传播产业、全球传播秩序与传
播霸权、大众传播与帝国主义秩序、全球信息地缘政治等重要议题，进入
21世纪之后，特别是在当今世界面临百年未有之大变局的背景下，其有了
很大发展，也提出了新的研究领域和研究任务。随着我国在互联网信息科学
技术领域创新发展步伐不断加快，在5G、大数据及相关技术应用等领域走
到世界前沿，处于全球领先地位，对美国主导的全球信息传播霸权形成挑
战，中美在互联网空间和信息科技领域的竞争和博弈日益剧烈，成为令人瞩
目的全球信息地缘政治经济学现象，对当今的传播政治经济学研究提出了新

的时代课题。随着中国日益走向世界舞台的中央，中美围绕全球信息传播新秩序的竞争与较量还会不断加剧，传播政治经济学研究中的"中国课题"将会越来越具有战略意义、全球意义，同时也会有越来越多的"中国课题"需要从传播政治经济学的视角加以探索。

中国特色的传播政治经济学的研究目标，就是要围绕与中国崛起、中美竞争相关的若干传播政治经济学重大前沿性、前瞻性、战略性、全球性问题，进行跨学科、跨领域融合创新与协同攻关，注重拓展具有中国问题意识、富有中国实践特色的传播政治经济学研究，从而推动传播政治经济学这一新兴交叉学科在研究视域、研究范式、研究手段等方面的创新，更好地发挥其高端智库服务功能。

一　当代传播政治经济学研究有待突破的六个主要课题

传播政治经济学，在学术脉络上隶属于和作为"冷战社会科学"的美国主流传播学相对立的批判传播学。传播政治经济学的重镇在北美，传播政治经济学的"北美学派"是这一研究领域的开创者，影响波及世界各地。影响最深的两个代表性人物是达拉斯·斯迈思和赫伯特·席勒，前者在20世纪40年代创建了传播政治经济学的第一门课程，将研究聚焦于传播如何有利于资本主义体系的价值创造过程；后者更加重视传播和信息资源如何在资本主义权力体系中进行分配。由此，传播政治经济学研究的核心问题可以概括为：批判地考察被嵌入资本主义体系中的媒体信息和传播技术的产权、生产、分配和消费结构，以及潜藏于这一复杂结构之中的阶级体系。因此，分析资本主义统治集团如何使用、滥用信息和传播资源以维护其在资本主义体系中的权利，就成为传播政治经济学研究的焦点问题。

沿着这样一种研究路径，传播政治经济学开辟了诸多研究方向和议题，包括传播结构批判（政治经济权力决定着传播的结构和内容），传播政策批判（媒资和信息所有权控制、市场化、利益驱动和垄断），传播技术批判

（技术是高度政治化的被灌输了意识形态的东西），受众商品理论（消极的受众假设是传播政治经济学的一大特征），以及信息劳动力、信息传播与社会危机，资本主义传播产业的扩张、集中、异化与全球化、殖民化，媒介帝国主义与文化帝国主义，传播霸权与传播依附，世界信息传播新秩序，全球信息地缘政治经济学，等等。斯迈思和席勒之后，莫斯可、丹·席勒、赵月支、苏珊·威利斯、迈克斯韦尔等一批国际学者，以及郭慎之、吕新雨、胡翼青、陈世华等一批国内学者，积极推动传播政治经济学的研究和发展。总体而言，学者们在这一领域的深化和探索，仍然坚守了斯迈思和席勒所开辟的研究路径及其制定的研究议程和主要议题。

综合来看，传播政治经济学研究中存在六个方面的主要课题有待突破。

其一，马克思政治经济学是传播政治经济学的核心理论资源和主要的理论支撑，但是，这一理论资源在传播政治经济学研究中并没有得到充分的挖掘和利用，这使得它的理论根基和批判立场处于不稳固状态。

其二，传播政治经济学在总体上隶属于政治经济学的学科范畴与学术范围，但是，除了对马克思政治经济学理论资源的运用尚不充分之外，它对其他政治经济学理论资源，如古典政治经济学、制度经济学、新制度经济学、公共选择政治经济学等的涉足则更少，这进一步增加了其理论支撑的"脆弱性"。

其三，与其他政治经济学一样，传播政治经济学同样注重对宏观问题的研究，但是，对于数字时代和互联网信息技术革命带来的一些新的传播政治经济学重大理论和现实问题，如"数字经济体"的运作机制和治理模式、信息技术革命引发的制度变迁和全球信息地缘政治革命等宏观议题，它给予关注和做出响应的程度都是不够的。

其四，宏观政治经济学必须要有微观基础作为支撑，而传播政治经济学在对宏观问题展开研究的时候，较少甚至很少顾及它的微观基础问题，构建或者重建传播政治经济学的微观基础成为亟待解决的问题。

其五，数字时代和信息革命浪潮之下的传播政治经济学研究，对数字资源、信息资源（大数据）的挖掘和利用是有限的，传播政治经济学研究不但需要在人文社会科学内部进行更大范围、更深程度上的融合创新，也需要与大数据科学（数据科学、信息科学、计算机科学等），以及新兴的计算社会科学进行广泛深入的对话，借鉴并引入新的研究方法和技术手段。

六是传播政治经济学的"中国问题"意识有待增强，以提升回答当今中国所面临的传播政治经学重大理论和现实问题的能力，从中获得学科发展和学术创新的动力和营养。

二　推进中国特色传播政治经济学的四个创新研究

基于前述分析，传播政治经济学仍然是一个新兴交叉学科，中国特色的传播政治经济学需要从以下四个方面进行新的探索，以推进这一新兴交叉学科的发展。

（一）拓展具有鲜明"中国问题意识"的传播政治经济学研究

与其他哲学社会科学在中国的发展一样，传播政治经济学也是从西方世界引入我国的一门社会学科，虽然它继承了马克思主义政治经济学的研究视角，对由美国等西方国家主导的全球传播产业和传播制度具有批判和反思的思想酵素，但从总体来看，它毕竟是西方社会科学的一部分，其前提假设、价值目标、研究方法、问题意识等都不同程度地带有"西方色彩"。因此，发端于西方社会的传播政治经济学研究如何获得一种真切的中国问题意识，需要密切关注当今中国实践面临的重大传播政治经济学课题，以及与中国相关的全球性传播政治经济学课题。中国特色传播政治经济学需要在研究领域、研究范式、研究方法等方面，拓展具有鲜明"中国问题意识"的传播政治经济学研究，回答当今中国和世界面临的传播政治经济学重大现实和理论问题，探索构建基于中国实践的传播政治经济学学科体系、学术体系、话语体系。

（二）探索适应当今时代特征的"新传播政治经济学"研究

互联网信息科技革命及其带来的新媒体传播革命，推动数字社会、数字经济、数字政治、数字化生存等的深入发展，由此产生了众多与传播政治经济学相关的重大课题亟待研究，如聚焦数字价值链研究的"数字政治经济学"，聚焦互联网公司治理的"平台政治经济学"，聚焦平台垄断研究的"平台反垄断政治经济学"，聚焦数字时代比较制度优势研究的"信息技术制度经济学"，聚焦信息科技革命和通信革命引发全球政治经济秩序变革的"信息地缘政治经济学"，以及聚焦新媒体传播革命的"数字媒介政治经济学"，聚焦舆论领袖研究的"网络个体行为政治经济学"，聚焦网络群体政治心理行为研究的"网络社群认知政治经济学"，等等。上述这些研究领域，有的属于以往传播政治经济学研究中虽有关注但在新的时代背景下发生了重要变化的研究课题，有的属于以往的传播政治经济学研究较少给予关注的研究领域，有的属于当今时代提出来的全新课题，它们构成了当前传播政治经济学研究的一些新领域，中国特色传播政治经济学需要致力于这些"新传播政治经济学"的研究，为传播政治经济学这一新兴交叉学科注入新的发展活力。

（三）加强对传播政治经济学宏观问题与微观基础的有机融合、相互支撑研究

中国特色传播政治经济学对前沿问题研究的框架设计，需要包括"微观基础研究"和"宏观问题研究"两个有机组成部分。微观基础研究部分既注重对微观个体行为的研究，聚焦于舆论领袖，又注重对微观群体行为的研究，聚焦于网络社群认知，这就从"个体研究"和"群体研究"两个层面构建了传播政治经济学研究的微观基础。宏观问题研究部分，亦拓展出两个研究领域，一是信息技术制度经济学，聚焦于数字时代的比较制度优势研究，二是信息地缘政治经济学，聚焦于当今全球信息地缘政治研究。同时，致力于将微观基础研究与宏观问题研究结合起来，形成微观与宏观的相互支撑。这对于解决传播政治经济学的微观基础问题和拓展传播政治经济学的宏观研究视野，都是有力的促进和推动。

（四）通过"三个融合"创新传播政治经济学研究范式

一是社会科学与数据科学、信息科学等计算机科学的结合，融合推进大数据驱动的传播政治经济学研究和融入传播政治经济学的大数据研究，将大数据与社会科学结合起来，进行研究范式、研究方法、研究手段的创新。二是在社会科学内部，推进传播学、政治学、经济学、社会学、国际关系学，以及心理、行为和认知科学等多个社会科学的交叉融合研究，使得传播政治经济学这一新兴交叉学科具有更广、更深的学科背景和学术支撑，促进学科创新和学术创造。三是学术创新与智库研究相融合，以当今中国和世界面临的传播政治经济学重大现实问题研究，引导传播政治经济学理论研究的创新，同时，用创新的传播政治经学理论回答当今中国和世界面临的重大传播政治经济学问题，实现传播政治经济学学术研究与智库研究的"双轮互动"、有机融合，更好地支撑国家高端智库建设。

基于拓展具有鲜明"中国问题意识"的传播政治经济学研究、探索适应当今时代特征的"新传播政治经济学"研究和通过"三个融合"创新传播政治经济学研究范式这样三个创新性的研究目标，探索构建中国特色传播政治学研究的总体框架（见图1）。

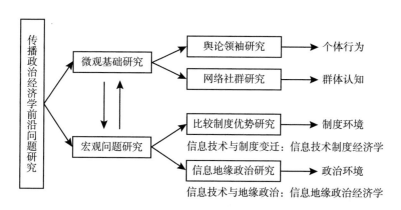

图1 中国特色传播政治学研究框架

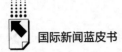
根据图 1，可以在传播政治经济学的"微观基础研究"和"宏观问题研究"两个层面各设计两个研究方向，从而形成"微观基础研究"内部"个体行为研究与群体认知研究"的有机结合，"宏观问题研究"内部"制度变迁（制度环境）研究与地缘政治（政治环境）研究"的有机结合，以及在更高层次上"微观基础研究"与"宏观问题研究"之间的有机贯通。这样一个研究框架，可以实现政治经济学的微观基础研究与宏观问题研究的相互支撑，使得宏观政治经济学研究建立在个体和群体的微观行为分析之上，也将微观政治经济学研究置于宏观制度环境和政治环境之下加以考察，从而构成内在逻辑统一、互为有效支撑的研究框架体系。

三　构建中国特色传播政治经济学的
学科体系和学术体系

根据上述总体框架，推进富有中国特色的传播政治经济学研究，以下四个研究方向尤为值得关注。

（一）传播政治经济学的微观基础研究之一：舆论领袖研究

这一研究方向，聚焦于互联网信息技术革命和新媒体传播革命背景下的"网络意见领袖"这一"关键少数"，运用大数据分析、社会网络分析、社会计算等前沿研究方法，针对网络空间舆论领袖的智能识别、心理行为分析和引导等关键议题展开研究，探索构建"舆论领袖"研究新思路和新范式，以揭示舆论领袖在网络空间中的运作机制、影响机制、心理机制、行为机制等，为洞察网络舆论现象、发现网络传播规律、开展网络空间舆论引导和网络空间治理提供科学依据。

（二）传播政治经济学的微观基础研究之二：网络社群研究

这一研究方向，聚焦于网络社群的认知行为研究，综合运用网络民族志、参与式观察、扎根理论、网络社会调查，以及网络大数据挖掘与分析等数据科学前沿方法，将经典的传播学研究传统与大数据分析技术结合起来，选取 B 站、微博、微信、Twitter、Facebook、TikTok 等社交媒体和网络社区，针对网络社群的群体政治心理、群体政治活动、群体认知机制、群体动员机制、群体网络演化机制、群体行为模式等，开展前沿性研究，构建网络群体认知行为分析范式，训练基于媒介大数据的网络群体分析学习模型，为网络群体分析提供科学依据。

传播政治经济学微观基础研究的上述两个方向构成了相互呼应和相互支撑的有机整体。舆论领袖研究属于传播政治经济学的个体行为分析，网络社群研究则是传播政治经济学中的群体行为分析。舆论领袖研究将为群体研究提供微观的个体行为基础，而网络社群研究则有助于将个体行为还原到群体当中加以考察，从而形成"群体中的个体研究"和"基于个体的群体研究"的相互对话，为传播政治经济学研究构建更为科学、严密、稳健的微观基础。

（三）传播政治经济学的宏观问题研究之一：比较制度优势研究

这一研究方向，聚焦于宏观政治经济学研究中的一个关键问题，即信息技术革命及其引发的数字媒介传播革命带来的制度变迁，它将信息技术、数字传播与制度经济学研究结合起来，发展一种基于信息技术革命和数字传播革命的制度变迁理论，探索发展一种数字时代的"信息技术制度经济学"。这其中，政治制度、经济制度、企业组织等制度性安排，对信息技术和数字传播革命的"技术适应性"和"技术适配性"，以及这种"技术应变能力"差异所导致的制度比较优势的变化问题，是中国特色传播政治经济学需要重点攻克的一个创新性研究方向。

（四）传播政治经济学的宏观问题研究之二：信息地缘政治研究

这一研究方向，聚焦于信息科学技术革命带来的全球地缘政治格局变化和全球政治经济新秩序变革，在数字化浪潮日益深入的背景下，聚焦当今全球信息地缘政治学领域的一些重大前沿问题，推进与数字化革命时代相适应的"信息地缘政治经济学"研究。这其中，触发全球信息地缘政治革命的信息技术变迁史研究、信息产业变迁史研究、通信政策变迁史研究、重大事件案例史研究等，都是一些基础性的研究课题。中国特色传播政治经济学要在对这些基础性课题进行拓展性研究的基础上，更加注重探索全球信息地缘政治的内在演化机制，包括全球信息地缘政治演化的技术变迁机制、全球信息地缘政治演化的产业变迁机制、全球信息地缘政治演化的政策变迁机制、全球信息地缘政治演化的事件触发机制等。在这些方面，中国特色传播政治经济学需要提升跨学科融合创新能力，在加强基础数据库建设的基础上引入大数据分析方法，创新研究范式和研究手段，并致力于构建适应信息技术发展趋势和全球政治经济格局变化、体现中国主张和具有中国特色的全球信息地缘政治经济学的学科体系、学术体系和话语体系。

上述两个宏观传播政治经济学研究方向，一个聚焦"信息技术与制度变迁"，集中探究颠覆性信息技术对国家、社会、组织（政党组织、经济组织等）等制度性安排的影响机制，以及由此引发的制度变迁，从而洞察信息技术革命带来的宏观制度环境变化；一个聚焦"信息技术与地缘政治"，集中探究当今世界大国围绕颠覆性信息技术、通信产业政策等展开的全球地缘政治竞争及其发展和演化趋势，由此洞察信息技术革命带来的全球政治环境变化。同时，上述两个宏观环境变化（制度环境、政治环境）之间又是相互作用、相互影响的，一个国家、政党的制度性安排对于信息技术和数字传播革命的"适应—调适能力"，将在很大程度上决定其获取制度比较优势的能力，这种制度比较优势又将在很大程度上影响其参与全球信息地缘政治经济竞争的能力；反过来，一个国家、政党对全球信息地缘政治竞争的"感知—响应能力"，也将在很大程度上影响乃至决定其主动适应信息技术和传播革命的能力，进而影响乃至决定其制度性调适的能力。

由此，中国特色传播政治经济学研究可以拓展"四个分支学科"和构建"两个学术体系"。四个分支学科是指：一是舆论领袖传播政治经济学，即发展基于传播政治经济学的舆论领袖研究范式；二是网络社群传播政治经济学，即发展基于传播政治经济学的网络社群研究范式；三是信息技术制度经济学，即发展基于颠覆性信息技术的制度变迁理论与比较制度优势分析范式；四是信息地缘政治经济学，即发展基于颠覆性信息技术的地缘政治经济学与全球信息地缘政治分析范式。"两个学术体系"是指：其一，微观传播政治经济学研究体系，即针对传播政治经济学的微观基础的学术体系，一是以舆论领袖为代表基于个体行为分析的微观基础研究，二是以网络社群认知为主线的基于群体行为分析的微观基础研究。其二，宏观传播政治经济学研究体系，即针对传播政治经济学的宏观问题的学术体系，一是制度环境研究，聚焦信息技术与制度变迁和制度比较优势分析，二是政治环境研究，聚焦信息技术与地缘政治，研究全球信息地缘政治的发展演化趋势。

通过发展"四个分支学科"、构建"两个学术体系"，引入数据科学、信息科学、计算机科学的大数据分析方法，探索大数据科学与传播学、政治学、经济学、社会学、心理学、认知科学等多个社会科学之间的跨学科、跨领域融合创新研究，发掘传播政治经济学在数字时代的学科发展潜力和学术增长点，推进符合数字时代特征的新型传播政治经济学研究，探索传播政治经济学作为一个"新兴交叉学科"的发展趋势与规律，构建传播政治经济学的新型学科体系。

参考文献

〔美〕赫伯特·席勒：《大众传播与美帝国》，刘晓红译，上海译文出版社，2013。

〔美〕丹·席勒：《信息资本主义的兴起与扩张：网络与尼克松时代》，翟秀凤译，北京大学出版社，2018。

〔美〕丹·席勒：《数字化衰退：信息技术与经济危机》，吴畅畅译，中国传媒大学出版社，2017。

〔美〕迈克斯韦尔：《信息资本主义时代的批判宣言：赫伯特·席勒思想评传》，张志华译，华东师范大学出版社，2015。

〔加〕伊尼斯：《帝国与传播》，何道宽译，中国人民大学出版社，2003。

〔美〕罗伯特·多曼斯基：《谁治理互联网》，华信研究院信息化与信息安全研究所译，电子工业出版社，2018。

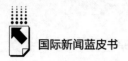
〔美〕阿尔弗雷德·D. 钱德勒、詹姆斯·W. 科塔达编《信息改变了美国：驱动国家转型的力量》，万岩、邱艳娟译，上海远东出版社，2011。

Herbert Schiller and Joseph D. Phillips, *Super-State: Readings in the Military-industrial Complex*, Urban: University of Illinois Press, 1970.

Herbert Schiller, *Communication and Cultural Domination*, New York: International Arts and Sciences Press, 1976.

Herbert Schiller, *Information and the Crisis Economy*, Norwood, N. J.: Ablex (Greenwood Pub.), 1984.

Dan Schiller, *Digital Capitalism: Networking the Global Market System*, Cambridge: MIT press, 1999.

Liang, H., "Coevolution of Political Discussion and Common Ground in Web Discussion Forum," *Social Science Computer Review*, 2014, 32 (2).

Vargo, C., Guo, L., McCombs, M., & Shaw, D. L., "Network Issue Agendas on Twitter During the 2012 U. S. Presidential Election," *Journal of Communication*, 2022, 64 (2).

Wang, P., "Issue Competition on Social Media in China: The Interplay among Media, Verified Users, and Unverified Users," *Telematics and Informatics*, 2019 (40).

B.3
2022年全球算法素养研究报告

方师师　贾梓晗*

摘　要： 算法素养旨在关注用户在与算法机制进行交互循环中所处的
　　　　"伴生"状态。算法素养经历了从算法意识到算法知识、从算法
　　　　评估到算法实践、从搭建框架到动态循环的过程。算法素养通过
　　　　多样情感实践来显形算法透明，并试图理解算法黑箱的动态知识
　　　　过程。算法素养由基于算法解码的实践技能、日常经验中的切身
　　　　知识，以及对算法社会的媒介想象构成。算法素养理论意图提请
　　　　用户关注社会配置中易被忽视的组织力量和系统机制，帮助用户
　　　　以一种"健康的怀疑精神"找回自我协调、组合创新的算法能力。

关键词： 算法素养　实践技能　具身知识　媒介想象

　　算法作为一种技术人造物，是人类文明积累迭代出的具有革命性的技术工
具、生产要素和自我转译方式。近年来，国内外对于算法及其社会影响的研究
逐渐成为产学研政业关注的重点和热点。在概念定义、研究领域、关键问题、
争议要点、影响评估、数字治理、哲思变迁等方面均产生了具有开创性和创新
性的研究成果。算法表征技术、知识与权力关系，其嵌入性、透明性、集合性
和路径依赖等特征，在与多领域的深度融合中带来社会结构的深刻转型。[1] 尤其

---

* 方师师，上海社会科学院新闻研究所副研究员，硕士生导师，互联网治理研究中心主任；
　贾梓晗，上海社会科学院新闻研究所硕士研究生。

[1] Stephen C. Slota, Aubrey Slaughter, and Geoffrey C. Bowker, "The Hearth of Darkness: Living
with Occult Infrastructure", in Leah A. Lievrouw and Brian D. Loader, eds. *Routledge Handbook
of Digital Media and Communication*, New York: Routledge, 2021, pp. 9-31.

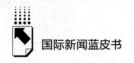

是在涉及制度民主（如个性化新闻推荐、搜索引擎排序、智能信息茧房）、市场秩序（如算法交易操纵、算法定价、特定群体就业歧视）、技术驱动（如无人驾驶汽车、自动化武器、混合战争）等社会关键结构方面，算法正深度参与、系统整合、反向建构，成为人类生存生活的基础性设施。[①] 另外，算法作为当下社会的一种"文化逻辑"，也逐步嵌入日常生活的各个层面，在人际交往（如智能交友配对）、身份验证（如人脸识别）、人机交互（如对话机器人）等方面，一个"算法社会"呼之欲出。

但同算法的"强功能论"相比，与算法密切相关甚至相互依赖的用户，其主体性和能动性却处于下风。"算法黑箱"是一个经典隐喻，它一方面揭示了算法作为一种社会机制具有"庞大且隐秘"的结构性特征，另一方面暗示算法连接的另一端，将无可避免地处于信息不对称和"被算计"的弱势地位。本文关注用户与算法机制交互循环过程中所"伴生"的技能、知识与想象，即算法素养。算法素养理论通过将人与算法（非人）整体视为一种可持续的生态模式，意图从切身角度提请用户关注社会配置中容易被忽视的组织力量和系统机制，进而找回自我协调、创造新组合的能力。

一 算法研究中的用户意识、评估实践与框架循环

（一）从算法意识到算法知识

近来有研究开始从用户视角关注用户对算法的认知，试图分析在日常接触中用户能否感知到算法的存在，感知情况如何，并与其前因或影响相关

---

① Louise Amoore and Volha Piotukh, "Life beyond Big Data: Governing with Little Analytics," *Economy and Society*, Vol. 44, Issue. 3, 2015, pp. 341-366.

联。① 较多文献对某些特定平台、特定群体的用户算法感知进行研究。一项针对 Facebook 用户的研究使用"算法意识"（algorithm awareness）一词表示用户对算法是否存在的感知，研究发现，大多数参与者（62.5%）没有意识到平台过滤算法的存在，并指出在没有任何外部信息的情况下，算法意识的产生需要"积极参与"的推动，简单地暴露算法输出不足以获得关于算法存在的信息。② 阿尔瓦拉多（Alvarado）等人关注中年视频用户对 YouTube 算法的观点（beliefs），与上述研究不同的是，该研究发现超过89%的参与者能够意识到 YouTube 算法推荐系统的存在，但意识较为浅层，难以详细理解或解释系统是如何工作的，以及有哪些影响因素。③ 一项调查挪威人口对算法的意识和态度水平的研究将算法意识分为六类："不知道、不确定、肯定、中立、怀疑和批评"，通过各类型间算法意识、态度的比较，该研究将算法意识与数字鸿沟相连接，其指出意识到并有意识地使用算法之类的互联网基础设施，可以被视为一种新的、强化的数字鸿沟。④

对算法的认知往往与情感体验相关联。Bucher 基于人们对 Facebook 算法的感知提出"算法想象"（algorithmic imaginary）概念，强调人们与算法相遇时产生的情绪、影响和感觉，不仅描述了人们构建的关于算法的心智模型，还描述了这些想象所具有的生产力和情感力量。在身份识别、错误预测

---

① Eszter Hargittai, Jonathan Gruber, Teodora Djukaric, Jaelle Fuchs and Lisa Brombach, "Black Box Measures? How to Study People's Algorithm Skills," *Information, Communication & Society*, Vol. 23, Issue. 5, 2020, pp. 764-775.

② Motahhare Eslami, Aimee Rickman, Kristen Vaccaro, Amirhossein Aleyasen, Andy Vuong, Karrie Karahalios, Kevin Hamilton, and Christian Sandvig, "'I Always Assumed that I Wasn't Really that Close to [Her]': Reasoning about Invisible Algorithms in News Feeds", paper delivered to the 33rd Annual ACM Conference on Human Factors in Computing Systems, ACM, Seoul Republic of Korea, April 2015.

③ Oscar Alvarado, Hendrik Heuer, Vero Vanden Abeele and Andreas Breiter, "Middle-Aged Video Consumers' Beliefs About Algorithmic Recommendations on YouTube", paper proceedings of the ACM on Human-Computer Interaction, 4 (CSCW2), 2020.

④ Anne-Britt Gran, Peter Booth and Taina Bucher, "To be or not to be Algorithm Aware: A Question of a New Digital Divide?" *Information, Communication & Society*, Vol. 24, Issue. 12, 2021, pp. 1779-1796.

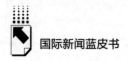

等带来特定情感体验的时刻，用户形成对算法是什么以及它如何工作的感知，并根据感知做出相应反馈。① 皇甫博媛则直接从情感实践维度考察用户与算法间的互动，提出"算法冒犯"这一特殊情感实践，即算法对用户主权越界和僭越带来的用户多元情感的激活、调动和诠释的时刻。②

上述对用户算法意识水平、算法想象的判断主要依靠对用户自我评价、情感体验的定性分析，一些研究希望为算法素养的测量提供合适的、能够广泛使用的量表，同时将对算法的客观知识纳入其中。比如，Dogruel 等人从算法使用意识和算法知识两个维度为算法素养的测量开发了量表，其中算法使用意识指用户意识到算法在在线应用中使用的程度；算法知识指用户对算法系统实际如何工作的更高层次的理解。③ 一项关于算法知识的研究中，研究者对算法知识与算法自我效能进行分别测量，发现受访者实际对算法知识的客观掌握情况要优于他们对自身算法知识能力的主观评估。④ 类似的，在一项关于青年人对社交媒体新闻算法体验的研究中，研究者指出虽然算法经验有助于年轻人形成算法素养，但不会自动为他们提供表达这种隐性知识的词汇。⑤ 为此，需要合适的提问方式来判断用户对算法知识的掌握。对于算法意识和知识的感知或测量研究，多基于对算法运行机制及前台呈现的认知考察，而较少关注对算法何以生成进行提问。

（二）从算法评估到算法实践

"生成算法意识是算法感知的第一步"，用户往往会进一步对算法进行

① Taina Bucher, "The Algorithmic Imaginary: Exploring the Ordinary Affects of Facebook Algorithms," *Information, Communication & Society*, Vol. 20, Issue. 1, 2017, pp. 30-44.

② 皇甫博媛：《"算法冒犯我"：用户与算法的情感实践及其自主性》，《新闻大学》2023 年第 2 期。

③ Leyla Dogruel, Philipp Masur and Sven Joeckel, "Development and Validation of an Algorithm Literacy Scale for Internet Users," *Communication Methods and Measures*, Vol. 16, Issue. 2, 2022, pp. 115-133.

④ 陈逸君、崔迪：《用户的算法知识水平及其影响因素分析——基于视频类、新闻类和购物类算法应用的实证研究》，《新闻记者》2022 年第 9 期。

⑤ Joëlle Swart, "Experiencing Algorithms: How Young People Understand, Feel About, and Engage with Algorithmic News Selection on Social Media," *Social Media + Society*, Vol. 7, Issue. 2, 2021.

评估或形成对算法的态度。比如在一项针对北京地区高校在读大学生的算法意识、算法态度及算法实践之间关系的研究中，研究者将用户的算法态度分为"情感型态度"和"价值型态度"，其中情感型态度指对算法评价的积极或消极；价值型态度指"对于算法可靠性的判断，对于算法客观性和价值无偏的评估，以及对于算法角色及功能性的感知"。研究发现情感型态度、价值型态度显著正向预测在读大学生对算法的合作型操纵行为；价值型态度也会影响其反抗型操纵行为。[①]

除对算法实际运作的客观知识外，用户也在与算法的互动中形成了有关算法的"民间理论"（folk theories），这些理论并不一定与设计者和开发者所预设的技术工作概念一致，却多被视为用户开展算法实践的基础。DeVito等人在对 Twitter 的研究中，将民间理论分为"操作化理论"与"抽象理论"。[②] 前者是指研究者对用户直接体验/信念所做的总结，如"被动消费"（不考虑算法影响）、"个人参与理论"（互动越多的人越容易被看见）、"格式理论"（特定格式的内容容易被看见）、"控制面板理论"（通过屏蔽、分组等设置影响信息流）、"上帝之眼理论"（平台拥有较大权力，可以限制某些内容传播）等。后者是指更为普遍或者模糊的一种感觉，可以通过反对、比较或者一般化的方式来处理算法。例如，算法是无形的、剥削的；算法是一种输入—输出强调反馈的循环系统。[③]

基于对算法的评估、民间理论的搭建，用户会开展各个层次的算法使用、实践活动，或通过观看、点赞、评论、屏蔽等操作训练算法，或借助知识与算法进行协商、抵抗。如 Cotter 关注了 Instagram 上的网红如何"玩可

① 赵龙轩、林聪：《"黑箱"中的青年：大学生群体的算法意识、算法态度与算法操纵》，《中国青年研究》2022 年第 7 期。

② Michael A. DeVito, Darren Gergle, Jeremy Birnholtz, "'Algorithms Ruin Everything': #RIPTwitter, Folk Theories, and Resistance to Algorithmic Change in Social Media", paper proceedings of the 2017 CHI Conference on Human Factors in Computing Systems, May 2017, pp. 3163-3174.

③ Ignacio Siles, Andrés Segura-Castillo, Ricardo Solís and Mónica Sancho, "Folk Theories of Algorithmic Recommendations on Spotify: Enacting Data Assemblages in the Global South," *Big Data & Society*, Vol. 7, Issue. 1, 2020.

见性游戏"，她总结了两种网红类型：一种是关系型网红（relational influencer），他们注重与粉丝建立真实关系、加强粉丝互动，并致力于原创内容；另一种是冒充型网红（simulated influencer），他们可能采取如下手段，如雇用水军、使用自动化服务模拟互动、加入专门互助小组、通过关注他人来获得回关等。例如，在 Instagram 上有一类被称作"参与豆荚"（engagement pods）的互助小组，参与者通常并非普通用户，而是稍微有影响的人。他们聚集在一起，持续地互相评论、点赞。这种刷评论、刷赞的方式不同于僵尸粉，而是真实个体之间的互助，以期能更好地被算法识别。①

张伊妍等人根据对偶像团体 INTO1 的中国在线粉丝的研究，从普通用户角度关注用户与算法的协商。粉丝群体内部形成了一系列有关可见性的技巧操作常规，包括可见性指标膨胀和紧缩（metrics inflation and deflation）两种。一方面，粉丝为了提高偶像知名度，会短时间内发布多条帖子直至系统提醒"频繁"，再通过切换 IP 地址，打开匿名模式，清理 cookies 或缓存，以登录不会被微博算法检测识别的不同账户，继续发帖。另一方面，为了降低对偶像不利内容的可见性，粉丝会进行"控评"、"洗广场"以及"降黑热搜"等操作。同时，粉丝还创造了与现有算法协商的新算法，来模拟真实用户自动签到、提升微博浏览量、净化关键词等行动。此外，粉丝群体还会向其他群体学习算法知识，并在内部形成老粉带新粉的形式及学习帖，不断增强能力。②

（三）从搭建框架到动态循环

上述研究主要从用户与算法互动意识、知识、评估、行动等某个或某些环节展开，虽然不乏涉及用户与算法间的动态循环关系，但并未对其进行全

① Kelley Cotter, "Playing the Visibility Game: How Digital Influencers and Algorithms Negotiate Influence on Instagram," *New Media & Society*, Vol. 21, Issue. 4, 2019, pp. 895-913.

② Yiyan Zhang, Shengchun Huang and Tong Li, " 'Push-and-pull' for Visibility: How do Fans as Users Negotiate over Algorithms with Chinese Digital Platforms?" *Information, Communication & Society*, Vol. 26, Issue. 2, 2023, pp. 321-339.

景式阐述。一些研究尝试提出算法素养的框架。如吴丹、刘静构建了算法素养能力框架，将算法素养能力分为算法技能层、算法知识层、算法思维层、算法动机层和算法认知层，并对每个层次下的具体能力要素进行细化和映射。① 但这一框架主要是对算法的认知定义，不涉及算法实践的展开。Dogruel 将算法素养划分为四个维度，包括两个认知维度，即意识和知识以及对算法的评估；两个作为补充的行为维度，即使用算法中的个人应对行为以及创造和设计能力。这两个框架的设立都将算法素养看作一种能力，其目的都是为进一步测量算法素养提供基础，之后 Dogruel 发布了一个测量算法素养的量表，但也只包含对意识、知识的测量。②

Neubaum 等人指出："算法素养不仅仅是算法意识，知道算法是什么，还包括对算法和使用算法方式的感知。"其在人机交互框架内提出关于算法素养进一步的研究议程：①平衡算法素养与算法透明度；②推动用户提高算法素养；③发展素养的情感和行为方面；④应对算法鸿沟问题。③ 基于对用户—算法研究的梳理，本文聚焦算法素养，试图突破片段式或框架式的定义，以更全面、动态的方式关注在用户与算法间递归循环中，更多力量对算法的介入以及用户素养的不断协调创造。

二 算法素养的生成路径与具体构成

算法的"关联性"将人与相关事物置于关系的两端，当关系不断建立和叠加，巨大的复杂网络系统"操控和试验"多样的组合与安排；算法生成的环境具有透明性和连续性，当用户沉浸在算法提供的各类服务中时，并

---

① 吴丹、刘静：《人工智能时代的算法素养：内涵剖析与能力框架构建》，《中国图书馆学报》2022 年第 6 期。

② Leyla Dogruel, "What is Algorithm Literacy? A Conceptualization and Challenges Regarding its Empirical Measurement", in Monika Taddicken and Christina Schumann, eds. *Algorithms and Communication*, Berlin: Digital Communication Research, Vol. 9, 2021, pp. 67–93.

③ Anne Oeldorf-Hirsch and German Neubaum, "What Do We Know about Algorithmic Literacy? The Status Quo and a Research Agenda for a Growing Field," *SocArXiv Papers*, 2021, pp. 1–39.

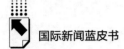

非时刻能够意识到算法环境的存在；在一些特定的时空条件下，用户会产生"算法感知"，获得"算法认知"，进而识别出"算法环境"；在此基础上，用户会尝试控制和驯化算法，体现出"技艺"的调控机制；在经历一系列"操作链"之后，用户和算法之间会达到某种均衡，即便依然存在黑箱和不确定性，但彼此不再成为问题和困扰，此时用户与算法相互"生成"并共存。

（一）算法素养的生成路径

算法素养的生成路径既不单向也非线性。复杂性和涌现性与算法机制本身并非遵循简单的"做加法"关系，其也与人的生物生命和理智情感相连。这也是作为文化技艺的算法素养的迷人之处——在这个生成过程中，人是通过与算法的交互来"识别"社会的生成复杂性，而非先于算法技术存在一个"理念社会"。而要显形技术环境这一"人造自然"，重新发现"自动导航"的惯习，我们需要在情感实践和动态知识两条路径上以去熟悉化的方式"生成"技艺。

1. 显形算法透明的多样情感实践

正如海洋之于鱼类的不可见，用户大部分时间沉浸其中，算法往往也是透明不可见的。2020 年一份对美国 292 名脸书用户的调查显示，受访者甚至全然不知脸书网站如何将兴趣内容与他们相关联。[①] 2017 年有研究发现，美国大多数大学生不知道新闻个性化服务，也无法清晰地认知脸书、谷歌和其他使用个性化算法的新闻来源，如何对新闻进行把关。[②] 一项对今日头条 400 名中国用户的调查也发现，深度用户往往会产生一种"新闻推荐来源于

① Moritz Büchi, Eduard Fosch-Villaronga, Christoph Lutz, Aurelia Tamò-Larrieux and Shruthi Velidi, "Making Sense of Algorithmic Profiling: User Perceptions on Facebook," *Information, Communication & Society*, Vol. 26, Issue. 4, 2021, pp. 809-825.
② Elia Powers, "My News Feed is Filtered? Awareness of News Personalization among College Students," *Digital Journalism*, Vol. 5, Issue. 10, 2017, pp. 1315-1335.

专业人工编辑"的错觉，而不会认为是算法在主导。[①] 2022 年关于中国大学生群体的调查也发现，大多数时候他们只是"旁观"算法而不会介入其运作。[②]

然而鱼有探出水面的时刻，所有鲸类都必须浮出水面才能呼吸，呼吸对鲸类而言已发展成为一门有意义的艺术。在这种意义上，算法素养正是人"探出水面"的艺术，它要求沉浸于算法社会的人不时探出水面反视自身所处环境。在日常算法互动中，使用者同样不断赋予算法人格化的想象，个人在感知算法的同时，也对算法本身产生情感联结。Bucher 通过关注人们在不同场景下如何想象脸书总结了六种常见使用感受：剖析身份、惊讶时刻、错误预测、流行度游戏、残酷连接和"毁了友谊"。[③] 情感史学家 Scheer 指出应将情感视为一种实践，各种各样的情感反应推动使用者进行相应的认知推理。[④] 从实践的角度来看，面对不同算法应用及具体场景，使用者所展现的情感状态各不相同，既包括身体性的感受，也涉及物质性的设备、载体与软件界面，还包括与技术互动所形成的惯例、仪式等。而情感实践的丰富性也为把握动态算法知识提供了基础和资源。

2. 理解算法黑箱的动态知识生产

算法是一个动态的"代码过程"。在算法调控的系统中，其可以作为一种技术结构"触动"制度规则。代码过程具有物质性，包括其运行的物理基础、代码实践的行动策略、外部社会的价值观念，以及"多重维度"共同映射的"协商性复合空间"。[⑤] 参与代码实践的行动者既包括专业的技术

---

① 杨洸、佘佳玲：《新闻算法推荐的信息可见性、用户主动性与信息茧房效应：算法与用户互动的视角》，《新闻大学》2020 年第 2 期。
② 赵龙轩、林聪：《"黑箱"中的青年：大学生群体的算法意识、算法态度与算法操纵》，《中国青年研究》2022 年第 7 期。
③ Taina Bucher, "The Algorithmic Imaginary：Exploring the Ordinary Affects of Facebook Algorithms," *Information, Communication & Society*, *Vol.* 20, *Issue.* 1, 2017, pp. 30-44.
④ Helen Kennedy and Rosemary Lucy Hill, "The Feeling of Numbers：Emotions in Everyday Engagements with Data and Their Visualisation," *Society*, Vol. 52, Issue. 4, 2017.
⑤ 方师师：《政治与"机器语言"的社会化：对 996. ICU 代码过程的媒介特异性分析》，《传播研究与实践》2020 年第 2 期。

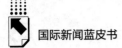

人员，也包括用户和平台，同时还可能会有"物的议会"①，如技术标准、法律法规等。行动者的实践反馈与算法递归循环，串联起复杂的操作链。行动者与算法共同进化，社会文化因素也在算法中得到继承、放大和沉淀。算法的黑箱性质使得对算法知识很难预设测量标准，因此需要回归算法应用的具体场景，"在更开放的文化视域中，看见并诠释算法与人、算法与社会关系的更多可能性"。②

同时，"算法解释"没有一个普适的准则，而是在算法与使用者的动态关系中形成的。德塞托用"书写—阅读"代替"生产—消费"，书写是生产的文本，阅读则是读者在既有文本中进行意义和文化的再创作，将自身创造渗入文化的正统性生产中。③ 算法同样可与文本研究相类比：算法自有其要呈现、去蔽之取向，需要对其保持一种开放的态度。Lomborg 和 Kapsch 在研究中向受访者展示一些常见的算法应用，如搜索引擎、地图导航服务、个性化广告等，受访者可以在更为完整、具体的使用情境中理解算法。④ 这与霍尔后期对于"接合"（articulation）的强调类似：符码结构所产生的意义具有高度语境化的特点，需要找到一个结合点，主导的意识形态才能发挥作用。⑤ 这提示我们考察算法解释时，应将其置于日常生活长时段使用的语境下。

因此，算法素养作为一种文化技艺，是所有参与代码实践的行动者带入生物生命、物质基础、社会规则等并同处于动态关联过程中所进行的技能磨练、知识生产和想象构建。这样一种人与算法的"合二为一"构成了一种"活力唯物主义"，它本身是一种具有"生命的物质"，是一种本体论上的存在，贯穿其中的"活力"是一种物质流动。

---

① 〔法〕布鲁诺·拉图尔：《我们从未现代过：对称性人类学论集》，刘鹏、安涅思译，苏州大学出版社，2010，第 162~165 页。
② 毛湛文、张世超：《论算法文化研究的三种向度》，《现代传播（中国传媒大学学报）》2022 年第 4 期。
③ 张萌：《从规训到控制：算法社会的技术幽灵与底层战术》，《国际新闻界》2022 年第 1 期。
④ Stine Lomborg and Patrick Heiberg Kapsch, "Decoding Algorithms," *Media, Culture & Society*, Vol. 42, Issue. 5, 2019.
⑤ 黄典林：《在文化与结构之间：斯图亚特·霍尔传播观的范式整合》，《南京社会科学》2020 年第 10 期。

（二）算法素养的具体构成

算法素养作为一种"文化技艺"，实际是将人与算法的递归纠缠作为一种内化的物质环境，从媒介生态学的角度强调"媒介技术与人之间构成了复杂相关的系统"。这种定位实际上不同意社会建构论的激进版本——世界上所有的事物都是一种社会建构，同时也反对认为物仅仅就是一种消极的机械存在，而人才是唯一具有主动特权的代理实体。在此定位上，算法素养的文化技艺有着不同的侧重点，包括实践技能的掌握、算法知识的生成以及对算法的媒介想象。

1. 基于算法解码的实践技能

一般意义上的"算法素养"常被看作媒介素养的延伸。新媒体时代，用户的媒介素养是个体从认知媒介、使用媒介到参与媒介的各种批判性反思、理解和行动能力，是实现媒介赋权的有效途径。从媒介素养的角度来看，算法素养是智能时代媒介素养的内涵与外延的更新，应当关注个体在算法中介环境下形成的"数字技能"或"网络技能"。有学者提出"算法技能"的概念，并将其定义为"用户对算法及其使在线内容可见方面扮演角色的了解，理解特定算法如何运作的能力，以及在生产和分享内容时充分利用这种知识"。①

但是，一般的互联网使用技能难以满足复杂、模糊且难以理解的算法要求，因此要在日常实践中考察人与算法的互构。从交互特点上看，早期人与媒介的交互采用可见、主动、线性的方式，用户点击链接浏览，通过点赞、评论等规定方式，在媒介提供的平台中发言作为行动，以获取自己的权利。而媒介在收集、分析这些数据后只能在下一轮信息发布中加以变动，如此单线前进。而算法与人的交互则呈现隐形、日常、循环的特点，只要打开算法终端，用户的各种行动都会被收集转化为数据，实时反馈给算法机制，更新

---

① Helen Kennedy and Rosemary Lucy Hill, "The Feeling of Numbers: Emotions in Everyday Engagements with Data and Their Visualisation," *Society*, Vol. 52, Issue. 4, 2017.

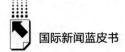
到用户的算法使用中，形成回环。从交互内容上看，人与算法的交互已经从信息转向情感、情绪的交互。算法通过数据收集将对情感的感知纳入计算范畴，人在感知算法时也会掺杂众多情感因素。Ytre-Arne 与 Moe 提出"数字烦躁"（digital irritation）的概念，发现挪威用户在关注数字新闻、社交媒体、个性化广告与娱乐等内容时，沮丧和恼怒情绪普遍存在，既对算法的存在感到不甘，又觉得无法避免使用算法。[①] 在 Ruckenstein 与 Granroth 的研究中，人们对算法系统中定向广告的情感反应也十分类似，除了恐惧、烦躁也有愉悦。[②] 这提醒我们，情感因素应在认识技术的过程中得到更多的重视。

而"将情感视为一种实践"，基于不同算法应用场景下的不同情感状态，算法素养内化为对实践技能的掌握，即选择参与算法的战略战术。Lomborg 和 Kapsch 划分出主导式、协商式、对抗式三种解码算法的方式。主导式解码算法是指使用者接受并且称赞算法的智能性与便利性，如用户主动提供数据给算法系统，让渡自身的隐私。对抗式解码算法主要对算法持负面看法，如认为算法是有问题的技术，可能会采取一些破坏性操作。协商式解码算法处于二者之间，包含了正面与负面两种看法，接触算法更为谨慎。[③] 不同的解读方式体现出不同的情感，并产生不同的参与策略，大致可以分为顺应算法、挑战算法及与算法"共舞"。

对于算法的挑战主要体现在关闭算法与算法反制。当使用者感受到算法无法满足个人需求或是感受到算法对个人隐私、信息获取等的挑战时，最直接的方式就是通过卸载算法终端从根本上关闭算法。2022 年 1 月出台的《互联网信息服务算法推荐管理规定》明确指出："算法推荐服务提供者应当……向用户提供便捷的关闭算法推荐服务的选项"，这一规定的出台为关闭算法提供了更直接的途径。在对外卖骑手的研究中，骑手下空单挣平台奖

① Brita Ytre-Arne and Hallvard Moe, "Folk Theories of Algorithms: Understanding Digital Irritation," *Media, Culture & Society*, Vol. 43, Issue. 5, 2020.
② Minna Ruckenstein and Julia Granroth, "Algorithms, Advertising and the Intimacy of Surveillance," *Journal of Cultural Economy*, Vol. 13, Issue. 1, 2019, pp. 12-24.
③ Stine Lomborg and Patrick Heiberg Kapsch, "Decoding Algorithms," *Media, Culture & Society*, Vol. 42, Issue. 5, 2019.

金、不停切换不同外卖 App 来获得更多订单、通过微信群转单给其他外卖员节省时间、总结更便捷的交通状况和配送路线而非单纯依赖算法等技能的形成，即是在意识到算法问题后采取反制措施的典型代表。

采用协商式的算法解读，其主要实践体现在内容平台中。面对推荐算法的内容推送，用户可以通过显式行为（即平台提供的界面或个性化工具）和隐式动作（如调整浏览行为）干预自动化决策，既接受平台算法规则，也进行能动性反馈。内容平台生产者通过算法间的双向驯化"与算法共舞"，平台算法通过自动化指标对网络内容生产者加以规训，内容生产者也会通过"测试"算法、加入集体行动等形式试图破译算法逻辑，获得流量套利。

2. 日常经验中的切身知识

安迪·克拉克认为，知识像游泳、弹钢琴、骑自行车或用铅笔解方程式一样涉及行为者对技术能力和技术媒介的综合使用。[①] 从知识的视角切入，人在与算法的动态关系中亦生产有关算法的知识。伴随着与算法交互的深入，不同类型的算法使用群体也生产出不同层次的算法知识。

近年来，民间理论被引入人与算法的交互领域，体现为接近人们在长时段的日常体验中所积累的一种常识或默会知识。在 DeVito 关于 Facebook 酷儿社区的研究中，她归纳了用户民间理论的四个层次：通常能意识到算法的存在；可以意识到算法在特定因果关系中发挥了作用，如算法推荐、排序；能够了解一些"机制化片段"，如算法赋予不同内容以相应权重，算法会增加/减少一些标准；可以提出有关"机制化秩序"，用户不仅明了一些机制化的片段，而且理解前后的逻辑关系。[②] 这种划分较明确地呈现了算法素养所涉及的知识的不同层次。由于民间理论"往往是地方性的、具体的、自

---

① 〔美〕约翰·杜海姆·彼得斯：《奇云：媒介即存有》，邓建国译，复旦大学出版社，2020，第 98~103 页。

② Michael Ann DeVito, "Adaptive Folk Theorization as a Path to Algorithmic Literacy on Changing Platforms," paper proceedings of the ACM on Human - Computer Interaction, Vol. 5, Issue. CSCW2, 2021, pp. 1-38.

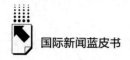
下而上的，而且是弹性的、变化的"①，人们会随着算法的变化而动态调整针对算法的民间理论，而非抱有僵化的信念。

算法平台的内容创作者、网红等群体不仅是用户，且因其生计与算法直接相关还成为平台上的"数字劳工"，在长时间与算法"你来我往"的过程中，他们有意识地探索算法，进而自觉生产关于算法运作的知识，总结出相对可行的方案，以便更好地被算法识别。② 由这些群体从日常"打工"实践中总结出来的知识已经走向一种相对系统化，更具反思性。此类知识的生产形式主要有以下两种体现。

一种是由网红之间非正式的讨论、交流而实现的知识建构，有效的个人经验和应对算法的策略会在相关社群中被分享，并得到迅速传播。Bishop 在研究 YouTube 美妆与生活方式视频博主时指出，他们在使用 YouTube 时，会不断与粉丝、其他博主交谈或者加入与博主相关的社群、组织，从而更好地监测、分享、追踪与算法有关的信息，并大致"诊断"算法的运作与模式。她将这种非正式的算法知识称为"算法八卦"（algorithmic gossip）。③ "算法八卦"由不同博主集体生产，且往往具有"颠覆性"作用：因为"八卦"不仅是博主们生产时所遵循的规范，还可以成为"揭露平台歧视与偏见的工具"。另一种是由艺人经纪公司、直播公会、MCN 机构等专门化组织作为专门的"算法专家"集体所生产的系统性实践性算法知识。如果平台的算法规则相对清晰，他们会想方设法了解算法赋值的不同权重，运营人员还会当"托儿"，去直播间"提气"。如果平台的算法规则不够"透明"，算法专家们就需要不断"磨合"与"试错"，对"平台数据、时间段、视频标签、文案"等进行把控，找准黄金时间段，保证完播率、直播时长、持续的内容输出等。这些行会组织化算法知识，超越了单纯的"八卦"，

---

① 秦亚青：《行动的逻辑：西方国际关系理论"知识转向"的意义》，《中国社会科学》2013年第 12 期。

② Tarleton Gillespie, "Algorithmically Recognizable: Santorum's Google Problem, and Google's Santorum Problem," *Information, Communication & Society*, Vol. 20, Issue. 1, 2017, pp. 63–80.

③ Sophie Bishop, "Algorithmic Experts: Selling Algorithmic Lore on YouTube," *Social Media + Society*, Vol. 6, Issue. 1, 2020.

迈入了社会化的实践性知识范畴。这些知识会在不同行业间传播，甚至还会成为培训主播或者内容生产者的参考规范，反作用于内容生产者的算法实践。

3. 对算法社会的媒介想象

彼得斯在解释技艺时指出"技艺之历史充满生物性和人工性，它们既包括各种行动集合，又包括各种材料集合"。类比曾军对艺术作品形塑做出的判断："艺术作品的形塑原则上总是基于媒介技术想象（media technological imaginary）的"[①]，我们可以说作为文化技艺的算法素养的形塑也是基于对算法技术的想象。算法技术将人引入算法时代并使人沉浸其中，成为人与信息、知识间联结的物质材料。人们在接触、感知、使用算法的过程中也对算法产生不同的想象，这些想象并非算法这一媒介工具固有属性，而是人在与这一新的媒介交互过程中形成的心理反应，随着对"作为材料的算法"的熟悉程度加深，掌握了算法的技能和知识后，使用者便开始追求算法表现过程中的"技术完美性"和"艺术可能性"。

对算法媒介的想象塑造了使用者对算法机制的期望，并在对算法的认知中逐渐提出算法技术发展的期望，比如在意识到算法推荐形成信息茧房、过滤泡的可能性后，我们期待算法能够进一步完善，突破个人兴趣的束缚，兼顾公共价值关怀。信息推荐算法也逐渐发展为基于内容的推荐、基于协同过滤的推荐与基于时序流行度的推荐等多种算法类型共同作用。从某种意义上说，正是算法素养的"觉醒"使得算法不断"可见"。

当前，随着算法实践技能与知识建构的逐步发展，如关闭算法推荐实践的可能性，使用者对算法的期待更深入，我们希望平台能够推动算法决策更加透明，可以自主选择是否采用算法方案，在一些关键位置算法需要"明示"而非隐形嵌入日常生活中。对算法的规制意在一种主体性的回归，人们希望拥有制定算法执行规则、编制算法秩序的能力。如德赛托在描述读者在阅读中对既有文本意义和文化的再创作时所说："这是弱者利用强者提供

---

① 曾军：《媒介技术想象：一种可能的艺术理论》，《中国比较文学》2021年第1期。

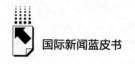
的文本资源实现自治的一种艺术"，生存于算法时代，我们既看到算法对人类生存的嵌入性，也不能放弃对算法的批判性反抗。

三 作为"文化技艺"的算法素养

在德国的媒介理论中，"文化技艺"（kulturtechniken）一方面是指技术工具的发明搭建起人类数字生存所需的基础设施，另一方面又关涉"实用技能、手工作品以及身体性知识"。法国人类学家古尔汉认为，在工具和一系列"操作链"之间，技艺发挥着协调控制作用。

"技艺"的概念勾连起技术与使用者之间的关系，它拒绝"人使用技术"这样的主—客二元论，并翻转了人类中心主义，强调人与工具/技术/非人之间是一个"连续体"，始终处于"伴生"状态。"技艺"具有某种"生命力"，可以调整和训练，在达到某种境界后会"人剑合一"。从这个角度来看，人与算法之间恰是这种"技艺"关系。

在文化技艺理论看来，技术并没有一个本体上的本质设定，相反，它只是作为一种意义生成的方式而存在。[①] 人与算法之间的关系是一种"有生命的物质连接"，人和算法之间不存在根本的割裂，而是有一种内在性逻辑在运作流动。正是在这个意义上，我们提出作为"文化技艺"的算法素养才是一种解放的理论。

数字媒介的研究脉络中存在一个"物质性转向"，其主流框架可以划分为六大领域：突出关注技术的质料与结构的柏林学派，倡导要将技术构成与文化逻辑结合起来的"软件研究"，"媒介特异性分析"尝试发现文本格式与用户解码并不存在先验的决定性关系，"意义是在互动过程中产生的"，"可编程的硬件"从取证主义的角度强调媒介的物质铭刻，以及"新唯物主

---

① 陈鑫盛：《追问意义的肉身：伯恩哈德·西格特的文化技艺理论初探》，《新闻知识》2022年第1期。

义"对媒介生态学的发展。① 其中，媒介研究的"新唯物主义"认为需要从"技艺和文化的物质能量""生态媒介""媒体考古"的角度来看待媒介生态环境，将其描述为一种"过程性的、关系性的、短暂性的波动"。媒介技术这种"怪异的物质性"源自其试图将物理基质和信号传输进行一个综合，类似振动、节奏、计算等"非固体"都是物质的，物质与人一样具有"活力"。②

人与算法的"合二为一"具有非凡的物质力量，由于卷入程度不同，对算法的实践需求、知识层次也有所不同，多样行动者的能动参与在同算法交互的过程中持续磨练技能、生产知识、再造想象。算法素养作为一种"文化技艺"，一方面提请人们关注社会技术配置中易被忽略的组织力量和系统机制，另一方面希望作为一种"健康的怀疑精神"，帮助行动者找回自我协调、组合创新的能力。

---

① Nathalie Casemajor, "Digital Materialisms: Frameworks for Digital Media Studies," *Westminster Papers in Communication and Culture*, Vol. 10, Issue. 1, 2015, pp. 4-17.

② Jussi Parikka, "New Materialism as Media Theory: Medianatures and Dirty Matter," *Communication and Critical/Cultural Studies*, Vol. 9, Issue. 1, 2012, pp. 95-100.

B.4
2022年西方数字断连研究报告[*]

高再红　王月　严晶晶[**]

摘　要： 作为过度连接的一种调节行为，"数字断连"在数字化生活中显
得愈发重要。本研究主要梳理了数字断连的概念阐释、数字断连
的影响因素、数字断连的实践路径，以及数字断连的理论思考。
数字断连并不是与连接二元对立的概念，有自愿与非自愿、长期
与短期之分。数字断连有诸多影响因素，促使人们主动采取断开
行为的决定，主要是对风险的考虑和对需求的渴望。此外，数字
断连并不只是放下手机、不使用社交媒体等个体实践，还有集体
性的数字戒毒行动以及社会层面对断连权的支持。最后，数字断
连关涉可供性、历史性和主体性等问题，任何一种新媒介出现之
初，都有警醒者提醒用户，我们可能失去什么。我们应该以一种
尊重自我主体性的方式去塑造、使用技术。

关键词： 数字断连　新闻媒介　数字技术

　　20世纪90年代以来，计算机技术不断发展，互联网的普及带来了"永久
在线、永久连接"的社交媒体文化，也有部分人开始转向"数字断连"
（digital disconnect），寻求与数字技术的断开。不使用数字技术一开始被描述

---

　　* 本文受2022年上海社会科学院院课题资助。
　　** 高再红，中国传媒大学媒体融合与传播国家重点实验室博士研究生，研究方向为媒介文化；
　　　王月，博士，上海社会科学院新闻研究所副研究员，研究方向为媒介文化和媒介理论；严晶
　　　晶，上海社会科学院新闻研究所硕士研究生，研究方向为媒介文化。

为一种"失常",一种"非理性的、最终不利的立场",拒绝连接是一个应该被解决的异常现象。但近年来,学界有了更细致的思考,断开连接已经成为一种权利和选择。当移动技术提供无处不在、无时不在的连接时,如何在连接和断连之间找到平衡,成为我们面临的新的挑战。有关数字断连的理论反思和实证研究在诸多学科中蓬勃发展,包括媒体和传播、心理学、旅游、算法和社会运动等领域。学界越来越关注过度接触数字技术对健康、自由和自主能力的影响。社会的不同领域也都在制定以断开连接为重点的举措,促使我们重新思考生活中的数字化概念。

本文以近十年来的英文文献为研究样本,以"digital disconnect""digital detox""social media non-use""social media refusal"等关键词进行检索,以滚雪球的方式遴选相关论文,进一步总结梳理数字断连的概念、动机、实践和理论,更好地呈现数字断连的研究进展。

一　数字断连的概念阐释

数字断连有不同的断连对象,对应不同的断连级别。Nguyen通过深度访谈总结出三种断连对象:一是与设备进行断连,包括不允许在某些区域使用手机、在假期或休息期间限制使用手机、在个体内部设置特定的使用时间框架、在多个手机之间切换以有选择地断开连接;二是与特定平台进行断连,包括停用社交媒体账户、从手机上删除社交媒体应用程序、在手机文件夹中隐藏社交媒体应用程序、使用不同的应用程序来区分私人和工作社交、使用屏幕时间应用程序来设置使用限制等;三是与特定内容进行断连,包括关闭来自社交媒体应用程序的通知、使用不干扰功能或飞行模式、删除或取消关注社交媒体上的某些联系人或账户、创建内容过滤器以有选择性地断开连接等。[①] 这三种类型又可以扩展成五个断连级别,即设备级别、平台级

[①] Nguyen M. H.,"Managing Social Media Use in an 'Always-On' Society: Exploring Digital Wellbeing Strategies That People Use to Disconnect," *Mass Communication and Society*, 2021, 24 (6), pp. 795-817.

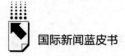

别、功能级别、交互级别和消息级别。①

按照断连的意愿和持续时间，数字断连被分为四种类型。长时间非自愿的断连是由于基础设施受限，如在互联网普及率低的国家和地区，很多人根本无法连接，形成了"断连群岛"②；长时间自愿的断连被视作生活方式的选择；短时间非自愿断连属于计划外的中断，如遇到突发断电、手机丢失、平台故障等情况；短时间自愿的断连则被视作短暂的休息③。其中，短暂性的主动退出是这四类断连类型中最为普遍的情况。

此外，数字断连还有消极和积极之分。从消极的话语来说，数字断连被视作戒毒和排毒，Vanden Abeele 等人④将社交媒体喻作毒品和恶魔，认为用户对其具有先天易感性，其设计是令人上瘾的，需要在认知上进行自我控制和科学治疗，抵抗数字技术的干扰。另外，也有越来越多的学者反对将技术成瘾、媒体成瘾标签化和医学化，主张从积极的视角出发，将其视作缺乏数字健康、媒介素养的一种经历，⑤ 通过量身定制的干预措施实现健康的社交媒体饮食，优化连接与断连行为之间的平衡。正如 Light 所言，断开连接不仅涉及不使用社交媒体，还包括用户根据个人需求使用社交媒体工作的战略方式。⑥ 由此可见，数字断连是一种积极的媒介策略。

总体而言，"数字断连"并不是一个与"连接"二元对立的概念。数字

① Nassen L. , Vandebosch H. , Poels K. , Karsay K. , "Opt-out, Abstain, Unplug. A Systematic Review of the Voluntary Digital Disconnection Literature," *Telematics and Informatics*, 2023.

② Straumann R. K. , Graham M. , "Who isn't Online? Mapping the 'Archipelago of Disconnection'," *Regional Studies*, *Regional Science*, 2016, 3 (1), pp. 96-98.

③ Aranda J. , Baig S. , "Toward JOMO: The Joy of Missing out and the Freedom of Disconnecting", Proceedings of the 20th International Conference on Human-Computer Interaction with Mobile Devices and Services, 2018.

④ Halfmann A. , Abeele M. V. , Lee E. , "Drug, Demon, or Donut? Theorizing the Relationship Between Social Media Use, Digital well-being and Digital Disconnection," *Current Opinion in Psychology*, 2022 (45).

⑤ Cecchinato M. E. , Rooksby J. , Hiniker A. , Munson S. , Lukoff K. , Ciolfi L. , Harrison D. , "Designing for Digital Wellbeing: A Research & Practice Agenda", Paper presented at the Extended Abstracts of the 2019 CHI Conference on Human Factors in Computing Systems, 2019.

⑥ Light B. , *Disconnecting with Social Networking Sites.* New York: Palgrave Macmillan, 2014, p. 151.

断连并不是断开和一切数字媒介的连接，而是有设备、平台、信息等对象和级别之分。数字断连也不是长时间断连的代名词，短暂的断连也属于数字断连的范畴之内。此外，数字断连还有主动和被动之分、消极和积极之分。Hesselberth 认为，人们与技术的脱离很少是完全的、彻底的，而是情境性的，特定于媒介、使用时间、使用地点以及需求。[1] 由于数字设备、社交媒体的实用特性，部分断开、选择性断开是更为现实的选择。

二 数字断连的影响因素

通过文献梳理发现，主动寻求数字断连的原因主要可以分为两类，一类是感知到过度连接的危害，为了消除消极影响而采取停止或调整的行为，另一类则是被断连后的替代方案吸引，为了追求积极影响而主动选择断连。

（一）风险型动机

长时间活跃在社交媒体上会导致用户的精神疲劳，被称为"社交媒体疲劳"（Social Media Fatigue，SMF）。SMF 是一种个人因过度使用社交媒体和相关平台而感到精神疲惫或疲倦的情况，[2] 这种精神疲劳会引发用户进行数字断连的强烈愿望。已有研究证明，社交媒体疲劳与断连欲望之间显著正相关，断连欲望与错失喜悦（JOMO）之间也存在显著正相关关系。[3]

除了精神疲劳等内部风险之外，边界模糊、隐私泄露等外部风险也是用户寻求数字断连的动机。当员工下班回到家后，有时无法在非工作时间断开

---

[1] Hesselberth P., "Discourses on Disconnectivity and the Right to Disconnect," *New Media & Society*, 2018, 20（5），pp. 1994-2010.

[2] Lee A. R., Son S. M., Kim K. K., "Information and Communication Technology Overload and Social Networking Service Fatigue: A Stress Perspective," *Computers in Human Behavior*, 2016（55），pp. 51-61.

[3] Rautela S, Sharma S., "Fear of Missing Out (FOMO) to the Joy of Missing Out (JOMO): Shifting Dunes of Problematic Usage of the Internet among Social Media Users," *Journal of Information, Communication and Ethics in Society*, 2022, 20（4），pp. 461-479.

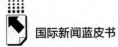

一切连接设备，需要继续处理工作中的繁杂事务和人际关系，工作和私人生活的边界存在模糊的风险，① 高强度的工作压力促使用户产生断连的想法。此外，社交媒体平台的隐私设置系统和政策的变化使用户难以管理他们的隐私，对在线匿名和数据隐私的担忧也会促使用户断开与社交媒体的连接。②③④

值得注意的是，过度连接除了带来内部和外部的风险，其本质问题是对个体的自主性造成挑战。虽然无处不在的连接提高了人们日常生活的自主性，可以随时随地访问服务、响应信息，但移动技术也会对人的思想和行为施加直接控制和间接控制，形成自主性的悖论。⑤ 一方面，移动技术在注意力经济的背景下发展起来，人们会在无意中放弃工作、社交和休闲活动，投入屏幕时间中，引发生产力问题、情绪问题等，甚至导致危险行为，如一边发短信一边驾驶等。⑥ 另一方面，移动技术还通过间接的方式控制思想和行为，如定位技术使个体可追踪，连接文化营造出对即时性回应的期望和压力，⑦ 这些都从不同层面挑战了人的自主性。

① Wet W. D., Koekemoer E., "The Increased Use of Information and Communication Technology (ICT) among Employees: Implications for Work-life Interaction," *South African Journal of Economic and Management Sciences*, 2016, 19 (2), pp. 264–281.

② Hargittai E., Marwick A. E., "What Can I Really Do?: Explaining the Privacy Paradox with Online Apathy," *International Journal of Communication*, 2016 (10), pp. 3737–3757.

③ Baumer E. P., Adams P., Khovanskaya V. D., Liao T. C., Smith M. E., Schwanda S. V., Williams K., "Limiting, Leaving, and (Re) Lapsing: An Exploration of Facebook Non-use Practices and Experiences," Proceedings of the SIGCHI Conference on Human Factors in Computing Systems (pp. 3257–3266), New York, NY, USA: ACM. 2013.

④ Cho I. H., "Facebook Discontinuance: Discontinuance as a Temporal Settlement of the Constant Interplay between Disturbance and Coping," *Quality & Quantity*, 2015 (49), pp. 1531–1548.

⑤ Vanden Abeele M. M., "Digital Wellbeing as a Dynamic Construct," *Communication Theory*, 2021, 31 (4), pp. 932–955.

⑥ Bayer J. B., Campbell S. W., "Texting while Driving on Automatic: Considering the Frequency-independent Side of Habit," *Computers in Human Behavior*, 2012, 28 (6), pp. 2083–2090.

⑦ Vanden Abeele M. M., De Wolf R., Ling R., "Mobile Media and Social Space: How Anytime, Anyplace Connectivity Structures Everyday Life," *Media and Communication*, 2018, 6 (2), pp. 5–14.

（二）需求型动机

Schwarzenegger 和 Lohmeier 认为，理解数字断连需要双重视角，断开连接的动机一方面是人们为了自己的利益逃避压力，另一方面是为了寻求替代方案，即断开连接后可以得到什么。[①] 通过对文献的综述，Nassen 等人推导出六种自愿数字断连的动机，[②] 一是感知到自己过度使用，二是改善社交互动的需求，三是保持心理健康的需求，四是提高生产力的需求，五是隐私保护需求，六是增加自我效能感的需求（感知有用性）。其中有五类都是需求角度，可见用户进行数字断连行为的动机不只与风险有关，也与收益挂钩。

数字断连被视作"浪漫主义"的行为，通过不使用或与日常生活中不同的方式使用手机或其他媒介，能够与自我重新连接，并以新方式了解自己。根据 Syvertsen 和 Enli 的说法，断开连接的愿望可能是由对过去的怀旧渴望引发的，人们能够拥有更多的时间、更明确的空间和压力更小的生活方式，可以在没有媒体的情况下更好地利用时间，在自然界中与家人和朋友一起，享受真实的体验而不是虚拟的体验。[③]

研究发现，当人们选择断开连接或者至少以刻意的方式使用数字设备时，其目的指向与自然的联系、与自我和他人建立更有意义和更为重要的联系。Pentzold 等人在对 Instagram 上的标签 qualitytime 的分析中也发现，在这个标签下分享的图像和想法中，手机和社交媒体明显缺席，也就是说，"没有媒体的时间"通常被认为是"有质量的时间"。[④]

---

① Schwarzenegger C., Lohmeier C., "Creating Opportunities for Temporary Disconnection: How Tourism Professionals Provide Alternatives to Being Permanently Online," *Convergence*, 2021, 27 (6), pp. 1631-1647.

② Nassen L., Vandebosch H., Poels K., Karsay K., "Opt-out, Abstain, Unplug. A Systematic Review of the Voluntary Digital Disconnection Literature," *Telematics and Informatics*, 2023.

③ Syvertsen T., Enli G., "Digital Detox: Media Resistance and the Promise of Authenticity," *Convergence: The International Journal of Research into New Media Technologies*, 2019 (26), pp. 1269-1283.

④ Pentzold C., Konieczko S., Osterloh F., Plöger A. C., "#qualitytime: Aspiring to Temporal Autonomy in Harried Leisure," *New Media & Society*, 2020, 22 (9), pp. 1619-1638.

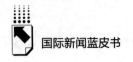

三 数字断连的实践路径

数字断连与数字连接并非二元对立，数字断连实践嵌入了个人的日常生活中，在特定地点、实践和社会背景下对在线或离线的选择，是一个流动的、矛盾的、高度偶然的和可逆的过程。[①] 通过梳理发现，数字断连的实践路径主要分为三种方式，一是从个体角度出发的断连实践，存在失败和循环的可能性；二是从集体角度出发的断连实践，有组织有计划地实现断连；三是借助外部力量进行断连，如科技公司的时间管理应用、政府的断连权利保护等。

（一）个体实践

主动的数字断连是具有难度系数的实践，经常会遭遇"循环"和"反复"。由于数字设备小巧、便捷且无线，容易被人的视觉、听觉、触觉感知到，产生"召唤危机"。[②] 个体经常会产生"信息是谁发的，在说什么""他们期待得到答复"的担忧，抵挡不住未知的诱惑和期望的压力。Aranda与 Baig 从研究数据中总结了两种消极的断连周期，其中一种消极循环是与习惯和内部自我做斗争，智能手机的使用行为好比"触发—行动—奖励"的模式，使用者习惯了反复刷新应用程序、希望出现新内容，甚至生成内容"触发"新的互动。另一种消极循环则涉及对他人的社会义务，即使用者已经习惯了即时反应，不想错过任何一条消息，破坏他人的期待。[③]

Nassen 等人通过对数字断连文献的主题分析，确定了在个人层面的五类断连策略，分别是退出、休息、减少使用、转换设备和工具辅助，分别对

---

① Jorge A. , "Social Media, Interrupted: Users Recounting Temporary Disconnection on Instagram," *Social Media & Society*, 2019, 5 (4).

② Licoppe C. , "Understanding Mediated Appearances and their Proliferation: The Case of the Phone Rings and the Crisis of the Summons," *New Media & Society*, 2012, 14 (7), pp. 1073-1091.

③ Aranda J. , Baig S. , "Toward JOMO: the Joy of Missing out and the Freedom of Disconnecting", Proceedings of the 20th International Conference on Human-Computer Interaction with Mobile Devices and Services, 2018.

应五个断连级别，即设备级断连、平台级断连、功能级断连、交互级断连和消息级断连。[①] 在具体实施过程中，个体又会采用一些独特的策略以应对断连带来的影响。例如，为了应对断连可能对社交关系造成的影响，用户会采取"管家谎言"这样的欺骗策略。"管家谎言"的概念由 Hancock 等人提出，原意是指管家能为雇主提供社会缓冲功能，向访客撒谎其主人不在家。在数字断连的语境下，管家谎言可以被理解为一种技术抵抗形式，能够避免因社交媒体回复不及时、中断带来的关系困扰。[②] 如果不想回复或者延迟回复，可以用"对不起，我刚刚才看到你的消息""我要去吃饭了""我感觉不舒服"这些谎言管理与他人的线上连接。

此外，在数字断连的过程中，为了克服对信息的错失恐惧（Fear of Missing Out，FOMO），即担心错过他人在社交媒体上发布的有益信息而产生的焦虑情绪，相较于暂停使用社交媒体的断连方法，有学者提出采用社交媒体正念练习（SMMP）的方式，确保数字断连的可持续性和实用性。[③] 该方法可以避免出现 FOMO 的循环，将用户指引到更健康的社交媒体使用道路上，将 FOMO 转化为 JOMO（Joy of Missing Out）。第一步是用户必须意识到自身使用社交媒体的行为和结果，对使用过程中产生的内在及外在感受进行评估。其次，用户需要通过洞察处理前一步的信息，包括用日记等形式写下反思。最后，当用户将社交媒体的无意识使用转变为有意识使用时，就可以采取行动，确保自己的行为符合自己的需求。

（二）集体实践

由于个体在数字断连过程中表现出的短暂性、强干扰性、非强制性等特

[①] Nassen L., Vandebosch H., Poels K., Karsay K., "Opt-out, Abstain, Unplug. A Systematic Review of the Voluntary Digital Disconnection Literature," *Telematics and Informatics*, 2023.

[②] Hancock J. T., Birnholtz J. P., Bazarova N. N., Guillory J., Perlin J. D., Amos B., "Butler Lies: Awareness, Deception and Design," Proceedings of the SIGCHI Conference on Human Factors in Computing Systems, 2009.

[③] Chan S. S., Solt M. V., Cruz R. E., et al., "Social Media and Mindfulness: From the Fear of Missing Out (FOMO) to the Joy of Missing Out (JOMO)," *Journal of Consumer Affairs*, 2022 (56).

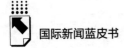

点，一部分人选择参与集体性的线下断连实践，例如数字排毒营、数字静修计划等，以便更好地将断连作为一种生活方式。

数字排毒（digital detox）专指与数字设备进行断连，该概念早在 2013 年就被纳入牛津字典，意为"一个人不使用智能手机或电脑等电子设备的一段时间，被视为减轻压力或专注于物理世界中社交互动的机会"。这种无技术的时刻和环境，通常持续一两个小时到几周不等。从 2010 年代初开始，旅行和假期服务中出现了数字排毒的标签，作为瑜伽、灵修和正念等市场的衍生产品。① 在数字排毒营中，Sutton 用民族志的方式研究发现，营员们一般会来到一个村庄，将手机上交，进行为期四天的营地活动，与其他营员进行面对面的交流互动，报名参加射箭、攀岩、瑜伽等活动，重新与自然和他人建立联系，远离媒体的时间比投入媒体的时间更合群。② 此外，Fish 在对数字静修计划（digital retreat programs）的调查中发现，参与人员同样会被传授自我调节方法。③ 然而如果把媒体使用比作饮食习惯，集体的断连实践只能是偶尔的戒断、素斋，当从营地回到现实生活节奏中，数字连接依然持续。

除了数字排毒营等线下实践之外，线上的社交媒体平台也提供了集体数字断连的可能。Jorge 研究了 Instagram 用户在平台上发布的断连帖子，发现自愿断开连接的帖子大多数持有正面的态度，用户在发帖时经常会使用 digitaldetox、digitalretreat、socialmediabreak、socialmediadetox 等标签，以便在社区中获得更广泛认可，增加帖子的可搜索性。④ 除了分享有关数字断连的体验，还有人在社区中敦促或推荐他人进行断连体验。这些与数字断连有

① Euromonitor, *World Travel Market Global Trends Report*. London: Euromonitor International, 2012.
② Sutton T., "Disconnect to Reconnect: The Food/Technology Metaphor in Digital Detoxing," *First Monday*, 2017, 22 (6).
③ Fish A., "Technology Retreats and the Politics of Social Media," *Triplec: Communication, Capitalism & Critique*, 2017 (15), pp. 355-369.
④ Jorge A., "Social Media, Interrupted: Users Recounting Temporary Disconnection on Instagram," *Social Media & Society*, 2019, 5 (4).

关的互动行为恰恰说明，社交媒体平台能在断连实践中为个体提供力量支持，[1] 也是将数字断连作为一种生活方式的体现。此外，Instagram 还被用于宣传和销售一些代表生活方式的物品，如暗示断连的衣服和饰品。"断开连接以重新连接"的比喻就是其字面意思：用户应该暂时断开与社交媒体的连接，以便以后重新连接社交媒体。[2]

总体而言，集体性的数字断连实践逐渐成为一种商业性的、表演性的实践，也是促成断连文化不可或缺的一股力量。无论是线上的社区氛围，还是线下的排毒营地，数字断连都不只是代表着个人的选择，而是形成了数字时代的普遍文化现象。

（三）外部支持

科技行业也对公众日益增加的担忧做出了回应，谷歌推出了数字健康计划，并支持诸如"拔掉插头"和"找到适合你的技术平衡"等信息。此外，手机设备开发出内置或外置的数字健康应用程序，用数字技术来帮助控制屏幕时间和断开连接的方式变得越来越流行。

限制屏幕使用时间被认为是实现数字断连的简单解决方案。随着屏幕时间应用程序等数字健康工具的兴起，有些人可能会使用这些技术解决方案来支持他们的数字断连实践。[3] 常见的自我监控或跟踪应用程序包括 Apple ScreenTime、Forest、Moment 等，它们能够捕获有关智能手机使用类型和时间的详细信息，并且可以定制从而在特定时间或某些活动期间限制智能手机

---

① Schoenebeck S. Y., "Giving up Twitter for Lent: How and Why We Take Breaks from Social Media", Proceedings of the SIGCHI Conference on Human Factors in Computing Systems (pp. 773-782). New York, NY: Association for Computing Machinery, 2014.

② Jorge A., "Social Media, Interrupted: Users Recounting Temporary Disconnection on Instagram," Social Media & Society, 2019, 5 (4).

③ Schmuck D., "Does Digital Detox Work? Exploring the Role of Digital Detox Applications for Problematic Smartphone Use and Well-Being of Young Adults Using Multigroup Analysis," Cyberpsychology, Behavior and Social Networking, 2020, 23 (8), pp. 526-532.

的使用。① 这些应用程序通常已经预装在智能手机设备上，或者只需单击即可下载。许多应用程序或者在实现自我设定的目标时采用积极的激励措施，如代替捐款，或者在计划的断开连接期中断时采用消极激励措施，如支付罚款。有研究表明，通过使用屏幕时间应用程序，能够减少21%的时间浪费，② 长时间减少社交媒体的使用将有助于情绪健康。

此外，美国等国家倡导的"拔掉电源日"（National Day of Unplugging）、"安息日宣言"（Sabbath Manifesto）、"退出 Facebook 日"（Quit Facebook Day）等事件都已成为有影响力的断连行动。法国政府于 2017 年正式实施了一项关于断连权的劳动法律，意大利、西班牙等国家也相继将"断连权"明确为合法权利，允许员工在非工作时间断开一切连接设备，防止工作边界和生活边界的模糊。③ 国家和社会层面对断连权的支持，意味着断连实践的合法化和流行化。

四 数字断连的理论思考

传播学者埃弗雷特·罗杰斯于 20 世纪 60 年代提出"创新扩散理论"，描述了个体如何采纳创新。其中，在创新技术、产品或观念扩散传播的过程中，存在"创新中断"（innovation discontinuance）的情况，即先前采用而后拒绝。数字断连是对该理论的补充，新增了短期的中断行为，使得数字技术的创新扩散过程变得更加丰富。

---

① Anrijs S., Bombeke K., Durnez W., et al., "MobileDNA: Relating Physiological Stress Measurements to Smartphone Usage to Assess the Effect of a Digital Detox," *Interacción*, 2018.
② Hiniker A., Hong S., Kohno T., et al., "MyTime: Designing and Evaluating an Intervention for Smartphone Non-use," Proceedings of the 2016 CHI Conference on Human Factors in Computing Systems (pp. 4746-4757). ACM, 2016.
③ Wet W. D., Koekemoer E., "The Increased Use of Information and Communication Technology (ICT) among Employees: Implications for Work-life Interaction," *South African Journal of Economic and Management Sciences*, 2016, 19 (2), pp. 264-281.

（一）数字断连的可供性和历史性

可供性一词由吉布森创造，指的是物体允许的与行动者相关的行动的可能性。这个概念在各个学科中广泛传播，在研究技术社会现象的学科中特别流行，因为它提供了一种解释技术代理的方法，同时避免了技术决定论。移动媒介的可供性包括可用性、可移植性、可定位性和多媒体性[①]，可供性被普遍认为是一种用户代理权，"将通信技术视作一种放在用户手中的权力，而不是开发者和设计者"[②]。移动设备和数字平台在运作时，与使用者形成不同方式和不同程度的互动，建构可供性的三个关键因素分别是使用者对物的了解和感知、使用者能够做什么以及更广泛的社会和结构背景。[③]

在技术层面，虽然数字媒体和数字平台的可供性大部分都支持数字断连的实现，提供了断开连接的机会，但平台也存在特有的意识形态，希望用户在某些情境下保持连接，通过强烈鼓励连接来对抗断连行为。Mannell 提出五种断连的类型，并一一对应现有技术的可供性。[④] 第一是降低对消息的感知，这一点能够通过手机设置实现"不提醒""静音"，也可以通过不随身携带等物理方式实现；第二是传递简短的话语，暗示聊天欲望的下降，这一点也是允许的，因为设备和平台不会对用户的具体内容操作加以干涉；第三是阻断信号、提供干扰，通过关闭 Wi-Fi 或打开飞行模式也能够实现；第四和第五分别是调制和延迟，即选择性的回复和延迟回复，部分应用程序不提供这些可供性方案，通过"已读""退出群聊提醒"等方式使用户的断连行为透明化，带来潜在社会压力。

---

① Schrock A. , "Communicative Affordances of Mobile Media: Portability, Availability, Locatability, and Multimediality," *International Journal of Communication*, 2015 (9), pp. 1229-1246.

② Nagy P. , Neff G. , "Imagined Affordance: Reconstructing a Keyword for Communication Theory," *Social Media & Society*, 2015, 1 (2).

③ Davis J. , Chouinard J. , "Theorizing Affordances: From Request to Refuse," *Bulletin of Science, Technology & Society*, 2017, 36 (4), pp. 241-248.

④ Mannell K. , "A Typology of Mobile Messaging's Disconnective Affordances," *Mobile Media & Communication*, 2018 (7), pp. 76-93.

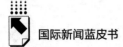

任何一种新媒介的出现，都有警醒者提醒用户，我们在享受新媒介带来便利的同时，要警醒我们可能失去什么，如印刷术的出现，电报、电话、电视机、计算机网络的出现等。新媒介便利的吸引力，以及大规模使用产生的从众效力，往往使人们裹挟于新媒介之中，甚至这些警醒者在分享"新媒介可能使我们失去什么"的观点时，往往也只能依赖新媒介进行宣传。

（二）数字断连的主体性

Sutton 在数字排毒营的民族志观察中发现，断开连接是为了更好地连接。[①] 数字断连是一种"社会经济润滑剂"，为"信息资本主义"的延续提供了缓冲。数字断连是特定的时间段内断开数字连接，以便有更多的精力与物理空间内的人实现连接，或者在独处中与内在自我实现连接，重拾连接与交流中人的主体性。

加速科技的出现与使用使得社会变迁加速，社会各个事物信息的时效性越来越短，从而又促成了生活变迁的加速，日常生活当中各种活动的速度、步调随之继续被加速。科技加速、社会变迁加速、生活变迁加速这三个面向不断地循环反复，使得现代社会在各个方面不断被加速。加速的问题造成了现代生活新的异化形式——人们自愿做某些不是自己真的想做的事情，使得人类在空间、物、行动、时间、自我五个根本的生活方面都产生了大规模的异化。[②] 在虚拟语句和计算机游戏中，人们被压缩成角色。在社会网络中，人们被弱化成人物简介，[③] 自我主体性的被侵损让现代人更难以安下心来。

越来越多的人希望断开连接，用数字解毒等实践，寻找断连后的充实与

---

① Sutton T., "Disconnect to Reconnect: The Food/Technology Metaphor in Digital Detoxing," *First Monday*, 2017, 22 (6).

② 〔德〕哈特穆特·罗萨：《新异化的诞生：社会加速批判理论大纲》，郑作彧译，上海人民出版社，2018。

③ 〔美〕雪莉·特克尔：《群体性孤独：为什么我们对科技期待更多，对彼此却不能更亲密?》，周逵等译，浙江人民出版社，2014，第19~20页。

意义。这表明数字连接已经成为日常生活中相当广泛和普遍的特征，已经成为一种期望和规范。人们的不平等不是体现在无法获得数字技术上，而是部分表现为个人生活和职业生活中的依赖性，责任感不允许他们逃避数字化。同时，通过将连接的概念自然化和正常化，将断开连接的概念视作对规范的暂时逃避，断开连接成为一种并非每个人都能获得和负担得起的商品。如果一个人能够自愿断开连接，必然表明其时间能够自主处置。断开连接既是一种生活方式的选择，也是将自己与"普通"他人区分开来的一种方式。在永久可用和连接的时候，选择断开和放弃与媒体的连接，象征着自主权、控制权和特定的鉴赏力。①

（三）从数字断连到数字幸福

面对无处不在的连接，除了采取数字断连的手段之外，有学者提倡用"数字幸福"（digital wellbeing）的概念，构建一个数字化生存的动态模型。②

对连接的直接限制可能会剥夺用户在技术使用中得到的积极价值，这可以解释为什么智能手机禁欲等干预措施通常是无效的。③因此，一个好的数字幸福模型，允许人们体验到最大化的便利和最小化的失控，承认人的矛盾性，根据个人特性进行情感评估和认知评估，采用个性化的方案平衡技术使用带来的利与弊。

如果我们想在自己的文化中认清方向，就有必要与某一种技术形式所产生的偏颇和压力保持距离。做到这一点，只需看一看这种技术尚未存在的一个社会，或它尚不为人所知的一个历史时期就足够了。④每一种技术都既是

---

① Schwarzenegger C., Lohmeier C., "Creating Opportunities for Temporary Disconnection: How Tourism Professionals Provide Alternatives to being Permanently Online," *Convergence: The International Journal of Research into New Media Technologies*, 2021 (27), pp. 1631-1647.

② Vanden Abeele M. M., "Digital Wellbeing as a Dynamic Construct," *Communication Theory*, 2021, 31 (4), pp. 932-955.

③ Wilcockson T., Osborne A., Ellis D. A., "Digital Detox: The Effect of Smartphone Abstinence on Mood, Anxiety, and Craving," *Addictive Behaviors*, 2019.

④〔加〕马歇尔·麦克卢汉：《理解媒介：论人的延伸》，何道宽译，译林出版社，2011，第31页。

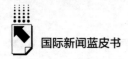

包袱又是恩赐，不是非此即彼的结果，而是利弊同在的产物。一旦被人接受，技术就会坚持不懈，按照它设计的目标前进，我们有必要认清技术的这个目标。我们容许一种技术进入一种文化时，就必须瞪大眼睛看它的利弊。[①] 我们并不一定要反对技术，但要以一种尊重自身的方式去塑造技术。[②] 使得技术为我们带来便利、节省时间、放缓生活节奏，有更多的时间与空间恢复自我的主体性，享受数字幸福。

五　结语

数字断连是过度连接的一种调节行为，其不仅仅是断开连接，也包括策略性的技术使用。数字断连反映的是人与媒介关系的动态变化。任何一种新媒介出现之初，都有警醒者提醒用户，我们可能失去什么。数字时代个体的断连，以及共享断连价值观的集体断连行为都映射出找寻自我主体性的渴望。在深度媒介化的社会，我们应该以一种尊重自我主体性的方式去塑造、使用技术，实现数字幸福。

参考文献

〔德〕哈特穆特·罗萨：《新异化的诞生：社会加速批判理论大纲》，郑作彧译，上海人民出版社，2018。

〔加〕马歇尔·麦克卢汉：《理解媒介：论人的延伸》，何道宽译，译林出版社，2011。

〔美〕尼尔·波兹曼：《技术垄断：文化向技术投降》，何道宽译，北京大学出版社，2011。

〔美〕雪莉·特克尔：《群体性孤独：为什么我们对科技期待更多，对彼此却不能更

---

① 〔美〕尼尔·波兹曼：《技术垄断：文化向技术投降》，何道宽译，北京大学出版社，2011，第2~3页。

② 〔美〕雪莉·特克尔：《群体性孤独：为什么我们对科技期待更多，对彼此却不能更亲密?》，周逵等译，浙江人民出版社，2014，第20页。

亲密?》，周逵等译，浙江人民出版社，2014。

Anrijs S. , Bombeke K. , Durnez W. , et al. , "MobileDNA: Relating Physiological Stress Measurements to Smartphone Usage to Assess the Effect of a Digital Detox," *Interacción*, 2018.

Aranda J. , Baig S. , "Toward JOMO: the Joy of Missing out and the Freedom of Disconnecting", Proceedings of the 20th International Conference on Human – Computer Interaction with Mobile Devices and Services, 2018.

Baumer E. P. , Adams P. , Khovanskaya V. D. , Liao T. C. , Smith M. E. , Schwanda S. V. , Williams K. , "Limiting, Leaving, and (Re) Lapsing: An Exploration of Facebook Non-use Practices and Experiences", Proceedings of the SIGCHI Conference on Human Factors in Computing Systems, New York, NY, USA: ACM. 2013.

Bayer J. B. , Campbell S. W. , "Texting while Driving on Automatic: Considering the Frequency-independent Side of Habit," *Computers in Human Behavior*, 2012, 28 (6).

Cecchinato M. E. , Rooksby J. , Hiniker A. , Munson S. , Lukoff K. , Ciolfi L. , Harrison D. , "Designing for Digital Wellbeing: A Research & Practice Agenda", Paper presented at the Extended Abstracts of the 2019 CHI Conference on Human Factors in Computing Systems, 2019.

Chan S. S. , Solt M. V. , Cruz R. E. , et al. , "Social Media and Mindfulness: From the Fear of Missing Out (FOMO) to the Joy of Missing Out (JOMO)," *Journal of Consumer Affairs*, 2022 (56).

Cho I. H. , "Facebook Discontinuance: Discontinuance as a Temporal Settlement of the Constant Interplay between Disturbance and Coping," *Quality & Quantity*, 2015 (49).

Davis J. , Chouinard J. , "Theorizing Affordances: From Request to Refuse," *Bulletin of Science, Technology & Society*, 2017, 36 (4).

Euromonitor, *World Travel Market Global Trends Report*. London: Euromonitor International, 2012.

Fish A. , "Technology Retreats and the Politics of Social Media," *Triplec: Communication, Capitalism & Critique*, 2017 (15).

Halfmann A. , Abeele M. V. , Lee E. , "Drug, Demon, or Donut? Theorizing the Relationship Between Social Media Use, Digital well-being and Digital Disconnection," *Current Opinion in Psychology*, 2022 (45).

Hancock J. T. , Birnholtz J. P. , Bazarova N. N. , Guillory J. , Perlin J. D. , Amos B. , "ButLer Lies: Awareness, Deception and Design," Proceedings of the SIGCHI Conference on Human Factors in Computing Systems, 2009.

Hargittai E. , Marwick A. E. , "What Can I Really Do?: Explaining the Privacy Paradox with Online Apathy," *International Journal of Communication*, 2016 (10).

Hesselberth P. , "Discourses on Disconnectivity and the Right to disconnect," *New Media*

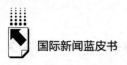
& *Society*, 2018, 20 (5).

Hiniker A. , Hong S. , Kohno T. , et al. , "MyTime: Designing and Evaluating an Intervention for Smartphone Non – use. ," Proceedings of the 2016 CHI Conference on Human Factors in Computing Systems. ACM, 2016.

Jorge A. , "Social Media, Interrupted: Users Recounting Temporary Disconnection on Instagram," *Social Media & Society*, 2019, 5 (4).

Lee A. R. , Son S. M. , Kim K. K. , "Information and Communication Technology Overload and Social Networking Service Fatigue: A Stress Perspective," *Computers in Human Behavior*, 2016 (55).

Licoppe C. , "Understanding Mediated Appearances and their Proliferation: The Case of the Phone Rings and the Crisis of the Summons," *New Media & Society*, 2012, 14 (7).

Light B. , *Disconnecting with Social Networking Sites*. New York: Palgrave Macmillan, 2014.

Mannell K. , "A Typology of Mobile Messaging's Disconnective Affordances," *Mobile Media & Communication*, 2018 (7).

Nagy P. , Neff G. , "Imagined Affordance: Reconstructing a Keyword for Communication Theory," *Social Media & Society*, 2015, 1 (2).

Nassen L. , Vandebosch H. , Poels K. , Karsay K. , "Opt – out, Abstain, Unplug. A Systematic Review of the Voluntary Digital Disconnection Literature," *Telematics and Informatics*, 2023.

Nguyen M. H. , "Managing Social Media Use in an 'Always – On' Society: Exploring Digital Wellbeing Strategies That People Use to Disconnect," *Mass Communication and Society*, 2021, 24 (6).

Pentzold C. , Konieczko S. , Osterloh F. , Plöger A. C. , "#qualitytime: Aspiring to Temporal Autonomy in Harried Leisure," *New Media & Society*, 2020, 22 (9).

Rautela S. , Sharma S. , "Fear of Missing out (FOMO) to the Joy of Missing Out (JOMO): Shifting Dunes of Problematic Ysage of the Internet among Social Media Users," *Journal of Information, Communication and Ethics in Society*, 2022, 20 (4).

Schmuck D. , "Does Digital Detox Work? Exploring the Role of Digital Detox Applications for Problematic Smartphone Use and Well–Being of Young Adults Using Multigroup Analysis," *Cyberpsychology, Behavior and Social Networking*, 2020, 23 (8).

Schoenebeck S. Y. , "Giving up Twitter for lent: How and Why We Take Breaks from Social Media", Proceedings of the SIGCHI Conference on Human Factors in Computing Systems. New York, NY: Association for Computing Machinery, 2014.

Schrock A. , "Communicative Affordances of Mobile Media: Portability, Availability, Locatability, and Multimediality," *International Journal of Communication*, 2015 (9).

Schwarzenegger C. , Lohmeier C. , "Creating Opportunities for Temporary Disconnection: How Tourism Professionals Provide Alternatives to Being Permanently Online," *Convergence*, 2021, 27 (6).

Straumann R. K. , Graham M. , "Who isn't Online? Mapping the 'Archipelago of Disconnection'," *Regional Studies, Regional Science*, 2016, 3 (1).

Sutton T. , "Disconnect to Reconnect: The Food/Technology Metaphor in Digital Detoxing," *First Monday*, 2017, 22 (6).

Syvertsen T. , Enli G. , "Digital Detox: Media Resistance and the Promise of Authenticity," *Convergence: The International Journal of Research into New Media Technologies*, 2019 (26).

Vanden Abeele M. M. , De Wolf R. , Ling R. , "Mobile Media and Social Space: How Anytime, Anyplace Connectivity Structures Everyday Life," *Media and Communication*, 2018, 6 (2).

Wet W. D. , Koekemoer E. , "The Increased Use of Information and Communication Technology (ICT) among Employees: Implications for Work-life Interaction," *South African Journal of Economic and Management Sciences*, 2016, 19 (2).

Wilcockson T. , Osborne A. , Ellis D. A. , "Digital Detox: The Effect of Smartphone Abstinence on Mood, Anxiety, and Craving," *Addictive Behaviors*, 2019.

B.5
2022年"算法修辞"研究报告

徐生权*

摘　要： 当下我们正身处于一个由数字媒介所构筑的修辞环境中，其中，算法作为一种新涌现的修辞力量，正在重新塑造我们的修辞交往。算法通过让某些事物变得重要，而变得具有修辞性。与以往符号性劝服不同的是，算法修辞更多的是基于规则互动的隐性修辞，受众往往是在互动之中完成"自劝服"。修辞的能动性也进一步延伸至我们周遭的物体。我们应当具备算法素养，以警觉算法修辞给我们带来的隐性劝服。

关键词： 算法　修辞　能动性　算法素养

　　修辞学的起源可以追溯到 2500 年前的古希腊时期，智辩士们（sophist）对于说服技巧的研究和传授开启了古典修辞学的滥觞。在美国修辞学者博克（Kenneth Burke）看来，古典修辞的核心诉求是劝服，而他有意发展出一种新的修辞学，新修辞学更多地认为修辞实际上是一种认同（identification）建构，"规劝（persuasion）总是直接来自某种明确的目的，为达到某种直接的效果；而认同则是挖掘了更普遍、更深层的东西：在象征活动中，人自觉或不自觉地处于一种寻求认同的情景中"。[①] 博克对于新修辞的主张，让修辞并不局限于口语表达，也不仅限于劝说行动，只要是寻求对他者的影响或

---

　　*　徐生权，上海社会科学院新闻研究所助理研究员。
　　①　〔美〕肯尼斯·博克等：《当代西方修辞学：演讲与话语批评》，常昌富、顾宝桐译，中国社会科学出版社，1998。

者寻求他人行动的改变就是修辞。

而在当下,我们正身处于一个由新技术和新媒介所构筑的修辞性环境中,其中,算法作为一种新涌现的修辞力量,正在重新塑造我们的修辞交往,用户在 Facebook、Twitter、TikTok 上所看到的内容,都是算法运行后的结果。修辞研究的对象如果固守在言语或者影像上,就会失去对于数字现实的回应。2012 年,约翰逊(Nathan R. Johnson)就曾呼吁,传播学者需要开始关注网络基础设施本身而不是仅仅透过它来研究,探索(基础设施的)分类、标准、协议和算法的修辞是理解现代修辞的重要组成部分。[①] 近年来,算法修辞(algorithmic ahetoric)研究也逐渐成为数字修辞学(digital rhetoric)的热点之一。

2011 年,琼斯(John Jones)在人文、艺术、科学和技术联盟与协作平台(Humanities, Arts, Sciences, and Technology Advanced Collaboratory, HASTAC)大会上提出了算法修辞这一概念,拉开了学术界对算法修辞研究的序幕。但实际上,算法修辞也并不全然是一个新事物,在此之前,由博格斯特(Ian Bogost)所提出的"程序修辞"(procedural rhetoric)已经接近当下我们所理解的算法修辞,只不过博格斯特更多的是强调电子游戏这样的程序所具有的修辞特性。但博格斯特也指出,程序修辞中的"意义",是通过与算法的互动产生的。[②] 亦即,对于那些直接面向用户的程序而言,它们有着自己特定的人机互动规则。若想实现程序的顺利运行,用户必须按照既定的规则行事,否则会导致程序的中止或者结束。而当用户在揣测程序的规则时,一种潜在的说服就在进行之中了。[③] 在《迈向算法修辞》(*Toward an Algorithmic Rhetoric*)一文的作者英格拉姆(Chris Ingraham)看来,程序修辞的

---

① Johnson, Nathan R., "Information Infrastructure as Rhetoric: Tools for Analysis," *Poroi*, Vol. 8, No. 1, 2012.

② Bogost, Ian, *Persuasive Games: The Expressive Power of Videogames*. The MIT Press, 2007, p. 4.

③ 徐生权等:《数字时代的修辞术:程序修辞以及后人类修辞的想象》,《新闻与写作》2023 年第 1 期。

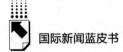

基础，即电脑程序让视频游戏变得有说服性的这个概念，实际上说的就是算法本身。[1] 因为程序，在某种意义上，也可以视为特定算法"封装"后的呈现。当用户按照程序的规则来行事时，实际上就是按照程序背后的算法行事。所以，从人与计算机打交道的那天开始，算法就已经作为一种修辞性的力量而存在。

一　算法的修辞性

数字时代，一切皆可数字化，人类修辞的方式也烙上时代的印记而转向算法修辞。

布洛克（Kevin Brock）认为，算法可以理解成完成特定任务的一种过程性框架。简单来说，算法是通过其步骤来描述任务导向的过程。[2] 英格拉姆认为，从最广义上讲，谈论算法就是谈论任何一组具有特定步骤的指令，用于实现特定的结果。[3] 在这一意义上，"鸡兔同笼"问题用不同的方法解答也是不同算法间的选择。不同的算法实际上也是不同的取舍过程，隐含着哪些东西是重要的，而哪些东西是次要的。而这种让某些事物变得重要的能力，在英格拉姆看来，正是算法具有修辞特性的原因所在。

英格拉姆考察了多种关于"修辞"的定义，这些定义大多指出了，修辞所关注的是影响的施加，即修辞可以劝服他者，修辞也可以建构认同，修辞可以让某些事情变得重要，修辞与影响信念和行为的各种方式相关。但他最认可的一种定义是，修辞可理解为让某些事物变得重要的一门艺术。而算法通过以某种方式使某些规则变得重要而发挥作用，并且这些选择的影响导致其他事物在世界中变得重要，因而算法在这一意义上是修辞的，或者，修辞是算法的一种内在特性。英格拉姆认为，我们可以从三个层面来概念化算

① Ingraham, Chris, "Toward an Algorithmic Rhetoric," *Digital Rhetoric and Global Literacies*: *Communication Modes and Digital Practices in the Networked World*. IGI Global, 2014, pp. 62-79.

② Brock, Kevin, *Rhetorical Code Studies*: *Discovering Arguments in and around Code*. University of Michigan Press, 2019, p. 33.

③ Ingraham, Chris, "Toward an Algorithmic Rhetoric," *Digital Rhetoric and Global Literacies*: *Communication Modes and Digital Practices in the Networked World*. IGI Global, 2014, pp. 62-79.

法的修辞行动，宏观修辞层可能告诉我们算法本身如何在全球范围内获得如此强大和普遍的影响力，中观修辞层可能考虑算法在我们的世界中发挥何种程度的重要作用，微观修辞层可能审视算法在这些过程中的细节。简而言之，在英格拉姆看来，算法在设计的时候，已经做出了修辞上的选择（rhetorical choices），使得某些信息或某种预期结果的重要性要高于其他，在更深远的意义上："算法是一种拥有巨大权力的数字修辞，是一种能够影响在 21 世纪全球范围内各种社群的日常生活中被认定为知识、真理和物质现实的事物。"

布洛克在其 2014 年的一篇论文中也持有类似的观点。一般而言，我们认为程序（算法）是无意图的，但布洛克认为，这个观点是错误的，他指出，修辞活动中，论证（argument）的执行包含着复杂的算法操作，目的是引导一个人去完成活动，即劝服受众去做一些事情。所以行动中所涉及的选择是有意义的，我们确定以何种方式进行劝服也是至关重要的。因而，布洛克也建议，我们应当理解如何通过构建和使用算法性过程来达到说服的目的，以对抗维持社会结构、剥削无意识人群的体系。①

2016 年，贝克（Estee Beck）进一步给劝服性的计算机算法（persuasive computer algorithms）下了一个定义，劝服性的计算机算法是只写（written-only）的语言对象，具有编码的能动性，能够进行事务性的处理，与此同时，算法还嵌入了价值观、信仰和逻辑，为人类和非人类的变革提供基础。在贝克看来，劝服性的计算机算法有三大特征：首先，算法可以是处理和组织信息的系统化方法，以实现说服的目的，其逻辑有助于对人类和机器周围世界的体验进行排序。其次，算法在使用或丢弃不符合算法模型结构的数据的包容性和排斥性实践中起决定性作用。从这个意义上说，如果算法的结构只允许从具有超过 20 个链接的网站进行数据收集，那么少于 20 个链接的网站将被排除在数据集之外。最后，算法是准客观的意识

---

① Brock, Kevin, "Enthymeme as Rhetorical Algorithm," *Present Tense*, Vol. 4, No. 1, 2014, pp. 1-7.

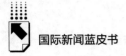
形态结构，因为算法结构的创建依赖于创作者的知识和经验基础，并且意识形态偏见总会在结构的创建中透露出来，但这种意识形态可能是积极的，也可能是消极的。①

霍卡特（Daniel Hocutt）认为，对于理解算法的修辞性而言，算法实际上充当着信息经纪人（information brokers）的角色，管理、控制和指导平台用户可以搜索和访问的内容；它们通过确定哪些信息对研究人员重要并可用，并通过在平台的多个界面上提供该信息来施加修辞影响。②

这种修辞影响，在迪莱特（Benoit Dillet）那里进一步地被归结为四点：第一，言说的算法化，流传在社交网络上的言说，通常是有算法支撑的；第二，政治传播的垂直化，算法可以将政治宣传的内容直接推送到受众那里，而无须经过意见领袖的二次传播；第三，数字偏见问题，算法以某种方式延续了现有形式的社会偏见；第四，机器学习在修辞中的扩大使用，未来有更多的修辞内容是由算法学习所创造的。③

随着人工智能的发展，迪莱特所说的算法创造修辞越发成为一个不容忽视的问题。2018 年，麦基（Heidi A. McKee）提醒我们重视即将到来的人工智能写作时代，④ 而随着 ChatGPT 这类产品的问世，人们已不再质疑 AI 在修辞上的能力。对于政治传播而言，迪莱特指出，AI 可以帮助修辞学者和演讲撰稿人从大量政治演讲的数据集中找到模式以及可能的分歧点。由于修辞机器学习是从底层发挥作用的，它还可以从在 Twitter 和 Facebook 上发布的大量文字中获取信息，以便识别辩论并选择关键词或趣闻轶事，纳入演讲稿中。总之，机器学习的最新发展为演讲者和演讲撰稿人提供了预测观众

① Beck, Estee, "A Theory of Persuasive Computer Algorithms for Rhetorical Code Studies," *Enculturation*, Vol. 23, 2016.

② Hocutt, Daniel, "Algorithms as Information Brokers: Visualizing Rhetorical Agency in Platform Activities," *Present Tense*, Vol. 6, No. 3, 2018, pp. 1-9.

③ Dillet, Benoit, "Speaking to Algorithms? Rhetorical Political Analysis as Technological Analysis," *Politics*, Vol. 42, No. 2, 2022, pp. 231-246.

④ McKee H. A., "The Impact of AI on Writing and Writing Instruction," April 25, 2018, https://www.digitalrhetoriccollaborative.org/2018/04/25/ai-on-writing/.

可能喜欢的修辞的可能性。

以上学者对于算法修辞性的讨论，更多的还是认为，算法具有一种劝服他人或者建构认同的能力，然而，更为重要的是，有时候算法会直接提供决策建议，直接干预个体的行动。算法在推荐系统、个性化服务和决策支持等领域发挥作用，它们根据用户的历史行为、兴趣和偏好，通过分析和学习算法来提供个性化的建议和推荐。这种个性化的影响能够在很大程度上改变用户的行为和决策，比如，当我们开车遭遇拥堵时，导航会寻找更优路线，并询问是否切换。这种建议性的咨询还略带"显性"劝服的意味，但实际上，一旦开启了导航，就意味着已经默认并接受了导航的劝服建议。现代交通越发复杂，以驾驶员一己之力是无法窥见全貌的，导航算法已经成为人类活动的某种"调度官"，指引着我们"前进的方向"。

二　算法修辞的变革性

（一）隐性修辞与"自劝服"

布洛克认为，修辞实际上也是一种算法实践，因为修辞也需要建构一个逻辑过程，让受众跟随修辞者从"如果……"（if……）到"那么……"（then……）的引导，通常修辞学的这种算法是"推论法"（enthymeme）。所谓推论法，就是修辞者故意省略掉三段论中前提或者结论的任一部分，由修辞的受众在心理或者行动上完成填充，以达到劝服的目的。[1]比如，一个修辞者试图让受众接受苏格拉底也会死的话，只需要说出两个前提就行，一是人必有一死，二是苏格拉底也是人，那么受众自然也就明了苏格拉底也会死。实际上，修辞在这里说出的是"如果"部分，"那么"则是由受众来填充的。换言之，算法修辞实际上是一种程序性或者过程性的构建，将受众拉

---

[1] Brock, Kevin, "Enthymeme as Rhetorical Algorithm," *Present Tense*, Vol. 4, No. 1, 2014, pp. 1-7.

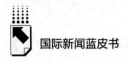

入修辞的逻辑过程之中，由此来实现劝服的目的。

博格斯特以游戏这种特殊程序来举例说明如何通过程序性的构建来实现劝服他者的目的。博格斯特指出，古典修辞是跟演讲的艺术相关的，自此之后，传播或媒介学者将更广泛的修辞手段也纳入了修辞学的视野之中，包括文字和视觉图像等，而电子游戏则是一个新兴的可以施展劝服力量的领域。① 虽然电子游戏中有声音、文字、图像和视频等多种模态的符号表达，但是博格斯特指出，电子游戏实现说服的目的并不是靠这些，而是一种基于规则的再现和互动。换言之，电子游戏的劝服功能实现，不在于它所呈现的内容，而是依靠设定好的程序互动完成的，其重点在于"程序性"（procedurality）。也就是说，一旦被说服者进入某种被设定的程序之中，实际上就是在接受一种程序性的说服。因而，博格斯特将程序修辞定义为一种利用"处理过程"（process）进行的说服实践，即这种说服是通过行为规则的创设以及动态模型的建构来完成的，② 用户在与程序的交互中，实现了对于程序设计者意图的领悟。

布洛克与谢帕德（Dawn Shepherd）指出，这种程序性的说服的隐蔽之处就在于，它是一种"自劝服"（self-persuasion），换言之，用户往往觉得自己是掌控者，因为很多选择是用户自己做出的，但实际上，如果程序执行后的结果取决于用户的选择的话，那么用户已然进入了一种被说服或者认同建构的修辞情境中了。③ 一个程序若想实现其劝服或者认同建构的修辞功能，必须有一个"说理"的过程，而这个"说理"的过程，是在用户不停地选择之间建立的。亦即，用户看上去有 N 种选择，但是实际上仅有一些选择是符合程序的规则体系或者程序的运行模型的，否则程序就会停止运行。当用户按照程序设定好的规则体系进行操作时，一种潜在的说服

① Ian Bogost, *Persuasive Games: The Expressive Power of Videogames*. Cambridge, MA: The MIT Press, 2007, pp. viii-ix.
② Ian Bogost, *Persuasive Games: The Expressive Power of Videogames*. Cambridge, MA: The MIT Press, 2007, p. 29.
③ Brock, Kevin and Shepherd, Dawn, "Understanding How Algorithms Work Persuasively Through the Procedural Enthymeme," *Computers and Composition*, Vol. 42, 2016, pp. 17-27.

也在进行之中了。

比如支付宝的"蚂蚁森林"这一小程序，它告诉用户哪些日常行为（用支付宝进行生活缴费、单车出行、绿色外卖、ETC 等）是低碳的，可以产生"能量球"，收集"能量球"达到一定的数量，"蚂蚁森林"的执行方就会在现实生活中种下一棵真树。"蚂蚁森林"还开展过一场"城市寻宝"的活动，即在一张虚拟的城市地图中，让用户寻找那些低碳的场景。在这里，我们可以看到，"蚂蚁森林"实际上在做一种关于环保的程序修辞，即告诉人们哪些行为是低碳的，以建构一种环保认同。对于拥有数亿用户的"蚂蚁森林"来说，其对于环保的宣传与实践引导作用，要远甚于任何一种书面或者视觉上的修辞，一是它让用户卷入一场社交圈的竞赛之中，使得用户有足够的动力收集"能量球"，这是书面或视觉修辞难以达到的效果，二是它使得用户高度参与到程序修辞所倡导的环保实践中，修辞不再是一种远离实践的劝服活动，而是蕴藏在用户与算法的互动之中。

又比如类似 Apple Watch 这样的智能手表会在用户久坐时提醒用户该起身活动，并且根据用户运动时心率的变化提醒用户处在减脂、有氧、无氧或极限运动的哪一种状态之中，督促用户加快或者放慢运动节奏。在这里，智能手表等可穿戴设备实现的是关于健康的程序修辞，它替用户定义何为健康以及规劝用户的运动行为。

换而言之，算法修辞的效果实现，不是一种直接的劝服，而是一种隐性的建构，是让用户在主动参与过程中进行某种宣教。因而，相较于明示的直接传播，算法修辞可谓是一种隐性传播。这也是由算法的特点所决定的，因为算法的执行，总是有条件的，通常是一种"如果……那么……"的结构，受众若想获得"那么……"的结果，必须符合"如果……"的条件。这一过程通常又是受众心甘情愿的，因而算法修辞通常也是一种"自劝服"，是我们自己完成了算法修辞结构中缺失的论证闭环。[①]

---

① 徐生权等：《数字时代的修辞术：程序修辞以及后人类修辞的想象》，《新闻与写作》2023年第 1 期。

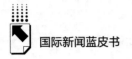
（二）能动主体的延伸

算法中内嵌着价值观、信念和逻辑，以实现人类和非人类的变革，因而在贝克看来，算法是一种"准修辞能动主体"（quasi-rhetorical agents），"准"意味着，算法只是部分具备了修辞能动性，并不拥有完全与人类修辞能动主体相同的特征。[1] 相较于贝克的这种保守认定，雷曼（Jessica Reyman）则积极很多，在她看来，算法被赋予了言说和被倾听的能力，在过滤我们所访问的内容和塑造我们所阅读的内容时发挥着重要作用，它们可以对我们的行为做出响应，通过我们的每一次点击、查询和评论来改变我们的在线体验，算法也具有变革的能力，告诉我们应该阅读什么内容、与谁建立联系、关注什么以及参与哪些活动。这些特征与修辞主体的特质相吻合：能够发言和被倾听，能够互动和回应，并且能够产生变化，因而算法实际上已是一种修辞的能动主体。[2]

但是反对算法作为一种修辞主体的也大有人在，数字修辞学者埃曼（Douglas Eyman）便是其中一位。在埃曼看来，算法连贝克所谓的"准修辞能动主体"都谈不上，算法虽然承载着其创作者的修辞设计，即使在新环境中，这种修辞设计应然可以应用，但是算法并不能传达有意识的动机，或者，并不具备有意识地在可选手段之间进行选择的能力，所以算法可能具有说服力，因为它们可以进行修辞行动，但它们并不完全具备能动性。[3]

换言之，在埃曼看来，算法更多的还是一种执行者，它没有自主决定行动的能力，所以虽然在某种程度上算法可以实现劝服，但实施劝服的主体依

① Beck, Estee, "Implications of Persuasive Computer Algorithms," *The Routledge Handbook of Digital Writing and Rhetoric*, edited by Jonathan Alexander and Jacqueline Rhodes, Routledge, 2018, pp. 291-302.

② Reyman, Jessica, "The Rhetorical Agency of Algorithms," *Theorizing Digital Rhetoric*, edited by Aaron Hess and Amber Davisson, Routledge, 2018, pp. 112-125.

③ Eyman, Douglas, "Looking Back and Looking Forward: Digital Rhetoric as Evolving Field," *Enculturation: A Journal of Rhetoric, Writing, and Culture*, Vol. 23, 2016.

然是人类，算法只是一种手段或者工具。埃曼的这个反驳，实际上也让一个修辞学内部争论已久的问题在算法时代重新浮出水面，那就是我们究竟应当如何理解修辞能动性这一问题。

在后现代学者看来，修辞能动性已成为一种"幻象"（illusion）。[1] 因为传统意义上，修辞的能动性总是修辞主体的能动性，但是在后现代学者看来，主体本身就是一个需要被解构的概念，这使得能动性变得无所依。[2] 但是，对于传统的修辞学者而言，修辞的能动性即使是"幻象"也是一种必须要坚持的幻象，因为这事关作为人的修辞者如何施展其影响力。坎贝尔（Karlyn Kohrs Campbell）则指出，"修辞能动性指的是行动的能力，也就是以一种被社区中其他人认可或听从的方式说话或写作的能力"，但是他也认为，这种能力是在修辞活动中展现出来的，作为修辞主体的人，在这其中只是一个节点，换言之，修辞的能动性实际上也受制于特定的社群文化，并不能简单地归属到修辞者身上。[3] 米勒（Miller）则进一步将修辞的能动性视为一种动能（kinetic energy），它是在事件之中展示出来的，而不在修辞活动之前。[4] 换言之，修辞的能动性并不先验地属于任何一种能动者，这也为算法具有修辞能动性打开了理论上的缺口。后人类（posthuman）理论、行动者网络理论（actor network theory）以及新物质主义（new materialism）理论等，则进一步地将修辞的能动性延伸至包括算法这样的物体之上，因为修辞的能动性不独属于人，并且算法的确有着影响他人的能力。[5]

[1] Geisler, Cheryl, "How Ought We to Understand the Concept of Rhetorical Agency? Report from the Ars," *Rhetoric Society Quarterly*, Vol. 34, No. 3, 2004, pp. 9-17.

[2] Gaonkar, Dilip Parameshwar, "The Idea of Rhetoric in the Rhetoric of Science," *Southern Journal of Communication*, Vol. 58, No. 4, 1993, pp. 258-295.

[3] Campbell, Karlyn Kohrs, "Agency: Promiscuous and Protean," *Communication and Critical/Cultural Studies*, Vol. 2, No. 1, 2005, pp. 1-19.

[4] Miller, Carolyn R, "What Can Automation Tell Us About Agency?" *Rhetoric Society Quarterly*, Vol. 37, No. 2, 2007, pp. 137-157.

[5] Johnson, Jeremy David, *Rhetoric and the Making of Algorithmic Worlds*. Doctor, Dissertation, The Pennsylvania State University, 2018.

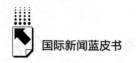

雷曼认为，算法具有修辞的能动性，除了上文我们所说的原因之外，还在于算法不会完全按照人类的意图，算法出现的故障（glitches）就是一个明证。实际上，当我们视算法为一种手段时，算法就演变成一种主体的可能。因为算法具有自我学习、自我进化的功能，甚至在某种程度上，一旦启动之后，算法就完全可以实现自主运行。这是由智能算法的自我进化本质所决定的。

而在实际的应用中，算法也被赋予了独立决策的权限。这是因为人类社会错综复杂，形势瞬息万变，智能算法本身就是为了替人类解困，若是万事皆求助于人类决策，智能算法本身也就无存在之意义。如人类驾车行驶时，若前方遇到障碍物，人往往躲避不及，因为没有足够的时间去感知并做出反应，但是自动驾驶往往能够做到行之有效的规避，换言之，面对复杂路况，让算法替人类进行抉择是一种理想化的选择（但是算法执行什么样的伦理是另外一个值得讨论的问题）。

在相对固定化的程序中，一个算法若想实现其劝服或者认同建构的修辞功能，必须有一个"说理"的过程，而这个"说理"的过程，是在用户不停地选择之间建立的。对于传统程序互动而言，其修辞强调的是一种互动，主控者依然是人类，人可以选择停止互动而终止程序"劝服"的过程。但是在算法修辞中，物则逐渐获得了一种接近自主的决策能力，成为一个独立的劝服主体。尽管算法的运行需要按照事先编好的特定规则，但是自我学习和自我进化功能还是让算法有了自主决策的能力。亦即，算法的编写者只能编写出算法给出答案的基本规则，却无法决定算法给予用户什么样的具体答案。这种能力被称为"涌现"的能力，如当下的 ChatGPT，其一本正经的胡说八道或者出乎人意料的精彩回答实际上也证明了，算法的设计者本人也无法预期它会给出什么样的回答。

三　迈向算法素养

如今我们处于一个媒介化的时代，数字媒介构成了我们日常生活的机理，即我们处于一种数字矩阵（digital matrix）之中，相应的，人类的修辞方式也走入了算法修辞，人类的表达也嵌入了算法之中。我们无时无刻不活在算法的修辞情境中。

以儿童教育为例，算法修辞已经渗透到这一领域并扮演着重要角色。在口语时代，儿童教育的修辞方式是父母的言传身授；文字时代，方式是书本上文字的识读；图像时代，方式是对图片或者视频影像的解码；在数字时代，儿童教育的修辞方式走向的是算法修辞。在苹果或者安卓手机的应用市场中，有不少面向儿童的应用，这些应用以游戏化的形式教儿童识字或者简单的生活常识等，如某款旨在教育宝宝掌握居家安全知识的 App，就设置了多个对于宝宝来说是危险的场景（如走路小心防摔跤、陌生人来不开门、危险物品别乱吃等），宝宝需要在游戏中找到这些场景，一旦找到，就会触发安全教育的讲解。可以说，当下陪伴儿童成长最多的，除了父母之外，便是这些少儿应用了。但是鲜少有人关注这些算法所建构的知识体系对于儿童而言是否合适。

事实上，不仅是在儿童教育领域，算法修辞在政治意识形态建构、数字民主、商业广告等领域都已广泛应用，可以说，有算法运行的地方，多少都有算法修辞的成分在。然而算法修辞的劝服或者认同建构并不是一种明示的传播行为，而是隐藏在程序的互动之中，娱乐化的形式之下，往往暗藏着意识形态或者商业价值的灌输。

布洛克指出，如果我们接受修辞已经广泛使用算法过程作为创作的一个重要组成部分，那么我们可能更容易理解算法是如何在计算机技术中发挥作用的。但目前的一个重要障碍就是，我们往往将算法视为一种客观逻辑的构成。[1] 要想打破这种局面，我们必须具备一定的算法素养（algorithm literacy）。

与算法素养相关的一个概念是程序素养（proceduracy），维（Annette

---

[1] Brock, Kevin, "Enthymeme as Rhetorical Algorithm," *Present Tense*, Vol. 4, No. 1, 2014, pp. 1–7.

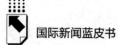

Vee）将程序素养的概念定义为"将复杂过程分解为小步骤的能力，并以标准格式表达或'编写'这些步骤，使其可以被非人类实体（如计算机）'阅读'"。[1] 但这种定义似乎有点过于严苛，对于大部分人而言，程序素养或者算法素养应当是那种对于程序和算法有所警醒的意识，而并不是能够编写程序或者算法。或者，会写算法可能是算法素养的最高维度。如奥尔登多夫-希尔什（Anne Oeldorf-Hirsch）和诺伊鲍姆（German Neubaum）认为，算法素养实际上包含三个维度，分别是认知、情感和行为（见图1）。[2]

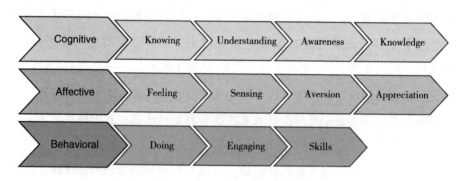

图1　算法素养的三个维度

算法素养的认知维度，指的是受众能够知道算法、理解算法，对算法有"意识"，并且能够拥有关于算法的知识；算法素养的情感维度，是指能够对算法有所感觉、察觉，可以厌恶或者欣赏某种算法；算法素养的行动维度，则是强调利用算法做事，包括从事算法设计、拥有相关技能等。

对于算法修辞而言，我们即使不太理解算法修辞的机制，至少也应当意识到，我们每日所接收到的信息，绝不是一种未加过滤的呈送，换言之，这世界上本来就没有客观性的知识建构，我们要追问，是谁替我们建构了我们

① Vee, Annette, *Proceduracy: Computer Code Writing in the Continuum of Literacy*. Doctor, Dissertation, University of Wisconsin-Madison, 2010.

② Oeldorf-Hirsch, Anne, and German Neubaum, "What Do We Know About Algorithmic Literacy? the Status Quo and a Research Agenda for a Growing Field," *SocArXiv*, 18 Nov. 2021, https://doi.org/10.31235/osf.io/2fd4j.

的信息流，即使这种信息流是与我们自身的偏好相关的，我们也要去追问，有何种办法打破这种框限呢？正如巴克（Abigail Bakke）所指出的那样，答案不是避免使用算法，而是意识到它们的工作原理，它们如何反映和强化偏见，我们如何依赖它们，以及我们如何以不同的方式使用它们从而与我们的目的和价值观保持一致。[1]

　　总而言之，算法作为数字修辞的一种具体体现，正以其独特的劝服机制成为数字时代的新修辞。与符号性修辞不同的是，算法劝服活动的实现并不仅仅依靠对于符号系统的意义诠释，而是透过与算法的互动完成的。由于算法具备自我学习的特性，作为修辞手段的算法有演变成为一种独立修辞主体的趋势，由此改变了以往以人为单一修辞主体的修辞活动本质，促使修辞走向了后人类的修辞。所以，未来的修辞和传播研究，所考虑的不仅仅是人与机器的互动，也要关注机器与机器的互动。毕竟，机器不再仅仅是一种静态的客体，它有它的能动性。传播学者应当具有更包容的视野，将物拉入传播学的研究之中。

参考文献

　　〔美〕肯尼斯·博克等：《当代西方修辞学：演讲与话语批评》，常昌富、顾宝桐译，中国社会科学出版社，1998。

　　徐生权等：《数字时代的修辞术：程序修辞以及后人类修辞的想象》，《新闻与写作》2023年第1期。

　　Bakke, Abigail, "Everyday Googling: Results of an Observational Study and Applications for Teaching Algorithmic Literacy," *Computers and Composition*, Vol. 57, 2020.

　　Beck, Estee, "A Theory of Persuasive Computer Algorithms for Rhetorical Code Studies," *Enculturation*, Vol. 23, 2016.

　　Beck, Estee, "Implications of Persuasive Computer Algorithms," *The Routledge Handbook of Digital Writing and Rhetoric*, edited by Jonathan Alexander and Jacqueline Rhodes,

---

[1]　Bakke, Abigail, "Everyday Googling: Results of an Observational Study and Applications for Teaching Algorithmic Literacy," *Computers and Composition*, Vol. 57, 2020.

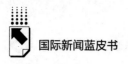
Routledge, 2018.

Bogost, Ian, *Persuasive Games*: *The Expressive Power of Videogames*. The MIT Press, 2007.

Brock, Kevin, "Enthymeme as Rhetorical Algorithm," *Present Tense*, Vol. 4, No. 1, 2014.

Brock, Kevin, *Rhetorical Code Studies*: *Discovering Arguments in and around Code*. University of Michigan Press, 2019.

Brock, Kevin and Shepherd, Dawn, "Understanding How Algorithms Work Persuasively Through the Procedural Enthymeme," *Computers and Composition*, Vol. 42, 2016.

Campbell, Karlyn Kohrs, "Agency: Promiscuous and Protean," *Communication and Critical/Cultural Studies*, Vol. 2, No. 1, 2005.

Dillet, Benoit, "Speaking to Algorithms? Rhetorical Political Analysis as Technological Analysis," *Politics*, Vol. 42, No. 2, 2022.

Eyman, Douglas, "Looking Back and Looking Forward: Digital Rhetoric as Evolving Field," *Enculturation*: *A Journal of Rhetoric*, *Writing*, *and Culture*, Vol. 23, 2016.

Gaonkar, Dilip Parameshwar, "The Idea of Rhetoric in the Rhetoric of Science," *Southern Journal of Communication*, Vol. 58, No. 4, 1993.

Geisler, Cheryl, "How Ought We to Understand the Concept of Rhetorical Agency? Report from the Ars," *Rhetoric Society Quarterly*, Vol. 34, No. 3, 2004.

Hocutt, Daniel, "Algorithms as Information Brokers: Visualizing Rhetorical Agency in Platform Activities," *Present Tense*, Vol. 6, No. 3, 2018.

Ian Bogost, *Persuasive Games*: *The Expressive Power of Videogames*. Cambridge, MA: The MIT Press, 2007.

Ingraham, Chris, "Toward an Algorithmic Rhetoric," Digital Rhetoric and Global Literacies: Communication Modes and Digital Practices in the Networked World. IGI Global, 2014.

Johnson, Jeremy David, *Rhetoric and the Making of Algorithmic Worlds*. Doctor, Dissertation, The Pennsylvania State University, 2018.

Johnson, Nathan R., "Information Infrastructure as Rhetoric: Tools for Analysis," *Poroi*, Vol. 8, No. 1, 2012.

McKee H. A., "The Impact of AI on Writing and Writing Instruction," April 25, 2018, https://www. digitalrhetoriccollaborative. org/2018/04/25/ai-on-writing/.

Miller, Carolyn R., "What Can Automation Tell Us About Agency?" *Rhetoric Society Quarterly*, Vol. 37, No. 2, 2007.

Oeldorf-Hirsch, Anne, and German Neubaum, "What Do We Know About Algorithmic Literacy? the Status Quo and a Research Agenda for a Growing Field," SocArXiv, 18 Nov.

2021, https://doi. org/10. 31235/osf. io/2fd4j.

　　Reyman, Jessica, "The Rhetorical Agency of Algorithms," *Theorizing Digital Rhetoric*, edited by Aaron Hess and Amber Davisson, Routledge, 2018.

　　Vee, Annette, *Proceduracy: Computer Code Writing in the Continuum of Literacy*. Doctor, Dissertation, University of Wisconsin-Madison, 2010.

B.6
2022年国际传播与国际关系研究报告[*]

王震宇[**]

摘　要： 当前，世界格局与全球秩序正经历着剧烈的变动。在国际舆论成为
国际竞争重要战略性力量的时刻，国际关系的重塑如何影响国际传
播？数字时代的国际传播如何反作用于国际关系？本文旨在从国际
关系理论的三大主要流派——现实主义、自由主义和建构主义的视
角出发，对近年来海外的代表性研究进行述评。本文发现，在权力、
制度和文化的不同观照中，相应的国际传播可形成三条明晰的主线：
从军事应用与国家安全的角度出发，国际传播具有影响国际权力塑
造与分配的能力；从全球治理与国际合作的角度出发，国际传播催
生出新的国际制度与适应选择模式；从身份建构与利益形塑的角度
出发，国际传播在一定限度之下强化着当下大国竞争的加剧趋势。

关键词： 国际关系学　现实主义　自由主义　建构主义　国际传播

当前，世界格局与全球秩序正经历着剧烈的变动。特别是 2022 年 2 月
俄乌冲突爆发以来，"百年变局"与"世界拐点"的认知横跨太平洋两岸，
成为东西方两个大国对国际关系的共同认识。另外，数字技术革命既改变了
地缘政治的竞争逻辑，也引发了国际传播的规律变化。随着大国竞争重回国

---

* 本文系 2022 年上海市哲学社会科学规划年度青年课题"互联网平台治理的制度供给与模式
比较"（项目编号：2022EXW005）和复旦发展研究院中美友好互信合作计划 2021 年度课题
"美国宪政框架下社交媒体的管理机制研究"（项目编号：FDZMHX2105）的阶段性成果。
** 王震宇，上海社会科学院新闻研究所助理研究员，研究方向为国际传播和数字地缘政治。

际政治舞台的中央，国际关系的重塑如何影响国际传播？数字时代的国际传播如何反作用于国际关系？在国际舆论成为国际竞争重要战略性力量的时刻，有必要从国际关系学的交叉视野中，来理解海外学界对国际传播的时代主题的回应。为此，本文从国际关系理论的三大主要流派——现实主义、自由主义和建构主义的视角出发，对近年来海外的代表性文献进行整理，以期展示当前国际关系学与国际传播学知识与思想融汇的图景。

一 权力的重塑与变动：现实主义视角下的国际传播

作为国际关系学科的奠基性理论，强调大国之间权力竞争的现实主义理论，无疑为理解当前国际传播的现实情况提供了重要的理论视角。现实主义视角可以概括为三个相互联系的基本观点：第一，国际关系的实质是在国际无政府状态下（即没有一个全球性的最高权威且各国必须"自助"地解决生存问题）的权力斗争；第二，国际关系的基本行为体是民族国家，并在学理上假定民族国家是一个单一的、理性的行为体；第三，影响国家行为体的主要因素是国际体系的结构，也就是国际体系中的权力分配，特别是大国之间权力的分配。[1] 而在现实主义理论奠基者卡尔的论述中，"支配舆论的力量"就被认为是与军事力量和经济力量并列的第三种基本权力形式。[2] 因此，在现实主义的视角中，当前涉及国际传播的基本问题是，数字化的沟通如何重塑国际关系中的权力，又怎样推动着大国之间权力分配的变动。

在权力的塑造问题上，最受关注的是网络能力。英克斯特（Inkster）基于现实主义注重军事力量的传统提出，由于网络工具可以用于消除对手力量的强制和威慑，并且可以通过网络直接造成现实的物理性破坏，因此，了解网络能力的开发和部署方式及原因正在成为决定国家之间权力动态的关键因

---

① 秦亚青：《西方国际关系学的现实主义与新现实主义理论》，《外交学院学报》1996年第2期。

② E. H. Carr, *The Twenty Years' Crisis, 1919–1939: Reissued with a New Preface from Michael Cox*, Berlin: Springer, 2016, p. 120.

素。① 在此基础上，威里特（Willett）提出一个包含三个层次的网络力量评估方法，第一个层次是人力、技术和组织，对应的第二层次是熟练劳动力的数量、网络情报和态势感知能力的覆盖范围以及在国家层面对政府与工业、民用和军事以及防御与进攻等网络资源的整合能力，第三个层次则包含了更细颗粒度的技术研发、战略、战场水平等操作层次问题。② 在威里特的框架中，国际传播的媒介技术、媒体人员和宣传组织被纳入一国网络能力的内涵之中。相比于更加结构化的分析，恩龙秀（Yong－Soo Eun）与阿斯曼（Aßmann）的文章《网络战：盘点数字时代的安全与战争》③ 和阿亚隆（Ayalon）等人的文章《从战争到形象：各国应如何通过广泛的媒体报道来管理不对称冲突》④ 采取了更加贴近传播学的分析方法，来解读数字化的媒介如何重塑国家斗争中的权力，两篇文章共同强调，数字化媒介降低了冲突参与者之间力量的不对称程度，通过网络武器和全球性的多媒体报道，弱势方可以获得相较于常规武器更易部署且成本更低的"力量放大器"，从而可能使得未来战争开始和进行的方式发生根本性重塑。

从互联网和数字媒体对权力的塑造出发，传播学与国际关系的学者也在积极探讨国际权力的变动。在众多研究中，美西方学者"捍卫民主"的意识形态立场尤为凸显。代表性的研究有澳大利亚学者道林（Dowling）的《围困下的民主：数字时代外国干涉》，这一研究延续"力量放大器"的逻辑，认为在经数字化的国际传播而相互联系的世界中，"恶意外国实体"进行非动能颠覆的成本更低、速度更快、风险更小，从而消除了数字战场中国际和国内的界限。⑤ 在具体国别上，南加州大学安纳伯格传播与新闻学院的

① N. Inkster, "Measuring Military Cyber Power," *Survival*, Vol. 59, No. 4, 2017, pp. 27-34.

② M. Willett, "Assessing Cyber Power," *Survival*, Vol. 61, No. 1, 2019, pp. 85-90.

③ Yong-Soo Eun and Judith Sita Aßmann, "Cyberwar: Taking Stock of Security and Warfare in the Digital Age," *International Studies Perspectives*, Vol. 17, 2016, pp. 343-360.

④ A. Ayalon, E. Popovich, and M. Yarchi, "From Warfare to Imagefare: How States Should Manage Asymmetric Conflicts With Extensive Media Coverage," *Terrorism and Political Violence*, Vol. 28, No. 2, 2016, pp. 254-273.

⑤ M. E. Dowling, "Democracy under Siege: Foreign Interference in a Digital Era," *Australian Journal of International Affairs*, Vol. 75, No. 4, 2021, pp. 383-387.

马雷夏尔（Marechal）将"恶意外国实体"聚焦到明确的意识形态政体与国家上，她提出了信息地缘政治视角下的"网络威权主义"概念，认为俄罗斯正在以"信息安全"的政策逻辑，通过积极的战略基础建设来控制国内信息并干预全球媒体系统，且成功促成了特朗普的上台，她号召自由民主国家也通过媒体和通信基础设施建设来抵制这一"威胁"。① 类似的观点还有马斯迈尔（Maschmeyer）提出的"逆向结构性权力"，他认为俄罗斯在2016年大选中的情况是基于国际传播的互动结构与俄美之间不同的结构地位，通过信息与通信技术实施对美国的颠覆，进而将美国的力量来源转化为其脆弱性的来源。② 同样认为通信基础设施将改变地缘政治环境，但认为数字媒体技术更加有利于美西方等传统帝国主义国家的则有奥拉（Miriyam Aouragh）等人的《帝国的基础设施：媒体和信息研究的批判性地缘政治》，她们以"阿拉伯之春"为例，指出了互联网和社交媒体是作为冷战中长期承诺的"自由技术"而传播到后殖民国家的，且很大程度上支持的是美西方的地缘战略利益。③ 尽管有这一类批判的观点，但总体上，国际学者还是更强调俄罗斯、中国等所谓"威权国家"通过数字时代的国际传播获取了更多的权力，尽管这与事实可能存在偏差。④⑤⑥ 最后，桑切斯总结了不同视角下的国际传播何以对国际权力产生影响，指出国家可以从四个国际传播的渠道改变现有的国际关系：第一是控制信息和渠道的"硬实力"渠道，第二是改善

① N. Marechal, "Networked Authoritarianism and the Geopolitics of Information: Understanding Russian Internet Policy," *Media and Communication*, Vol. 5, No. 1, 2017, pp. 29-41.

② L. Maschmeyer, "Subversion, Cyber Operations, and Reverse Structural Power in World Politics," *European Journal of International Relations*, Vol. 29, No. 1, 2023, pp. 79-103.

③ Miriyam Aouragh and Paula Chakravartty, "Infrastructures of Empire: Towards a Critical Geopolitics of Media and Information Studies," *Media, Culture & Society*, Vol. 38, No. 4, 2016, pp. 559-575.

④ A. Litvinenko, "Re-Defining Borders Online: Russia's Strategic Narrative on Internet Sovereignty," *Media and Communication*, Vol. 9, No. 4, 2021, pp. 5-15.

⑤ B. G. Min and L. R. Luqiu, "How Propaganda Techniques Leverage Their Advantages: A Cross-national Study of the Effects of Chinese International Propaganda on the US and South Korean Audiences," *Political Communication*, Vol. 38, No. 3, 2021, pp. 305-325.

⑥ J. Szostek, "The Mass Media and Russia's 'Sphere of Interests': Mechanisms of Regional Hegemony in Belarus and Ukraine," *Geopolitics*, Vol. 23, No. 2, 2018, pp. 307-329.

公共传播技巧与实践的"软实力"渠道，第三是将宣传与公共外交相结合的"锐实力"渠道，第四是为国家战略而将体系、身份与目标话语融合进行叙事的"战略叙事"渠道。①

二　制度的创造与选择：自由主义视角下的国际传播

与现实主义强调权力与斗争不同，自由主义认为国际关系的本质是无政府状态下的合作，大量的国际合作表明，无政府状态和国家作为单一行为体的理性自利倾向并不必然导致冲突，而冲突也远非最优解。新自由制度主义强调国际制度对国家合作行为的重要影响，认为国际制度可以通过提供可靠信息减少政治市场失灵现象，从而使国家达成合作。②而与现实主义相似的是，自由主义视角下的国际传播同样聚焦在网络空间的国家互动之中，特别是围绕着全球互联网治理的制度创造与选择竞争所展开。

在当前的全球互联网治理格局中，美国、中国和欧盟被视为三种主要制度模式的创造者。③基于自由主义——特别是"互联网自由"的价值立场，美国积极推行多利益攸关方的互联网治理模式，主张网络治理应由所有利益相关方广泛协商而形成治理决策。④在多利益攸关方的制度模式中，包含三个有深厚自由主义基础的预设：全球代表性的想象、跨国领域的民主化和进化主义的可能性，⑤这三个预设将全球互联网理解为一个本质上利益和谐的

---

① J. L. Manfredi - Sanchez, "Globalization and Power: The Consolidation of International Communication as a Discipline," *Profesioal De la Informacion*, Vol. 29, No. 1, 2020.

② 秦亚青：《国际制度与国际合作——反思新自由制度主义》，《外交学院学报》1998年第1期。

③ J. T. Pigatto, M. W. Datysgeld, and L. G. P. da Silva, "Internet Governance is What Global Stakeholders Make of it: A Tripolar Approach," *Revista Brasileira de Politica Internacional*, Vol. 64, No. 2, 2021, https://doi.org/10.1590/0034-7329202100211.

④ Lawrence E. Strickling and Jonah Force Hill, "Multi-stakeholder Internet Governance: Successes and Opportunities," *Journal of Cyber Policy*, Vol. 2, No. 3, 2017, pp. 296-317.

⑤ Jeanette Hofmann, "Multi-stakeholderism in Internet Governance: Putting a Fiction into Practice," *Journal of Cyber Policy*, Vol. 1, No. 1, 2016, pp. 29-49.

生态系统，并进一步推动了如"数字宪政"（digital constitutionalism）等理论的形成。[①] 然而，尽管多利益攸关方的制度模式对美国在互联网域名系统等全球治理问题上造成了压力，但其本身的制度结构仍明显地有利于享有技术与话语双重霸权的美国。为此，中国和欧盟也针对全球互联网治理形成了不同的制度主张。较多学者认为，中国将政府和政府间组织提升为全球网络空间唯一合法管理者地位的"网络主权"主张，是对以美国为中心、以市场为导向的国际互联网制度的复杂反应，[②] 其重要目标是为多极化的全球资本主义实践搭建"护栏"[③]，作为一种国际规范，中国提出的制度主张也让包括欧盟在内的西方国家开始更加重视政府间参与和数据主权。[④] 相应的，欧盟提出了介于中美立场之间的"数字主权"制度主张，强调保护本辖区市场和公民权利，强调数字基础设施和技术生产控制权的同时高度强调自由和开放，[⑤] 其政策话语与国际合作的制度实践被认为是一个从监管资本主义转向监管重商主义的过程。[⑥]

国际传播如何影响对国际制度的选择与适应，构成了自由主义视角下的另一个重要研究面向。三种与国际传播秩序息息相关的竞争性制度成为当前国际关系讨论的一大重点。基于对国际电信联盟（ITU）和互联网名称与数字地址分配机构（ICANN）竞争的研究，乔和金等人发现了政体类型以及

① C. Padovani and M. Santaniello, "Digital Constitutionalism: Fundamental Rights and Power Limitation in the Internet Eco-system Introduction," *International Communication Gazette*, Vol. 80, No. 4, 2018, pp. 295-301.

② Hong Shen, "China and Global Internet Governance: Toward an Alternative Analytical Framework," *Chinese Journal of Communication*, Vol. 9, No. 3, 2016, pp. 304-324.

③ Yu Hong and G. Thomas Goodnight, "How to Think about Cyber Sovereignty: the Case of China," *Chinese Journal of Communication*, Vol. 13, No. 1, 2020, pp. 8-26.

④ Xinchuchu Gao, "An Attractive Alternative? China's Approach to Cyber Governance and Its Implications for the Western Model," *The International Spectator*, Vol. 57, No. 3, 2022, pp. 15-30.

⑤ Rocco Bellanova, Helena Carrapico, and Denis Duez, "Digital/Sovereignty and European Security Integration: an Introduction," *European Security*, Vol. 31, No. 3, 2022, pp. 337-355.

⑥ Benjamin Farrand and Helena Carrapico, "Digital Sovereignty and Taking back Control: from Regulatory Capitalism to Regulatory Mercantilism in EU Cybersecurity," *European Security*, Vol. 31, No. 3, 2022, pp. 435-453.

大国影响对国际传播秩序的治理决策至关重要。① 除了大量对全球互联网治理制度如何被采纳的案例研究外，也有研究着重关注在理论层面如何分析国际传播对国际制度的选择和适应的影响。如达斯勒等人对权力转移理论的"软实力"考察，指出原有理论过于看重国际制度权力的"硬来源"，没有回答清楚国际组织在其成员国力量发生权力变化后如何进行制度适应。他们以国际知识产权保护等国际制度的改革为例，指出只有新兴大国拥有话语资源并获得国际社会共鸣时，才有可能在硬实力与软实力共同作用下引发国际制度的调适。② 另外，数字化引发的国际传播变革也被认为对国际合作产生重要影响，如马修·鲍姆（Matthew A. Baum）和菲利普·波特（Philip B. K. Potter）认为，社交媒体时代的政治环境更加本地化、碎片化和鼓励化，这加深了外交政策中领导人与选民的不对称性，从而进一步削弱了对外承诺的可行性，增强了国际合作获得可靠信息的能力。③ 数字化也被认为对国际合作具有积极作用，尼森（Nissen）和德里斯霍娃（Drieschova）从技术性角度提出了"轨道变革外交"的概念，认为信息与通信技术提供了共享的、可视化的和即时性的信息，从而在增强国际谈判竞争性的同时，也可以加强对国家承诺的监督。④

三　文化的形塑与限度：建构主义视角下的国际传播

在国际关系的三大流派中，建构主义或许是在思想亲和性方面与国际传

---

① W. Jho and Y. Kim, "Regime Complexity and State Competition over Global Internet Governance," *Telecommunications Policy*, Vol. 46, No. 2, 2022.

② B. Dassler, A. Kruck, and B. Zangl, "Interactions between Hard and Soft Power: The Institutional Adaptation of International Intellectual Property Protection to Global Power Shifts," *European Journal of International Relations*, Vol. 25, No. 2, 2019, pp. 588–612.

③ M. A. Baum and P. B. K. Potter, "Media, Public Opinion, and Foreign Policy in the Age of Social Media," *Journal of Politics*, Vol. 81, No. 2, 2019, pp. 747–756.

④ R. Adler-Nissen and A. Drieschova, "Track-Change Diplomacy: Technology, Affordances, and the Practice of International Negotiations," *International Studies Quarterly*, Vol. 63, No. 3, 2019, pp. 531–545.

播最相近的理论。以温特为代表的建构主义国际政治理论认为，国际体系结构的核心内容是观念而不是物质实力的分配，他强调体系文化是核心的构成性因素，通过国际关系的体系文化构成了国家身份，国家身份建构了国家利益，国家利益最终决定了国家行为。① 在建构主义的视角下，国际传播所形成的全球舆论对于国际体系具有本体论意义上的重要性。围绕文化对于身份利益的形塑和影响，相关研究对当前全球地缘政治不断紧张的趋势进行了深入的探讨。

在身份利益的形塑上，中美关系和俄罗斯问题是当前国际传播中身份研究的焦点。戈兰（Golan）等人从"竞争性身份"（competing identity）的视角扩展了"敌意媒体"的研究，指出全球性的媒体生态为新闻受众提供了广泛的国际新闻和外交事务解读来源，这种报道同时显著性地增加了对国家身份和国内党派身份的认知（特别是在美国两党制的语境下），这种由国际传播触发的多种身份认知竞争强化了民族主义情绪对对手国的感知偏见，在一定程度上恶化了中美关系的民意基础。② 也有学者对中国媒体对美国的报道进行了研究，认为美国威胁论和民族主义的话语与修辞影响了中国公众对国家利益的认知，③ 并在涉及世界政治的民粹主义辩论中强化了以国家为中心对全球种族和文明秩序的等级制想象，助长了鹰派对外政策的舆论基础和极化逻辑。④ 塞斯（Seth）探讨了欧洲媒体如何建构俄罗斯的对外政治身份，他提出国家和外国的政治身份主要是通过媒体话语建构的，通过使用网络和新闻的媒体文本进行分析，塞斯发现，俄罗斯的外交政策主要在"俄

① 秦亚青：《国际政治的社会建构——温特及其建构主义国际政治理论》，《欧洲》2001年第3期。
② G. J. Golan, T. F. Waddell, and M. Barnidge, "Competing Identity Cues in the Hostile Media Phenomenon: Source, Nationalism, and Perceived Bias in News Coverage of Foreign Affairs," *Mass Communication and Society*, Vol. 24, No. 5, 2021, pp. 676-700.
③ X. N. Wu, "The US-Threat Discourse, Hawkish and Maneuvered Public, and China's Foreign Policy," *China Review-an Interdisciplinary Journal on Greater China*, Vol. 23, No. 1, 2023, pp. 341-376.
④ C. C. Zhang, "Right-wing Populism with Chinese Characteristics? Identity, Otherness and Global Imaginaries in Debating World Politics Online," *European Journal of International Relations*, Vol. 26, No. 1, 2020, pp. 88-115.

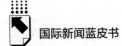

罗斯作为大欧洲中的一部分"框架下被论述，在这一框架下，俄罗斯的外交政策不断受到不符合欧洲主流价值观的批评，并在整体上不断转向"俄罗斯作为另类欧洲"的他者化框架。2000 年以后，这种身份认同的分裂，推动了冷战话语在描述俄罗斯与欧洲关系的报道中的回归。①

值得注意的是，与国际关系学界对建构主义实效的批评相似，一些学者也开展了对国际传播影响限度的研究，这些研究既批驳了通过国际传播缔造世界大同的"乌托邦式"的迷思，也支持了国际传播在一定意义上仍然能够形成相对客观的"世界舆论"。英国学派的一种观点认为，随着网络空间成为国际关系的重要场所和焦点，全球大国均将网络问题和网络外交纳入国家战略，这有望构建一个网络国际社会，从而将各国的国家利益和世界社会动态联系在一起。这些学者期待通过网络外交所建构的新的国际身份，催生出一个合作更加紧密的、数字时代的国际社会。② 但是，莱姆克等人的研究指出，新的国际社会的形成需要世界主义与团结主义的规范议程得到充分的国际传播，这与当前抗震性的政治与社会运动的现实并不相符，如伊斯兰国持续的数字化存在表明，个人与非国家行为体之间数字链接的全球扩散，正挑战着民族国家之间正统的沟通渠道，国际社会形成所依赖的数字通信网络并不一定只为主流国际意识形态所有，而是由不同层次的行为体进行着激烈的动员与竞争。③ 在更加根本性的层面，扎哈纳（Zaharna）和乌伊萨尔（Uysal）提出，网络公共外交确实提高了公众在制定对外政策上的影响力，但是，这可能是以放大敌对公众对国家合法性的挑战为代价的。他们分析土耳其的案例，指出社交媒体可以使得作为对手的两党的极端分子就同一相对温和的外交政策形成"不可能的联盟"，进而"直击要害"地攻击民族国家

① R. von Seth, "All Quiet on the Eastern Front? Media Images of the West and Russian Foreign Political Identity," *Europe-asia Studies*, Vol. 70, No. 3, 2018, pp. 421-440.

② André Barrinha and Thomas Renard, "Cyber-diplomacy: the Making of an International Society in the Digital Age," *Global Affairs*, Vol. 3, Nos. 4-5, 2017, pp. 353-364.

③ T. Lemke and M. W. Habegger, "A Master Institution of World Society? Digital Communications Networks and the Changing Dynamics of Transnational Contention," *International Relations*, Vol. 32, No. 3, 2018, pp. 296-320.

的合法性。① 在缔造和谐身份方面，就社交媒体的影响究竟是固化还是弹性化了国家认同的问题，沙辛（Shahin）和黄（Huang）基于对美国驻英国、印度和中国使团的推特外交的研究，发现三个美国使团使用推特的方式虽然截然不同，但本质上反映并再现了美国对这些国家所宣称的具体身份：英国是朋友、印度是盟友而中国是竞争对手，基于此他们提出，推特等社交媒体实际上是一个国家身份的"技术社会"舞台。② 这一研究加强了对国际传播数字化影响的限度的理解。另外，就国际传播能否促成对于当前全球局势的合理理解，也有研究给出了相对积极的发现。对于国际地位的感知而言，研究发现，公众对于一国国际地位的感知基本上与国际关系学者的看法相同，并且在外交出现政策变动和危机时也同样保持一致，是多维的、立场性的和工具性的。这篇文章通过广泛的证据证明外交政策的失败确实会引发国内民众对国际地位的担忧，并最终影响到对国内政治领导人的支持，而这是无法通过管控传播而改变的。③

四　总结

近年来，海外国际传播与国际关系的交叉研究体现出三条明显的主线：从军事应用与国家安全的角度出发，国际传播具有影响国际权力塑造与分配的能力；从全球治理与国际合作的角度出发，国际传播催生出新的国际制度与适应选择模式；从身份建构与利益形塑的角度出发，国际传播在一定限度之下强化着当下大国竞争的加剧趋势。当前，国际传播能力建设已经上升为

---

① R. S. Zaharna and N. Uysal, "Going for the Jugular in Public Diplomacy: How Adversarial Publics Using Social Media are Challenging State Legitimacy," *Public Relations Review*, Vol. 42, No. 1, 2016, pp. 109-119.

② S. Shahin and Q. E. Huang, "Friend, Ally, or Rival? Twitter Diplomacy as 'Technosocial' Performance of National Identity," *International Journal of Communication*, Vol. 13, 2019, pp. 5100-5118.

③ R. Powers and J. Renshon, "International Status Concerns and Domestic Support for Political Leaders," *American Journal of Political Science*, 2021.

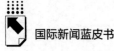
国家战略，党的二十大报告提出"加强国际传播能力建设，全面提升国际传播效能，形成同我国综合国力和国际地位相匹配的国际话语权"的重大要求，2023 年 6 月，"推进国际传播能力建设"更是被写入《中华人民共和国对外关系法》中。在此背景下，海外国际关系与国际传播的研究对增强国际传播能力构成了重要的镜鉴。我们需要认识到，国际传播的战略价值也为世界其他大国所重视，在意识形态与地缘政治的影响下，国际传播被武器化运用以及全球舆论场被过度政治化、安全化的问题，更是在美西方的学界渐露端倪，如何在中国式现代化进程中为国际传播贡献更多有世界意义的知识公共产品，是当下每一个中国新闻传播学者的严峻挑战与光荣使命。

媒介社会篇
Media Society

B.7

行动者网络理论跨领域应用的扩展：
从科学到媒介

刘圆圆　李　敬*

摘　要： 以法国人类学家、社会学家拉图尔等人为代表提出的行动者网络理论，作为科技社会学研究路径的重要思想成果，近一二十年来被大量扩展、引入更广泛的社会学研究领域，其中包括媒介社会学的研究。本报告扒梳了行动者网络理论从科学到媒介、从科技社会学到媒介社会学的学术溢出进程，并指出这种新的研究范式对媒介社会学的启迪、不足以及可调整扩展之处。

关键词： 行动者网络理论　媒介社会学　中介　行动者

---

* 刘圆圆，上海社会科学院新闻研究所硕士研究生；李敬，上海社会科学院新闻研究所副研究员、传播学研究中心主任。

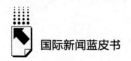
科学、技术和知识一直是法国社会科学研究的主题。科学总是实践的，它具有改造世界的力量，而不是逻辑严密绝对无误的真理。① 向科学发问，是法国学术界的"传统"。福柯甚至解构了最邻近自然科学的精神病学，康吉莱姆（cf. Canguilhem）说，"以往每一部有关现代精神病学起源的历史都完了，都要被一种不合时宜的幻想所糟蹋了，这种幻想认为癫狂是原已赋予人类的东西"。② 在对科学史的研究进路上，康吉莱姆把马克思对意识形态的讨论扩展到科学中，他提出了"科学意识形态"这一看似矛盾的术语，包含了真实性和虚假性双重内涵。它并非错误或虚假，只是科学话语的"先在状态"，在一定程度上会被科学所取代。③ 福柯接续了康吉莱姆的观点，科学既不是纯粹的真理，也不是意识形态的"操纵"结果。运动和构型中的、作为动词的知识被确认、修订、重新分配后，沉淀为"科学"。④但福柯的动作还是"不够大"，他对社会科学"大动干戈"，对自然科学始终"颇留情面"。敢于向"硬科学"自然科学质询的是 STS 领域的学者们，反对对待社会科学和自然科学持两种态度，即对社会科学持"激进"立场，对自然科学持"传统"立场。⑤

20 世纪六七十年代的西方社会经历了越南战争和一系列反核武运动、女权运动、民权运动、环保运动等激进的社会运动，对科技与社会问题的现实关注和理论讨论为 STS 研究领域的兴起做好了铺垫。STS 是"Science Technology and Society"或"Science and Technology Studies"的缩略，多译为"科学、技术与社会"或"科学技术论"，尽管译法尚不统一，但 STS 是这样一个确凿的研究领域，即它是 20 世纪六七十年代发展起来的，将科学、技术与社会的相互关系作为一个独立对象进行系统考察的跨学科领域。20 世纪 70 年代后，STS 研究领域的欧洲学者开始将研究重心转向科

---

① 刘永谋：《关注法国技术哲学》，《自然辩证法通讯》2020 年第 11 期。
② 〔美〕詹姆斯·E. 米勒：《福柯的生死爱欲》，高毅译，上海人民出版社，2003。
③ 刘鹏、蔡仲：《法国科学哲学中的进步性问题》，《哲学研究》2017 年第 7 期。
④ 〔法〕米歇尔·福柯：《知识的考掘》，王德威译，麦田出版社，2009。
⑤ Bruno Latour and T. H. Crawford, "An Interview with Bruno Latour," *Configurations*, May 1, 1993.

学知识本身，力图"用科学本身的方法来分析科学和科学知识"①，用自然主义和经验主义的研究方法对科学知识进行实证性的社会研究，从而开创了影响深远的科学知识社会学研究（Sociology of Scientific Knowledge，SSK）领域。②

以拉图尔（Bruno Latour）、卡隆（Michel Callon）、劳（John Law）等学者为代表创立起来的巴黎学派，以行动者网络理论（Actor-Network Theory，ANT）为重要思想成果，成为 SSK 研究的一所重镇。ANT 不但对"科学"发问，要站在科学之被生成的"结果"之处探查作为"动词"的"形成中的科学"（science in making）之运动过程，而且更彻底地与人类中心主义根深蒂固的传统分道扬镳：人类并不优先于物，物第一次被扭转了"乾坤"，以平等的姿态站立在人类伙伴的面前。物和人是"伙伴"，因为物与人都可以是网络中的行动者/行动素（actant），正是异质实体彼此的联结构成了网络（network）本身。ANT 表明了自身的理论特征：不再将"社会"、"自然"和"技术"作为解释事物的原因，而是作为需要被理解的结果。也就是说，ANT 总是避免以社会因素来解释自然，或以自然或技术因素来解释社会，相反，"社会"和"自然"是在异质实体网络中被生成的"结果"，并在持续的生成之中，而非先在之物。一切行动素都要放置在行动者网络中来考察与理解。③

ANT 是这样一种对科学发问的、关注科学生成的科技社会学研究路径，而在 ANT 理论的发端处，拉图尔等创始人对于媒介，以及科学之外的其他社会领域的问题并不关注；再者，"行动者网络"中的"网络"（nets）④ 也

① 〔英〕巴里·巴恩斯、大卫·布鲁尔、约翰·亨利：《科学知识：一种社会学的分析》，邢冬梅、蔡仲译，南京大学出版社，2002。
② 李真真、缪航：《STS 的兴起及研究进展》，《科学与社会》2011 年第 1 期。
③ 代表性研究参见 Bruno Latour, "Science in Action: How to Follow Scientists and Engineers Through Society", 1987；Michel Callon, "Some Elements of a Sociology of Translation: Domestication of the Scallops and the Fishermen of St Brieuc Bay", 1986；John Law, "Notes on the Theory of the Actor-Network: Ordering, Strategy, and Heterogeneity", 1992。
④ 法文版本的 ANT，其中的 N 所使用的法语单词是"réseaux"，对应的英文为 nets，而不是 networks。

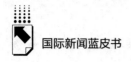

与媒介研究所关注的英特网之网络（internet）毫无关系，而如今 ANT 理论与方法却在媒介社会学乃至更广泛的社会研究中得到扩展和应用，这种理论与方法论的溢出是如何发生的？为当下的媒介社会学研究打开了哪些新的路径？

一　行动者网络理论：关系中的行动者、
无所不在的中介

　　卡隆和劳总结了 STS 的四个基本原则，也正是这几个原则构成了 ANT 理论的基础：第一，社会是异质性构成的；第二，所有实体都是由异质元素组成的网络；第三，这些网络在几何学上是可变的，在原则上是不可预测的；第四，每一个稳定的社会集合同时也是点和网络（个人/集体）的集合。[①] 劳回溯了 STS 的发展史[②]：STS 在最初是对科学探索的认识论实践，之后它吸收了技术史、女权主义、符号学、后殖民主义和后结构主义等理论，这个阶段其思想资源主要来自科学史、哲学、部分社会学、人类学，以及马克思主义批判理论；随后，它从最初对科学技术的关注转向了其他领域。

　　STS 的研究者们总是关注技术与社会之间的关系，而不是把两者分开。其源头可追溯到英国社会学关心技术的传统中。洛克伍德（David Lockwood）道出了社会学为何关心科技的问题，因为"任何借鉴马克思主义或韦伯根基的社会学都将技术及其所有权置于社会的核心"[③]，STS 当然也不例外。科技社会学的研究包括了社会技术系统和组织的工作传统[④]；物

---

① Michel Callon and John Law, "After the Individual in Society: Lessons on Collectivity from Science, Technology and Society," *The Canadian Journal of Sociology*, Mar. 22, 1997.

② John Law, "On sociology and STS," *Sociological Review*, Nov. 1, 2008.

③ David Lockwood, *The Black Coated Worker: a Study in Class Consciousness*. Oxford: Clarendon Press, New York: Oxford University Press, 1989.

④ Burns and Stalker, *The Management Innovation*. Administrative Science Quarterly Oxford University Press, 1961, pp. 1185-1209.

质组织的工作场所中社会关系的性别化①；知识经济及其基础设施②；以及媒介和通信技术的重要性等③。劳指出，虽然 STS 研究与社会学主题之间有部分重叠，但是也有差异性；拉图尔谈道，STS 的研究重点长期以来一直是建构主义式的，即科学如何被社会地构成。但凡科学不是作为主导语言，而是作为被研究的对象（不是资源，而是主题），STS 都得到了扩展。④ 在他看来，STS 给出了一个"强社会"模式，即用社会来分析一切。而拉图尔指出，用社会来解释科学是行不通的，因为不可能只从外部去研究科学，科学本身就是它自己的"社会解释"的结果。

拉图尔不同意"强社会"模式的建构论，而且拉图尔认为这种建构论容易走向"怀疑一切"的荒诞极端，似乎一旦承认科学是被建构的，它就成了某种虚假的、不存在的东西，⑤ 以至于人们一提到建构论，认识论者就会认为它意味着某物是通过社会因素确立起来的，"社会"弱化了真理、科学由社会文化所构成。⑥ 拉图尔认为这种"建构论"矫枉过正了，它过分放大了"真相是如何构成"的问题，而"建构论"真正的价值在于它的历史视角，建构意味着一个东西必须依赖时间、空间和人才能存在，而这种历史性就决定了它会有成败，会被稳定下来成为一个事实，也会因脆弱的关系链条而烟消云散，因此重要的是如何让它存续，如何"维持它和小心地呵护它"。⑦ 行动者网络理论就是将科学看作网络中的各

---

① Cynthia Cockburn, *Brothers: Male Dominance and Technological Change*. Pluto Press, 1983.

② Tom Forester, *The Microelectronics Revolution: The Complete Guide to the New Technology and its Impact on Society*. The MIT Press, 1980.

③ Silverstone, Roger, *Television and Everyday Life*. Routledge Press, 1985.

④ Fadhila Mazanderani and Bruno Latour, "The Whole World is Becoming Science Studies: Fadhila Mazanderani Talks with Bruno Latour," *Engaging Science Technology and Society*, Jul. 12, 2018.

⑤ Fadhila Mazanderani and Bruno Latour, "The Whole World is Becoming Science Studies: Fadhila Mazanderani Talks with Bruno Latour," *Engaging Science Technology and Society*, Jul. 12, 2018.

⑥ 成素梅：《拉图尔的科学哲学观——在巴黎对拉图尔的专访》，《哲学动态》2006 年第 9 期。

⑦ 法迪勒·马赞德兰尼、布鲁诺·拉图尔、韩军徽：《整个世界都在变成科学元勘——法迪勒·马赞德兰尼对话布鲁诺·拉图尔》，《长沙理工大学学报》（社会科学版）2021 年第 3 期。

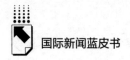

种行动素共同发力后所构成的行动结果，一种"实践中"的科学。① 每个行动素本身并不具有先验的能力，它们是在网络关系构成之后才获得了自己的行动力。这是一种关系本体论的转向，社会的存在（beings）是在关系中被生发、展演（performativity）的过程。② 主体如何获得自我特定的存在方式？主体不再是笛卡尔意义上的"我思"的先验理性的存在，而是在联结中才能获得的存在方式。③ 因此，主体/行动者总是一种被各种特定关系形态所中介的存在方式。④ 一方面，人总是在不同中介形态的具体实践中获得自我实现的；另一方面，作为"物"的非人（inhuman）/他者也是"生成"人之存在方式的中介的重要组成部分。⑤ 日常生活中的经验与技术性实践总是"中介"了人们的行动与情感体验，人从而获得了某种特定的、作为行动后果的存在方式。⑥ 中介实践的核心就在于促成存在的"展演性"⑦，经过中介之后的行动实践将某种状态（state of affairs）变成某种事实（a matter of fact），直到最终变为稳定网络中理所当然的存在方式（a matter of course）⑧。

---

① 〔法〕布鲁诺·拉图尔：《科学在行动——怎样在社会中跟随科学家和工程师》，刘文旋、郑开译，东方出版社，2005。

② Luis Fernando Baron, Ricardo Gomez, "The Associations between Technologies and Societies: The Utility of Actor-Network Theory," *Science Technology & Society An International Journal*, Jun. 9, 2016.

③ Jean-Pascal Gond, Laure Cabantous, Nancy Harding, Mark Learmonth, "What Do We Mean by Performativity in Organizational and Management Theory? The Uses and Abuses of Performativity," *International Journal of Management Reviews*, Jul. 7, 2015.

④ Bruno Latour, "A Collective of Humans and Nonhumans: Following Daedalus's Labyrinth," *Readings in the Philosophy of Technology*, 2009.

⑤ 林文源：《看不见的行动能力：从行动者网络到位移理论》，"中央研究院"社会学研究所，2014。

⑥ Annemarie Mol and John Law, "Regions, Networks and Fluids: Anaemia and Social Topology," *Social Studies of Science*, Nov. 1, 1994.

⑦ Judith Butler, "Performative Agency," *Journal of Cultural Economy*, Sep. 4, 2010.

⑧ Bruno Latour, K. R. Gibson, T., Ingold Tools, "Language and Cognition in Human Evolution", Apr. 1, 1994.

二　从科技到媒介：ANT 在媒介社会学
研究中的扩展

英国社会学家尼克·库尔德利（Nick Couldry）指出，媒介研究和社会学的勾连，早在 20 世纪 80 年代后期就已经出现。当时，一些学者在研究电视是如何嵌入家庭和社会空间时，他们的目光转移到了媒介技术的社会角色与技术的社会建构之间的联系。[①] 有学者认为，ANT 通常被认为是一种社会学理论和方法，或者是 STS 的某个分支，"从那时起，它就融入了媒介的内隐理论，也明确地对媒介进行了分析"。[②③] 一些研究表明，对 ANT 在理论和方法上的应用已经延伸至媒介社会学中，如媒介产业研究[④]、电视研究[⑤]、电影研究[⑥]、音乐研究[⑦]、游戏研究[⑧]等。

ANT 的引入带来了"媒介理论的新范式"吗？库尔德利给出了肯定答案，他认为 ANT "似乎完全适合于产生一种关于媒介和传播技术在当代社会中的作用的理论"。[⑨] 库尔德利从"作为理论的 ANT"与"作为方法论的

① Nick Couldry, "Actor-Network Theory," *The International Encyclopedia of Communication Theory and Philosophy*, Oct. 23, 2016.

② Engell, Lorenz, "Schwerpunkt ANT und die Medien," *ZMK Zeitschrift für Medien- und Kulturforschung*, 2013.

③ E. Schüttpelz, "Elemente einer Akteur-Medien-Theorie," *Akteur-Medien-Theorie*, 2013, pp. 9-67.

④ Markus Spöhrer, *Applying Actor-Network Theory in Production Studies: The Formation of the Film Production Network of Paul Lazarus' Barbarosa*. University of Konstanz, Germany, 1982.

⑤ Emma Louise Heinmingway, "Performing the Story of Local Television," *Actor-Network Theory and Media Studies*, 2017.

⑥ Sara Malou Strandvad, "The Case of a Failed Film Project," *Anaphoric Trajectories of Creative Processes*, 2017.

⑦ Markus Spöhrer, *To Be as Real as Possible: The Actor-Network of Status YO! and the Production of HipHop Authenticity*. University of Konstanz, Germany, 2017.

⑧ Harald Waldrich, *The Home Console Dispositive: Digital Games and Gaming as Socio-Technical Arrangements*. University of Konstanz, Germany, 2017.

⑨ Nick Couldry, "Actor Network Theory and Media: Do they Connect and on What Terms?" *Connectivity, Networks and Flows: Conceptualizing Contemporary Communications*, Cresskill, NJ: Hampton Press, 2018, pp. 93-110.

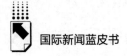

ANT"两个层面展开：首先，库尔德利肯定了作为理论的 ANT 介入媒介研究的合理性。库尔德利结合德国学者的研究①，指出 ANT 的三个理论概念都可以应用在媒介研究中，如对媒介技术的社会进程进行考察，以及媒介与社会的互构关系等问题。其一是"能动者"（agency）的概念。不同形式的能动者通过操作链被确立和连接，对这种操作链的分析会发掘出"能动者授权过程中表现出来的媒介纠缠"问题，这意味着媒介承载着技术和社会的进程，媒介不仅是"社会的技术安排"，而且技术和社会过程都受到媒介的约束。他的观点与 Teurlings、海明威、Wieser 等学者的观点类似，即 ANT 在媒介研究中应用的优势在于其审视"媒介过程"的潜力。

其二是混种物（hybrid actants）、异质元素（heterogeneous elements）间的连接和施မ，可以为媒介研究提供一种"不确定性的启发"。② 它指的是，ANT 开启了媒介分析的新路径，事先不确定是"怎样的"媒介，通过对操作链展开具体分析，再确定、找到"媒介"实质所处的位置③，从而判定媒介的特质和作用。

其三，行动者网络理论其实内置了一个隐含的媒介理论。ANT 最核心的是"转译"（translation）概念，"转译"指行动者不断把其他行动者感兴趣的问题用自己的语言转换出来的过程，在这个过程中转译者转换、翻译、扭曲和修改行动素携带的原有的意义，并招募其他行动者加入行动者网络。④ 而将转译的运作过程引入媒介研究中则意味着，实体间的交流和协商总是依赖于作为中介的媒介来进行和完成的。数字媒介的本体论与行动者网络理论的本体论之间有着强烈的相似性，这种方法允许社会学家在描述社会

---

① E. Schüttpelz, "Elemente einer Akteur-Medien-Theorie," *Akteur-Medien-Theorie*, 2013.
② E. Schüttpelz, "Der Punkt des Archimedes. Einige Schwierigkeiten des Denkens in Operations-Ketten," *Kontroversen zur Entgrenzung des Sozialen*, 2008, pp. 234-258.
③ E. Schüttpelz, "Elemente einer Akteur-Medien-Theorie," *Akteur-Medien-Theorie*, 2013, pp. 15.
④ 〔法〕布鲁诺·拉图尔：《科学在行动——怎样在社会中跟随科学家和工程师》，刘文旋、郑开译，东方出版社，2005。

构成时"利用争议"（controversy）。[1] 拉图尔认为，数字化技术使行动者网络理论的方法得以扩展，关键在于 ANT 的关联主义原则，即实体可以通过它们与其他实体间的关系来定义。拉图尔看到数字平台特性和 ANT 之间有着亲和性[2]，因为 ANT 的核心原则"关联主义"同时也是数字平台架构的核心，后者所创建的正是人与数字对象之间的关联。行动者网络理论和争议分析的中心假设，现在已经"硬连接"到了网络中。

库尔德利强调，ANT 引入媒介分析，最大的潜力在于它能够质询"施能者"（agent）的概念。[3] 行动者网络理论的基本前提是广义对称性原则，要求包括非人在内的所有实体，都使用一致的方法来做分析、用相同的术语来解释和描述。这要求媒介研究者要敏锐地察觉到技术之物、社会之物的能力。因为"施能者"总是在关系之中、联结内部的施能，没有任何东西会"自己"行动，媒介之物也一样。

对于 ANT 所能惠及的研究主题，尤斯特·范隆（Joost van Loon）认为，ANT 完全适合产生关于媒介和通信技术在当代社会中作用的理论，但目前该研究的数量还不多。[4] ANT 通过非人和人类施动者（human agent）间的关联网络来解释社会秩序的形成，社会总是在"形成之中"，没有什么本质的规定性。在行动者网络理论中，网络中的人类和非人实体，是通过其路由连接的数量、广泛性和稳定性获得权力，而不是通过其他方式，因此，这种连接总是偶然性的。如果成功，网络就获得了"自然"般的力量，用 ATN 的术语来说，它变成了无法被打开的"黑箱"（blackbox）；恰在于此，ANT 也受到了媒介学者的批评，因为它无力于关注被生成之后的

① Bruno Latour, "Reassembling the Social: An Introduction to Actor-network-theory," *Clarendon Lectures in Management Studies*, Oxford: Oxford University Press, 2005.

② B. Latour, P. Jensen, T. Venturini, S. G. D. Boullier, "'The Whole is Always Smaller than its Parts' a Digital Test of Gabriel Tarde's Monads," *British Journal of Sociology*, Dec. 14, 2012.

③ Nick Couldry, "Actor Network Theory and Media: Do they Connect and on What Terms?" *Connectivity, Networks and Flows: Conceptualizing Contemporary Communications*, Cresskill, NJ: Hampton Press, 2018, pp. 93-110.

④ Joost van Loon, "The Subject of Media Studies," *Applying the Actor-Network Theory in Media Studies*, 2017.

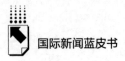

社会规则是如何稳定和持存的，在这一点上，ANT 对媒介批评的研究贡献有限，因为 ANT 完全排斥和批判"结构"的概念，拉图尔就不愿意通过提及社会理论的通常范畴，如结构、阶级、资本主义、殖民主义等来解释事件，认为没有必要在网络之外寻找神秘的或全球性的原因。反之，如果一个人能够解释原因的效果，那是因为一个稳定的网络已经到位了。① 媒介批评学者认为，ANT 对于媒介社会学的研究的确有益，它带来一种"关联的社会学"路径，但如果研究者只关注行动，就会对行动者没有注意或经验到的结构性特征视而不见。将得到的是关于职业道路、影响斗争、行政常规、不同法律学院的丰富数据，总之，是构成机构日常实践的东西。②

安德莉亚（Andréa Belliger）等学者以 ANT 的方法考察了媒介的中介，以及媒介的存在方式。研究者指出，媒介网络中出现的存在模式可以被认为是行动者、行动素或各种各样的施能者，但它们都是作为中介，并且总是在网络的内部被观察到。具体来说，法律、科学、宗教、政治、艺术和法律网络中都有行动者，有行动者的地方就有媒介，而只有当媒介是一切时，媒介才成为某种东西，即作为一种特定存在方式，它才能以自身的"改变"、功能和目的来表征整个网络。媒介的轨迹具有连接性、流动性和灵活性，他们将数字媒介中介下的特定存在视为"信息"。信息有自己的存在，但它既不是物质也不是能量，信息会进入它们自己也无法预见的各种联合中，跟随行动者进行一次次的转译实践。③ 网络是一种存在方式，其目的是"扩展"联系，信息的建立是为了交流，从而构成整个社会领域。

---

① Bruno Latour, *We Have Never Been Modern*. Cambridge, Harvard University Press, 1993, p.130.
② Jan Teurlings, "What Critical Media Studies Should Not Take from Actor-Network Theory," *Applying the Actor-Network Theory in Media Studies*, 2017, pp.66-78.
③ Andréa Belliger, D. J. Krieger, "The End of Media: Reconstructing Media Studies on the Basis of Actor-Network Theory", Jan. 1, 2017.

三　调整与扩充：从强势行动者到弱势行动者

ANT 的方法论秉持"公平性"。卡隆在《转译社会学的一些要素：圣布里厄湾扇贝和渔民的驯化》中提出了 ANT 的三个方法论原则：不可知论、广义对称和自由联想。[①] 这些原则要求研究人员对参与网络的所有行动者，以及作为研究对象的科学、技术和社会都保持公平性。不可知论原则，要求研究者不仅对争论所使用的科学和技术论据持中立态度，而且不要去评判行动者分析社会的方式。也就是说，任何观点都不视为特权观点，任何解释都不受审查。并且如果行动者的身份仍在协商中，研究者不应固定化其身份。广义对称原则，要求用相同的术语解释彼此冲突的观点。即研究者不仅要用相同的术语解释科学或技术争议中相互矛盾的观点，也包括社会领域中的观点。自由联想原则，要求放弃自然和社会之间所有先验的区别，拒绝接受自然和社会二者分开的边界假设，自然和社会是研究的结果，而不是研究的起点。研究者必须考虑到他所研究的类别、所有参与的实体，以及它们之间的关系，不应该寻求预先建立的分析网来解释。研究者应跟随行动者，确定定义和联系不同行动素的方式，通过这些元素来构建和解释它们的世界，无论是社会的还是自然的。[②]

公平性内置于 ANT 的理论与方法中，ANT 具有解释包括弱势行动者在内的所有行动者的理论潜力。但此类研究少见，因此一些研究者批评了 ANT 的胜利者模式造成对边缘群体行动力的忽视。自 ANT 从 SSK 引入更广泛的社会学主题研究中，其胜利者模式就受到不同程度的批评，拉图尔等人被认为关注霸权行动者而忽视了弱势行动者。胜利者模式意味着在霸权行动者框架之下，行动能力的体现被视为这样一种过程：一连串问题化、引发兴趣、征召（enroll）、动员、力量的试炼（trial），最后胜出、成为代言人的

---

① Michel Callon, "Some Elements of a Sociology of Translation: Domestication of the Scallops and the Fishermen of St Brieuc Bay," *The Sociological Review*, 1986, pp. 200-201.

② Michel Callon, "Some Elements of a Sociology of Translation: Domestication of the Scallops and the Fishermen of St Brieuc Bay," *The Sociological Review*, 1986, pp. 196-233.

过程。它偏好寻求理性、意义、结构、体制等单一机制，关注试炼后的胜出者，因而沿用这种视角很难"看见"弱势者的行动。有学者指出，"行动者网络理论认为科学事实所描述的政治秩序，是一种好战的、竞争的、偏向胜利者或管理者观点的秩序……尽管我们原则上同意所有的观点都很重要，我们知道如何从科学家的角度来讨论转译的过程，但很少从实验室技术员的角度来讨论，更少从实验室看门人的角度来讨论"。[①] 这也表明了弱势行动者在研究中常常被忽视的现实。台湾学者林文源批评了 ANT 的胜利者模式并进行了调整的尝试，以关注弱势行动者的行动能力。他认为霸权行动者的世界往往可以从清晰逻辑和一致性架构甚至是单一架构来理解，而单一的清晰逻辑、架构与价值，本身就是霸权行动的成果，因此，在这一背景下弱势行动者的行动被遮蔽了。[②] 在我们的世界中，常见的是霸权网络中的成功者，例如科技、医疗专业等知识体系、科技社会企业家等，而事实上存在大量平凡者，例如科技使用者、病患、西方语境外的他者被隐身，事实上，弱势行动者也有限地参与了行动，并且平凡者的数量占大多数。林文源的研究发掘了 ANT 的研究潜力，证明了 ANT 可以用于研究弱势行动者。

托林斯（Jan Teurlings）在媒介研究中探索了 ANT 对于弱势行动者的关注。ANT 倾向于从胜利者的角度描述行动者网络，传播学理论中也不乏偏袒胜利者或管理者观点的方法，例如罗杰斯（Rogers）的《创新的扩散》[③]和拉扎斯菲尔德（Lazarsfeld）所描述的行政范式的研究类型。这种方法将所有权力归因于某些行动者，特别是机构行动者，而其他行动者类型，比如观众，就仅被看成被动的角色。但托林斯发现，如果媒介研究想要保持其关键优势，就不能只关注强势行动者，也需要关注弱势行动者，因为媒介产品的生产需要在不同类型的行动者，如观众、用户、广播公司、平台、媒介制

---

① Star, Susan Leigh, "Power, Technology and the Phenomenology of Conventions: on being Allergic to Onions," *A Sociology of Monsters. Essays in Power, Technology and Domination*, 1991, pp. 26-56.

② 林文源：《看不见的行动能力：从行动者网络到位移理论》，"中央研究院"社会学研究所，2014。

③ E. M. Rogers, *Diffusion of Innovation Theory*. New York: Free Press, 1995.

作人、媒介设备等之间建立一个网络，并且网络不是给定的，而是需要建立和维护的，因此每一个行动者都需要被关注；而背叛的危险总是很严重，比如媒介制作人可能会失去节目卖点，试播节目可能无法说服试播观众，编剧可能会罢工，观众可能会厌倦一部剧，电视台可能会决定重新定位自己的品牌。由于威胁始终存在，行动者的策略是保持网络中的其他行动者与自己目标一致。另外，ANT 与媒介批判研究之间也有挂钩的潜力，SSK 中的 ANT 研究虽然有"胜利者"的偏好，但对这种关系链的运动过程深描，意味着失败的节点、失败的原因可以被探查，有学者指出，ANT 可以"为自由新闻等激进组织应该如何组织运动、决定在哪里战略性地施加压力，以及为了吸引其他行动者加入他们的网络而进行哪些转译提供了见解"。①

四　结语

在信息时代，我们已行至幽深之处，媒介技术史无前例地与人的身体"长在"了一起，社会生活被技术深刻地中介着，一切都在生发、变动之中，安静持存的内部也是"暗流涌动"。媒介社会学研究需要新的理论和方法论的支持，让研究者去探寻社会实存之所以可以"是其所是"，其背后是那个由媒介与人共同投身、构建的运动网络。在这个当口，科技社会学路径的行动者网络理论召唤起研究者的热情与信心，作为理论，更是一种方法的 ANT 引入媒介研究历时已久，但崛起过程是非常缓慢的，卡隆和拉图尔把 ANT 描述为"不是将我们的注意力引向社会，而是引向一个由行动者创造的持久不对称的过程"②，这一见解到世纪之交才开始受到重视③；随着数字

---

① Jan Teurlings, "What Critical Media Studies Should Not Take from Actor‐Network Theory," *Applying the Actor‐Network Theory in Media Studies*, Jan. 1, 2017.

② Latoru, Bruno, and Michel Callon, "Unscrewing the Big Leviathan: How Actors Macrostructure Reality and How Sociologists Help Them Do It", *Advances in Social Theory and Methodology*: *Toward an Integration of Micro-and Macro-Sociologies.* Boston: Routledge, 1981, pp. 285-286.

③ Nick Couldry, "The Place of Media Power: Pilgrims and Witnesses of the Media Age," *Place of Media Power Pilgrims & Witnesses of the Media Age*, Dec. 12, 1999.

媒体、社交平台的普遍使用，如何追踪和理解行动者显得至关重要，从科技到媒介，从 SSK 到更广泛的社会学研究，ANT 以关系本体论、转译（translation）、杂合体（hybrid）这些关键原则和概念为媒介、行动、事件、社会秩序生成的研究提供了新的洞见。

B.8
"元新闻话语"、新闻认识论与新闻
生产变迁研究报告[*]

孟晖 陈曦[**]

摘　要： 移动互联网和人工智能等技术的发展使得传播环境和传播模式发
生巨变，促使新闻媒体走上深度融合发展之路。本文结合国内外
学界的相关研究，对"元新闻话语"理论和新闻认识论的概念
进行了较为系统的分析，并且探讨新媒体环境下新闻生产的嬗变
及其"元新闻话语"呈现，主要包括对媒介和记者社会角色的
言说、新媒体环境下新闻边界工作的话语呈现、记者职业伦理的
反思等，进而考察媒体自我认知在新传播环境下的坚守与嬗变。

关键词： 元新闻话语　新闻生产　生产变迁

互联网技术的发展催生了新的传播模式，塑造了新的媒介形态。随之崛
起的新媒体迅速攻城略地，与传统媒体竞争受众注意力资源。新的传播环境
迫使传统媒体调整话语形态，满足受众需求，走上"媒体融合转型发展"
之路。转型过程中，新闻媒体开展边界工作，对外建构专业主义话语从而捍
卫新闻权威，对内则调整自身认识论以便适应新媒体环境的变化，从而界定
自身社会角色、社会功能以及社会认同。近年来，"元新闻话语"理论和新

---
* 本文系国家社会科学基金一般项目"移动出版中的法律与伦理问题及其治理研究"
（20BXW052）的阶段性成果。
** 孟晖，博士，上海社会科学院新闻研究所副研究员；陈曦，上海社会科学院新闻研究所博士
研究生。

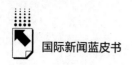

闻认识论成为学界研究考察新闻生产变迁的重要视角。本文通过对国内外相关研究进行梳理和分析，探讨媒体新闻生产方式在人工智能时代的变革，以及这种变革如何以"元新闻话语"呈现，进而分析媒体及从业者自我认知的坚守与嬗变。

一　研究缘起与背景

在新媒介技术环境中，新闻生产方式和流程等与传统媒体时代相比发生了翻天覆地的变化。由竞争加剧而带来的时间压力，使得新闻从业者难以像传统报业时代那样，以全知的叙事视角呈现新闻事件的来龙去脉，提供事实细节的描写以及对事件的深度挖掘，而往往在最新的时间节点上为受众提供消息的片段。"传统媒体在内容生产中的垄断地位也受到极大冲击，封闭的新闻业系统进一步被打破，内容的分布式生产与分布式传播成为常态。"① 在自媒体和短视频传播等广为流行的当下，"人人都有麦克风"，而新闻媒体的客观、公正、专业性等形象设定也常常被大众所质疑。新闻媒介如何在各种力量交织作用的"新闻场域"中进行自我审视，并且对外建构自身角色，强调其存在的合理性，是新闻媒介定位策略要特别考虑的问题，也受到了学界的关注。

一些研究运用元新闻话语及新闻认识论等理论，探讨媒介融合发展的背景下，新闻媒体和新闻工作者是如何对外言说"自我"，建构新媒体环境下媒介及记者的角色形象的。通过运用"元新闻话语"，新闻业内外的各种行动者得以相互竞争，从而建构、重构或者挑战新闻实践的边界。同时，元新闻话语理论把话语与定义管理、边界工作以及新闻正当性建构等文化过程联系起来，使得研究者可以将目光转向新闻场域外部的行动者，考察他们与新闻场域内部行动者之间的话语协商过程。

在目前国内的研究中，侧重于新闻媒介如何言说"他者"的探索较多，

---

① 彭兰：《数字新闻业中的人-机关系》，《新闻界》2022 年第 1 期。

而对于新媒体环境下新闻媒介如何通过话语方式建构"自我"的研究相对较少。从理论意义上看,本研究梳理分析了国内外"元新闻话语"、新闻认识论等学术议题的脉络,以及其发展前景,尤其是国外相关研究可供我们借鉴之处。从现实意义来看,在媒介转型和融合发展的背景下,本研究为传统媒体适应新媒体环境的生存路径和发展方向提供历史及现实的描述,从新闻认识论视角探究新闻业赖以生存的锚点,并探索新闻业未来发展的着力点。

二 元新闻话语与新闻认识论

卡尔森(Matt Carlson)把新闻业视作一种多变的、情境化的、经由社会关系生产出来的文化实践,并提出了一种元新闻话语理论来阐明围绕新闻业的意义是如何生产出来的。[①] 在认识论层面,"元"被视为对某个对象自身的解释。卡尔森将元新闻话语(metajournalistic discourse)定义为"评价新闻文本、生产新闻文本的实践或接受新闻文本的条件的公共表达"。[②]

新闻业并不是孤立存在的,离不开其所处的社会文化"语境"(context)。卡尔森分析道,布迪厄在其论述中提出了这一点,即新闻业应该被理解为一个与其他领域深深地镶嵌交织在一起的异质化领域,而这一论断与记者们在职业声明中表达的对其自主性规范的承诺恰恰相反。在许多情况下,记者核心的合法性话语策略强调的是他们在生产新闻中对其通常依赖的新闻来源的自主权。而新闻业是处于社会文化语境中的这一前提表明,我们需要避免将文本和实践相分离的看法,以及那种以媒体为中心而忽视更广阔的媒体环境的观点。[③]

---

① 丁方舟、马特·卡尔森:《元新闻话语与新闻社会学研究的文化路径——卡尔森〈元新闻话语与新闻业的意义:定义管理、边界工作与正当化〉译评》,《新闻记者》2019 年第 8 期。

② Matt Carlson, "Metajournalistic Discourse and the Meanings of Journalism: Definitional Control, Boundary Work, and Legitimation," *Communication Theory*, Vol. 4, No. 1, 2016, pp. 349-368.

③ Matt Carlson, "Metajournalistic Discourse and the Meanings of Journalism: Definitional Control, Boundary Work, and Legitimation," *Communication Theory*, Vol. 4, No. 1, 2016, pp. 349-368.

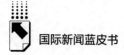

卡尔森认为，将新闻业视为一种负责提供世界上正发生的事件的频繁、有效报道的文化实践，需要将新闻业置于一种话语领域，在其中围绕新闻业及其更大的社会位置（its larger social place）不断地进行对其意义的建构。他考察了以往一些著名学者的新闻话语研究成果，综观这些研究采用的不同概念视角的主线可见，在某些时刻，记者是如何从他们作为媒体话语生产者的角色转变为话语对象的。① 而约翰·法卡斯（Johan Farkas）指出了其他众多行动者在生产"元新闻话语"中的作用。通过公共辩论、知识共享和成文规范等话语实践，围绕道德和价值观的新闻业边界被不断划定和重新划定，不仅是由媒体专业人士，而且是由"政府官员、历史学家、娱乐媒体和教育工作者等不同的行动者和场所（sites）"。②

在新闻研究的谱系中，新闻认识论是比元新闻话语地位更超然的上位概念。③ 认识论是关于人类知识的一种理论体系，讨论了人们如何获取知识并阐明对知识的要求，也是人们用以评价真理的信念、方法。马茨·埃克斯特罗姆（Mats Ekström）在其关于电视新闻业的认识论研究中指出，"研究的主要目的是建立一个对新闻认识论进行社会学分析的理论框架"。认识论是逐渐发展并被应用于所有生产和传播知识的社会实践中的。埃克斯特罗姆认为，在对哲学术语的探究中，"认识论"指的是关于知识的本质，以及真理的可能性及其主要基础的理论。而在对知识生产实践的社会学研究中，"认识论"指的是在社会环境中运作的规则、惯例和制度化程序，其决定着知识生产的形式，以及被表达或暗示的知识主张的形式。认识论还包括这些知识主张在组织中以及面对公众和在其他社会机构中是如何被证明的。④

新闻业的合法性是与其对知识和真理的主张紧密联系在一起的。这要归

① Matt Carlson, "Metajournalistic Discourse and the Meanings of Journalism: Definitional Control, Boundary Work, and Legitimation," *Communication Theory*, 2016, 4 (1), pp. 349-368.

② Johan Farkas, "Fake News in Metajournalistic Discourse," *Journalism Studies*, 2023, 24 (4), pp. 423-441.

③ 周睿鸣:《元新闻话语、新闻认识论与中国新闻业转型》,《南京社会科学》2021 年第 2 期。

④ Mats Ekström, "Epistemologies of TV Journalism: A Theoretical Framework," *Journalism*, 2002 (3), pp. 259-282.

功于它声称能够为公民提供重要而可靠的知识,即新闻业证明自身作为民主社会重要组成机构的地位。知识主张是在认识论的框架内被证明是正当的和合法的。① 周睿鸣指出,"新闻研究中,新闻认识论的社会学取向已经发展起来,以了解新闻加工中的制度化规范和实践,了解社会共享的、可变的理由标准,以及新闻业在社会中提供专属知识形式的权威性"。②

新闻认识论和元新闻话语研究有着学术上的交会点。在研究对象层面,两者都关注到新闻知识的生产、新闻意义的建构、新闻权威的塑造,以及新闻业内部及外部的多种行动者。元新闻话语将新闻的社会文化意义与围绕新闻生产和消费的社会实践联系起来,阐释新闻生产意义与其实践之间的勾连。而新闻认识论则作为一套完整的对新闻的认知框架,从知识社会学的角度审视新闻业,讨论当新闻作为知识时,其传播实践的意义以及其与权威的关系。这类话语分析可帮助人们理解把握新闻业形态变迁。卡尔森进而将新闻认识论应用于数字新闻传播中,将注意力转向新闻作为一种知识形式是如何被各种行动者在数字媒体平台上通过一系列实践分享、转化、争论和争议的。③

元新闻话语研究与新闻认识论研究都关注了生产元新闻话语或建构新闻认识论的不同行动者。"元新闻话语"是关于新闻的新闻学,"评价新闻文本、产生新闻文本的实践或新闻文本接受条件的公共表达",而公共表达的主体涉及新闻场域中不同行动主体,如公众、党派、技术提供者、投资方等。学者们关注到了新闻场域内各种主体的话语建构或干预影响,以及新闻从业者以话语为策略建构职业边界来维护新闻权威的作用机制,并且考虑到内部和外部主体之间的互动策略。

从内部元新闻话语的生产来看,新闻媒介以话语建构专业边界、权威以

① Mats Ekström, "Epistemologies of TV Journalism: A Theoretical Framework," *Journalism*, 2002 (3), pp. 259-282.
② 周睿鸣:《元新闻话语、新闻认识论与中国新闻业转型》,《南京社会科学》2021 年第 2 期。
③ Matt Carlson, "Journalistic Epistemology and Digital News Circulation: Infrastructure, Circulation Practices, and Epistemic Contests", *New Media & Society*, 2020, 22 (2), pp. 230-246.

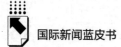

及职业伦理，努力避免商业逻辑和行政控制对新闻业的干预，并以此展示记者如何捍卫自己的社会角色。贝内特（Bennett）等人首次使用"元新闻话语"来描述新闻界如何通过自我批评来保护现有范式。① 从外部元新闻话语生产来看，元新闻话语围绕着新闻应该是怎样的，对新闻媒体的规范性角色进行建构，在异质性一端建构新闻认识论。如克里奇（Creech）等认为互联网公司的企业文化与传统新闻机构的新闻认识论之间的矛盾与对立，表现为资本运作逻辑对新闻权威的一种侵蚀，也体现在元新闻话语的冲突上。② 而在新闻认识论层面，学者们也注意通过分析新闻话语及探析其背后的文化、政治、经济、技术等因素，探究新闻媒体对自身的感知以及外界形象的塑造。③

"元新闻话语"不仅表现在媒体和记者如何言说自我，也反映在社会中"他者"对新闻业特别是新闻边界工作的看法，甚至在虚拟的文学及影视作品中也有所体现。帕特里克·费鲁奇（Patrich Ferrucci）在其研究中指出：此前对"元新闻"的研究认为这种类型的话语对于新闻业的社会建构具有显著影响；而关于"流行文化"中如何描述新闻业的话语研究，也可做出同样的论断。费鲁奇的这项研究通过对两部电视剧《火线》和《纸牌屋》进行文本细读和深入分析，为这两种文本形态之间架起了桥梁，并认为新闻学研究领域的学者不应将他们对"元新闻话语"的界定局限于记者评论、受众群体评论或者批评真实的新闻业。他进而从元新闻话语理论的视角解读了研究结果。④ 费鲁奇指出，元新闻话语为学者提供了一个渠道，不仅可以理解记者如何看待自己，而且可以理解社会是如何看待新闻业的。元新闻话

---

① Bennett, W., Gressett, L. A., & Haltom, W., "Repairing the News: A Case Study of the News Paradigm," *Journal of Communication*, 1985, 35 (2), pp. 50-68.

② Creech, B., & Rooney, S., "Death of the New Republic: Discursive Conflict Between Tech Industry Management and Journalism's Cultural Value," *Journalism Studies*, 2017, 18 (11).

③ Matheson, D., & Wahl-Jorgensen, K., "The Epistemology of Live Blogging," *New Media & Society*, 2020, 22 (2), pp. 300-316.

④ Patrich Ferrucci, "Mo 'Meta' Blues: How Popular Culture Can Act as Metajournalistic Discourse," *International Journal of Communication*, 2018 (12), pp. 4821-4838.

语可以表现为记者报道自己行业的形式、监察员对新闻业的评论或者商业杂志对这一行业的报道形式。因为支撑新闻业的基本思想仍然是社会建构,如何向社会描述这个行业有助于我们理解这些基本理念是如何被协商的。①

流行文化往往对社会产生相互依存的影响,因为它受到当代社会的影响,并对社会产生影响。流行文化往往会成为一个特定时代的社会景象的镜子,它通常描述世界上正在发生的事情,可能是一个稍微扭曲的版本,或者经常对这些事件进行批判性评论。不过如前所述,流行文化也影响了社会如何看待自己周围的世界,因为实际上社会中的大多数成员很少经历世界上发生的事情,他们往往依靠各种类型的媒体来理解世界。这种双向的关系可以从学者们如何研究流行文化表述中看出。②

此后,一些学者继续对元新闻话语理论的观照范围进行拓展。迈克尔·布齐斯(Michael Buozis)指出,元新闻话语或关于新闻从业者身份、角色、边界等的话语,不仅仅是由新闻文本构成的。这种话语流经与新闻相邻的领域和机构,从政府到企业再到社会和文化形态。③ 他认为,研究人员可以通过研究构成媒体史的行动者、网站和文本等更广泛的对象,来振兴新闻史学科。通过对现有元新闻话语研究的文献分析综述,包括历史和当代维度的分析,该研究提出了媒介史学家们在研究中可以充分利用的各种各样的档案文本和类型。④

值得关注的是,白红义提出了"新闻职业话语"(journalistic occupational discourse),与元新闻话语将新闻行动者和非新闻行动者都囊括在内讨论不同,职业话语把主题限制为场域内的核心行动者:新闻记者和新闻组织。"新闻

---

① Patrich Ferrucci, "Mo 'Meta' Blues: How Popular Culture Can Act as Metajournalistic Discourse", *International Journal of Communication*, 2018 (12), pp. 4821-4838.

② Patrich Ferrucci, "Mo 'Meta' Blues: How Popular Culture Can Act as Metajournalistic Discourse," *International Journal of Communication*, 2018 (12), pp. 4821-4838.

③ Michael Buozis, "Historicizing Metajournalistic Discourse Analysis: Thinking Beyond Journalism about Journalism", *American Journalism*, 2023, 40 (2), pp. 215-221.

④ Michael Buozis, "Historicizing Metajournalistic Discourse Analysis: Thinking Beyond Journalism about Journalism", *American Journalism*, 2023, 40 (2), pp. 215-221.

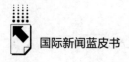
职业话语"是新闻从业者围绕与新闻业生存和发展有关的各类公共议题生产的论述。即在一个新的媒介生态中,新闻职业群体在面对内部争议和外部质疑时,如何通过特定的话语策略继续维护和巩固自身的职业地位。"这种话语不仅影响着新闻从业者的职业认同,是专业文化和社会实践的一种直接反映;也是新闻业展示给社会的形象,影响到社会如何看待新闻业。"①

三 以"元新闻话语"观照新闻生产的变迁: 历史、实践与展望

(一)"元新闻话语"视阈下的新闻生产: 历史与实践维度

近几年,新闻生产相关领域的"元新闻话语"和新闻认识论研究范围渐渐拓宽。迈克尔·布齐斯特别关注了历史维度的元新闻话语研究。他指出,过去五年中发表的大量研究成果展现了"历史元新闻话语"分析的可能性和广度。有关许多新闻专业组织的行动仪式的影像资料档案,包括美国新闻报纸编辑学会(the American Society of Newspaper Editors, ASNE)、专业记者协会(the Society of Professional Journalists, SPJ)及其他组织的资料,被用来分析新闻史上颠覆性发展时期不断变化的技术、商业模式和价值观等。这些档案由美国有线卫星公共事务电视网(Cable-Satellite Public Affairs Network, C-SPAN)保存,很多还未被那些对历史元新闻话语感兴趣的学者接触到,可以作为过去几十年印刷媒体之外的新闻专业话语来研究。②

迈克尔·科利斯卡(Michael Koliska)等用元新闻话语和定位理论来研究美国媒体工作者专业身份的自我建构。他们指出,尽管对元新闻话语的大量研究考察了新闻话语与"人们如何理解新闻以及它应该看起来像什么"的连接,人们对记者和新闻机构现实中如何协商其专业和社会角色仍知之甚

---

① 白红义:《新闻业的边界工作:概念、类型及不足》,《新闻记者》2015年第7期。
② Michael Buozis, "Historicizing Metajournalistic Discourse Analysis: Thinking Beyond Journalism about Journalism," *American Journalism*, 2023, 40(2), pp. 215-221.

少。Raemy 和 Vos 的理论认为，这一协商过程发生在个人内部和人际话语间，以及跨越三个层面的角色工作中：机构角色、组织角色和个人身份。如"新闻业角色协商理论"这样的定位理论，强调社会交往互动中的协商要素，而不是将新闻业角色视为结构性象征的简单推定。除提供理论研究框架外，定位理论还提供了分析记者或新闻机构可能参与的话语互动实践的方法论工具。①

新闻边界工作是元新闻话语分析中的一个重要向度。卡尔森指出，各种各样的行动者通过他们的阐释行动，持续地制定和重新制定能被接受的新闻实践的边界。通过比较和历史的视角，可以看出新闻边界随空间和时间的变化而变化。例如，通过元新闻话语来展开边界工作，突出了新闻业如何采用新的新闻生产技术，从生产工具到新闻分发流程都有所体现。新闻业之外，挑战者们兜售新的技术、形式和规范性承诺，如维基解密——重新设定新闻业的边界。相反，记者可能会试图收紧边界以保护他们的自主权。②

一些学者将"元新闻话语"研究用于对新闻生产中的伦理问题的反思，同时考察了媒体从业者的边界工作。如约翰·法卡斯关于丹麦假新闻的元新闻话语研究表明，丹麦的元新闻话语有着"紧张"的特点，不同行动者围绕假新闻及新闻业的未来的争论相当激烈。尽管总编辑、编辑主管、新闻记者、媒体专家、政府官员和社交媒体公司代表们同意新闻业是解决假新闻问题的关键，但对假新闻和新闻业之间确切关系的认知有着明显的不同。尤其是一些老牌新闻媒体的总编辑认为，秉持客观、公正、准确等传统新闻价值观的新闻机构代表了"假新闻的对立面"，这与来自外国的"他者"截然不同。相比之下，另一些来自新闻界内部和周边的其他声音都认为假新闻应该引起新闻行业的反思和自我批评，以及对于媒体伦理规范和实践的调整。③

---

① Michael Koliska & Kalyani Chadhab, "Taking a Stand: The Discursive Re - Positioning of Journalism," *Journalism Studies*, 2023, 24 (4), pp.442-459.
② Matt Carlson, "Metajournalistic Discourse and the Meanings of Journalism: Definitional Control, Boundary Work, and Legitimation," *Communication Theory*, 2016, 4 (1), pp.349-368.
③ Johan Farkas, "Fake News in Metajournalistic Discourse," *Journalism Studies*, 2023, 24 (4), pp.423-441.

"假新闻"如今已经与更广泛的关于新闻"是什么"以及在技术日新月异、新闻业面临挑战的时代应该如何发展的担忧交织在一起。记者们试图捍卫自己的职业。① 约翰·法卡斯说，通过公共辩论、知识共享和成文规范等话语实践，道德和价值观的界限不断被划定和重新划定，不仅是由媒体专业人士，而且是由"政府官员、历史学家、娱乐媒体和教育工作者等不同的行动者和场所"。②

费鲁奇强调，他的研究建立在元新闻话语的概念化基础上。他考察了《火线》和《纸牌屋》两部电视剧中描绘的新闻业的行业共性，尤其是里面展现了一些媒体从业者在新闻生产中毫无底线的伦理失范行为，以及科技发展对新闻业的不良影响。从本质上讲，元新闻是媒体批评的一种形式，也是内容研究的类型，可见对新闻业的虚构描述也有与元新闻话语类似的影响。帕特里克·费鲁奇不仅分析了比较热门的《火线》和《纸牌屋》两部剧，还从历史维度，勾勒了在虚拟的电影、文学作品等流行文化中用元新闻话语构建媒介形象的可行性及意义，可见流行文化也发挥着对媒介形象的社会建构作用，从而拓展了对于元新闻话语适用范围的理解。"记者是流行文化中无处不在的人物，这些人物可能会影响人们对新闻媒体的印象，甚至比现实中的媒体所产生的影响还要多。"③

（二）人工智能时代新闻生产变迁的"元新闻话语"分析

数字信息技术的发展催生了新的传播方式，塑造了新的媒介形态，也使得"人机关系"等新问题逐渐凸显出来。机器写作、数据新闻、算法新闻等新兴的新闻生产方式，可能加剧新闻工作者失业的风险。如今移动互联网及各种 App 上海量的资讯和知识触手可及，也助推了新闻业的权威性被削

① Johan Farkas, "Fake News in Metajournalistic Discourse," *Journalism Studies*, 2023, 24 (4), pp. 423-441.

② Johan Farkas, "Fake News in Metajournalistic Discourse," *Journalism Studies*, 2023, 24 (4), pp. 423-441.

③ Patrich Ferrucci, "Mo 'Meta' Blues: How Popular Culture Can Act as Metajournalistic Discourse," *International Journal of Communication*, 2018 (12), pp. 4821-4838.

弱。在"可替代性"逐渐从预言走向现实时，媒体从业者如何言说自身意义及其相对于机器"同行"的独特性？同时，媒介技术的演变带来了新媒体话语，这些技术话语强调了新闻记者哪些优秀且独特的品质，以形成区别于自媒体和机器写作的竞争优势，进而强调自身存在的合法性？

帕特里克·费鲁奇在分析流行文化尤其是娱乐电视剧叙事中的"元新闻话语"时指出，在电视剧《纸牌屋》和《火线》中，创作者们系统地批评了当前新闻编辑室将"技术"视为行业未来的观点，同时围绕对所有数字事物的过度依赖会对新闻质量产生的负面影响进行思考。该研究认为，《纸牌屋》和《火线》都以生成性元新闻话语为特征，主要涉及新媒体时代新闻生产的四个焦点：记者对失去专业知识的恐惧、道德底线的降低、关于财务问题和市场的考虑对新闻业产生的负面影响，以及技术对行业的负面影响。该理论将这一话语的创造者标记为"行动者"，但这些行动者是以二元方式讨论的，要么是记者，要么是观众们以某种方式评论这些新闻文本。但这种区别过于简单化，因此该研究对元新闻话语的一个学术贡献是围绕着虚构描述应该如何被视为元新闻话语展开的。① 这对我国相关领域在新媒介技术环境下的新闻生产变迁研究也很有启发。

芒福德和艾吕尔都相信，在技术化秩序的统治下，人生被机械化了，而且被非人性化了。他们认为技术本身并不是魔鬼，但"机器崇拜"是魔鬼；其中存在的魔力维护"'王者机器'的神话"，他们共同的目标是"去除技术文明的神话色彩，还原技术适当的但建设性的角色，使之进入人生一个更加有机论的视野，进入为人谋利的更加广阔的视野"。②

媒体运用人工智能优化新闻生产流程、提升新闻报道质量的尝试并不少见。2019年12月，新华社首个智能化编辑部正式建成并投入使用，在采集、生产、分发、反馈等环节均运用人工智能，开启了新闻生产与传播的智

① Patrich Ferrucci, "Mo 'Meta' Blues: How Popular Culture Can Act as Metajournalistic Discourse," *International Journal of Communication*, 2018 (12), pp. 4821-4838.
② 〔美〕林文刚：《媒介环境学：思想沿革与多维视野》，何道宽译，中国大百科全书出版社，2019，第193页。

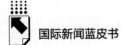

慧革命，较大地节约了人力成本。① 人工智能技术在一定程度上改变了新闻采编流程和分发机制。如《浙江日报》"媒立方"可为稿件信息建立自动标签，方便后续分发渠道选择及个性化推荐。而央视的"一带一路"特别报道《数说命运共同体》，用超级计算机从海量数据中挖掘"一带一路"沿线人民最感兴趣的话题，并形成可视化报道。

新闻从业者对新媒体技术的态度倾向主要表现为技术接纳和边界排斥。技术接纳体现为媒体采取一种积极的态度接受并使用新媒体，而边界排斥体现为新闻媒体表达出的对技术的"敌意"或强调新闻工作者相对于技术而言无可替代的价值。人工智能带来的危机感在传统新闻媒体中蔓延，媒体人的这种焦虑反映在他们发表的社论等文本中。通过笔者对一些媒体的"记者节"社论、献词等进行"元新闻话语"及新闻认识论角度的研究分析，可以看到传统新闻媒体在反映人工智能给传媒业带来深刻变化时，也会描摹"传统媒体衰落"的状况，如记者的生存困境、新闻媒体业务压缩等，以及对昔日传统媒体各种繁荣景象的回忆。可见，在新闻业界的普遍认知中，人工智能并不是对新闻记者的救赎，而是面对"不拥抱新技术，则在时代的洪流中消亡"后果的一种无奈选择。而记者也会以报道中情感的回归等方式来强调自身的不可替代性。②

以元新闻话语和认识论来考察，新闻媒体对人工智能算法等新媒介技术的介入，存在一种既接纳又排斥的话语模式。首先，新闻媒体致力于形成一种危机意识，让媒介从业者感知到人工智能算法技术的发展带来的危机。其次，新闻媒体会以积极的姿态接纳技术，但在此过程中存在将"人工智能"神话化、吹捧人工智能技术的决定性作用等一些极端现象。最后，在积极开展边界工作时，又会将机器工具化，单方面强调使用技术的"人"的价值。如特别强调了新闻从业者的专业主义精神、承担的社会责任及其具有的人文

---

① 《新华社智能化编辑部建成运行 实现人工智能再造新闻生产全流程》，https：//baijiahao. baidu. com/s？ id=1652757551085342666&wfr=spider&for=pc。

② 孟晖、陈曦：《"元新闻话语"视阈下媒介对记者角色的建构——基于稿源新闻网站记者节社论的研究》，《当代传播》2022 年第 5 期。

关怀、报道中的"情感"等，反复申明这些是人工智能算法不具有的，从而突出人的竞争优势，捍卫新闻边界与权威。

在探讨人工智能新闻生产中的伦理问题时，要避免陷入技术决定论、技术本体论和技术工具论等思维中，而是要将"人机关系"置于新闻产业形态、媒介组织方式等更为复杂的社会关系和各种力量博弈的"场域"中，既看到技术的主体性，更强调人的主观能动性。人工智能技术本来是利于人类发展的，但也可能给人类生存带来一些难以预测的危机。在发展人工智能技术时，我们一定要充分考虑到人类的需求和利益，包括生存、发展的需求，以及社会的和谐发展，人的目的性价值尺度是我们发展人工智能的动力。

由此可见，结合元新闻话语和新闻认识论来观照新媒体技术环境下新闻生产的变迁，尤其是对新闻业和记者社会作用及价值的理解以及智媒时代"人机关系"的考察，是比较好的研究视角，学界已经有一些研究成果，但是还有很大的拓展空间。随着人工智能和媒体技术的迭代更新，以及传媒业新业态新问题的不断出现，"元新闻话语"和新闻认识论研究有着相当广阔的发展前景。

B.9
国外数字媒体新闻伦理研究报告

王茜钰　王　蔚*

摘　要： 数字媒体技术深刻地改变了新闻生产传播的实践活动，为新闻业带来发展机遇的同时，也带来了更复杂的新闻伦理问题。本文以Web of Science上发表的相关文献为综述材料，总结2021年数字媒体时代新闻伦理六大研究议题：技术与新闻伦理、受众与公民新闻、规范准则研究、虚假信息与事实核查、新闻透明性和图像伦理。最后，讨论该领域的研究带给我们的启示，在数字媒体时代要充分认识到技术、多元参与主体等因素给新闻伦理带来的变化和影响，而这也预示着数字媒体时代的新闻伦理研究仍具有重要的意义与价值。未来，新闻伦理研究应当在不同技术的辨析、受众地位与角色的评估、规范准则的细化等方面展开更加深入的研究。

关键词： 新闻伦理　数字媒体　Web of Science

一　引言

新闻伦理是新闻从业者应当遵循的专业规范和道德准则，它是维护和巩固新闻专业性和权威性的基础。新闻伦理也是一个动态的反思和决策过程，面对环境和条件的变化，根据职业道德和社会公德进行权衡和取舍。而伴随

---

* 王茜钰，上海社会科学院新闻研究所硕士生；王蔚，上海社会科学院新闻研究所副研究员，新媒体研究中心副主任，研究方向为新媒体传播、媒体转型。

着大数据、人工智能等新技术与媒体的融合，社会性媒体、社交媒体等新媒体和平台的产生和发展，新闻业发生了巨大的变革。面对多元化的新闻生产主体和复杂的新闻生产传播过程，新闻伦理受到极大的冲击和挑战。本文对2021年度国外数字媒体新闻伦理研究进行梳理，总结较为集中的六大研究议题，并在此基础上展望未来新闻伦理研究。

本文以 Web of Science 为数据源，以"journalistic ethics"（主题）或"journalism ethics"（主题）and "2021"（出版年）为关键词进行搜索，经过系统和人工筛选，最终获得 31 篇相关文献（包括已发表和在线发表的论文），据此展开总结和分析。

二 文献内容分析

（一）技术与新闻伦理

大数据、算法推荐等技术在新闻业的运用，必须以用户个人数据的获取和利用为前提，这极易造成关于侵犯用户个人隐私的伦理争议。

目前，社交媒体巨头试图加强对用户隐私的保护，但在这个过度跟踪、超个性化、数据泄露的时代，发送者和接收者在信息系统中仍旧处于极度不平等的状态，泄露和滥用用户隐私数据的问题非常普遍。[1] 对于隐私权的探讨中，被遗忘权成为近些年来学者们关注的一个焦点。有学者针对儿童新闻这一特殊议题进行研究，涉及儿童隐私的新闻，可能会对儿童的心理和身体的健康和安全造成威胁。在研究中，新闻从业者认为不仅以儿童为主体的新闻，还有可能对儿童心理产生负面影响的新闻，都应该在儿童最大利益的框架和被遗忘权的范围内删除。但被遗忘权本身在新闻界也有不小的争议，因

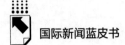
为个人隐私和公共利益的界限无法被明确划分。① 在这样一个不稳定且具有争议的技术环境下，新闻从业者（包括技术人员）对关于用户的新闻价值观也有了特定的感知：除了强调以组织为中心的客观性和透明性等专业价值，还需要维护用户的自主权和保护用户的个人隐私，并在实践情境中进行权衡。②

虽然数字技术的应用为新闻业带来了诸多的伦理失范问题，但是有研究指出，自动化和算法等技术不应该在道德上负有责任，因为新闻从业者（包括新闻机构的记者和技术人员）很少将技术当作一个行动者，而是视为更简单的工具或设备。技术只是为了"帮助"记者个人完成工作，做出决定的始终是记者，因此记者应当对其实践负有道德责任。③

（二）受众与公民新闻

互联网和数字技术的发展带来了新闻生产、传播和互动的新的可能性，在这样的背景下，受众不再是被动的信息接收者，他们能够参与新闻生产传播，对专业媒体的实践活动进行监督和评价，并对新闻媒体的专业规范和职业道德实践产生实质性的影响。

新技术和商业化改变了新闻惯例，对媒体批评程度的上升和信任水平的下降威胁着新闻业作为一种制度的基础。④ 受众对新闻实践的讨论可能不如记者的专业规范那样复杂，但他们能够对失范的新闻实践提出质疑，阐明对

① Ozel Elif Korap, Deniz Sadiye, Pakkan Sukran, "Deleting a Child from the News: 'the Right to Be Forgotten' as an Opportunity for Journalistic Ethics," *Connectist*, 2021, pp. 127-160.

② Mariella Bastian, Natali Helberger, Mykola Makhortykh, "Safeguarding the Journalistic DNA: Attitudes towards the Role of Professional Values in Algorithmic News Recommender Designs," *Digital Journalism*, 2021, pp. 835-863.

③ Rydenfelt Henrik, "Transforming Media Agency? Approaches to Automation in Finnish Legacy Media," *New Media &Society*, 2021.

④ Blach-Orsten Mark, Bendix Wittchen Maria, Moller Hartley Jannie, "Ethics on the Beat: An Analysis of Ethical Breaches Across News Beats from 1999 to 2019," *Journalism Practice*, 2021, pp. 1383-1399.

优秀新闻的标准，表达了对优秀新闻的期待。① 受众对媒体的批评主要集中在缺乏客观性，过于追求经济利益和吸引公众关注而忽视社会责任，优先考虑耸人听闻的新闻而忽视严肃新闻这几个方面。② 同时，受众也会自发地形成一个特定群体，通过社会资本和舆论力量来对媒体和记者施加压力，纠正和惩罚记者的失范行为，从而对新闻从业者遵守规范起到监督和促进作用。③

新的技术也赋予受众生产和传播的权利，使其能够与专业记者一起参与新闻的生产和传播，也因此催生了新的新闻形式——公民新闻。公民新闻已经成为受众提供信息并参与公共生活的一种必要方式，虽然这转变了长期以来一直饱受批评的大众传播的单向传播模式，而呈现最真实的公民视角和信息来源，但是公民的介入可能会破坏传统专业新闻的生产惯例，将个人偏见和私人利益掺杂其中。④ 同时，在某些特殊和重要议题的报道中，公民的参与和互动可能会放大或抑制报道模式和报道元素，偏离原有报道的价值方向。⑤ 因此，这种新闻形式重新定义了新闻的生产原则以及新闻价值，甚至在一定程度上也改变和威胁了这些核心原则。⑥

虽然公民对新闻生产传播的介入产生了很多问题，但也有研究指出，新闻从业者认为公民新闻是适度可信的，他们对公民新闻可信度的评级

---

① Carolina Velloso, Wei-ping Li, Shannon Scovel, Nohely Alvarez, Md Mahfuzul Haque, Linda Steiner, "Covering a Complicated Legacy with a Sledgehammer: Metajournalistic and Audience Discourse After Kobe Bryant's Death," *Journalism Studies*, 2022, pp. 187-206.

② Suarez-Villegas Juan-Carlos, Rodriguez-Martinez Ruth, Diaz-Campo Jesus, "Accountability of the Media as seen by Spanish Citizens," *Communication & Society*, 2021, pp. 177-191.

③ Mukhudwana Rofhiwa Felicia, "The Rise of Peripheral Actors in Media Regulation in South Africa: An Entry of Social Media Mob (s)," *African Journalism Studies*, 2021, pp. 153-178.

④ Deborah S. Chung and Seungahn Nah, "Community Newspaper Editors' Perspectives on News Collaboration: Participatory Opportunities and Ethical Considerations Toward Citizen News Engagement," *Journalism Practice*, 2022, pp. 1306-1326.

⑤ Danielle K. Brown, "When is the 'Racist' Designation Truly Applicable? News Media's Contribution to the Debatability of Racism," *Television & New Media*, 2021, pp. 186-204.

⑥ David O. Dowling, "Alternative Media on the Front Lines: Unicorn Riot and Activist Journalism's New Urgency," *Journalism Practice*, 2021.

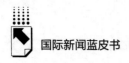
逐渐提高，尤其是资历较深的记者对公民新闻的评价略高于资历较浅的记者。①

（三）规范准则研究

规范准则的制定是建立专业组织的重要标志，为新闻从业者的实践活动提供行动指南，但是从业者在实践过程中面临的矛盾和冲突要远远超过规范情境中的理想状态，因而造成规范和实践日益脱节。

有研究指出，现有的新闻专业规范准则并不完善，加之在近几年新冠疫情的复杂环境下，专业规范准则并不能为新闻从业者提供充分报道 Covid-19 等情况所需的指导方针。② 同时，新闻机构商业模式的建立和发展影响了新闻的专业性和独立性，而在保持专业精神方面，组织目标和文化往往比规范准则更重要，他们通常会制定特殊的政策来应对实践过程中的问题和压力。③ 因此，新闻从业者并不是完全地遵守规范准则，而是在专业和道德、规范和实践的边界不断探索，对它们的理解和运用也不断地发生变化。④

针对不同的国家和地区，其新闻伦理的规范准则大体上是一致的，但是在不同程度的新闻自由的影响下，具体内容也有所差异。有研究指出，"修正"准则在新闻自由程度更高的国家更为常见，包括对修正过程（如何）以及修正价值（为何）的具体阐述，而新闻自由程度较低的国家对于"修正"准则的阐述往往比较模糊和粗略。⑤

---

① Salaudeen Mistura Adebusola, "From Personal to Professional: Exploring the Influences on Journalists' Evaluation of Citizen Journalism Credibility," *Journalism Practice*, 2021.

② Jesús Díaz-Campo, Salvador Gómez-García, Francisco Segado-Boj, Lorena Remacha-González, "Journalistic Ethics and Covid-19: an Analysis of Deontological Codes," *Interface - Comunicação, Saúde, Educação*, 2021.

③ George Cherian, Zeng Yuan, Mazumdar Suruchi, "Navigating Conflicts of Interest: Ethical Policies of 12 Exemplary Asian Media Organisations," *Journalism*, 2019, pp. 1279-1295.

④ Kruger Franz, "Difficulties with Balance: Normative Contestation, Ambiguity and Change in Reporting AIDS Denialism," *Journalism*, 2019, pp. 2091-2106.

⑤ Appelman Alyssa and Hettinga Kirstie E., "The Ethics of Transparency: A Review of Corrections Language in International Journalistic Codes of Ethics," *Media Ethics*, 2021, pp. 97-110.

虽然规范和实践存在一定的差距，但是规范准则仍然对从业者的认知和实践具有重要的指导意义。有学者对学生记者进行调查，研究结果表明：新闻规范准则的培训和教育是有意义的，学生对规范准则的熟悉程度越高，他们对违反专业道德的态度就越强烈，并且系统学习过新闻伦理规范课程的学生也更善于识别不道德的新闻行为。[①]

（四）虚假信息与事实核查

数字媒体为公民提供了参与新闻的机会，而媒体也非常重视新闻生产中的公民参与，但由于媒体内部尚未建立对公民来源信息的核查体系，未经审查甚至恶意的信息被发布，造成了虚假信息的传播和扩散。[②] 但是关于虚假信息的传播主体，有研究指出，虚假信息的生产和传播不仅仅是社交媒体平台和少数个人活动的结果，而在已建立的专业化公共传播实践中，包括媒体和通信行业的核心领域以及与最高级别政府和机构的联系中，虚假信息、欺骗性和操纵性的传播情况有增无减。[③] 因此，在这种情况下，事实核查和追求真相在规范新闻实践和维护新闻权威中发挥着尤为重要的作用。[④]

但是，在事实核查的实践中也面临众多挑战，比如难以获取公共数据、资源有限以及需要更广泛的受众来协助核查，这些主要问题在不同的新闻文化中广泛地存在着。媒体也通过一些措施来应对挑战，比如创建多学科、高素质的团队，在平台之间共享知识，不断通过社交媒体与主流媒体建立合作

---

① Campbell Karyn S. and Denham Bryan E. , "Determinants of Attitudes toward Ethical Dilemmas in News: A Survey of Student Journalists," *Journal of Media Ethics*, 2021, pp. 170-179.

② Sixto-Garcia Jose, Rodriguez-Vazquez Ana-Isabel, Lopez-Garcia Xose, "Verification Systems in Digital Native Media and Audience Involvement in the Fight against Disinformation in the Iberian Model," *Revista de Comunicacion de la SEECI*, 2021, pp. 41-61.

③ Macnamara Jim, "Challenging Post-communication: Beyond Focus on a 'Few Bad Apples' to Multi-level Public Communication Reform," *Communication Research and Practice*, 2021, pp. 35-55.

④ Ferrucci Patrick and Canella Gino, "Resisting the Resistance (Journalism): Ben Smith, Ronan Farrow, and Delineating Boundaries of Practice," *Journalism*, 2021.

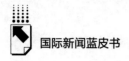

关系来扩大受众。① 与此同时还要注意的是，对核查的关注不能置于地缘政治的权力关系中，应当谨防在政治框架中定义真相，支配和压制其他声音。②

（五）新闻透明性

由于大数据、人工智能等技术在新闻行业的应用引发了一系列关于算法黑箱、信息茧房等的伦理争议，透明性在新闻业受到越来越多的重视，尤其是2014年专业记者协会（Society of Professional Journalists，SPJ）引入透明性原则，作为SPJ Code of Ethics的四大准则之一。而在近几年，新闻透明性也成为学界和业界关注的重点。

但现实表明，新闻业在透明性方面仍有缺陷。有学者对2012~2020年数据新闻奖（Data Journalism Awards）、网络新闻奖（Online Journalism Awards）和西格玛奖（Sigma Awards）的获奖数据新闻进行定性的内容分析，发现这些报道并未很好地遵循透明性原则，尤其是大多数报道并未提供调查的原始数据集。③ 还有学者对2018~2019年全球最佳数据新闻报道进行透明度水平的测量，结果表明，虽然绝大多数文章直接公布了信息来源，但其提供的数据分析过程、数据集的结构和特征等详细信息相当有限，其中许多报道属于最高级别的不透明。④

透明性成为一个重要的专业原则，那么新闻透明度是否能有效提高报道的可信度呢？亚历山大·科里（Alexander Curry）等人经过研究发现，增加

① Moreno-Gil Victoria, Ramon Xavier, Rodriguez-Martinez Ruth, "Fact-Checking Interventions as Counteroffensives to Disinformation Growth: Standards, Values, and Practices in Latin America and Spain," *Media And Communication*, 2021, pp. 251-263.

② Chouliaraki, L. and Al-Ghazzi, O., "Beyond Verification: Flesh Witnessing and the Significance of Embodiment in Conflict News," *Journalism*, 2022, pp. 649-667.

③ Chouliaraki Lilie and Al-Ghazzi Omar, "Data Journalism and Ethics: Best Practices in the Winning Projects (DJA, OJA and Sigma Awards)," *Journalism Practice*, 2021.

④ Cordoba-Cabus Alba and Garcia-Borrego Manuel, "Evaluating the Transparency in Reference Data Journalism. Study of the Stories Published between 2018 and 2019," *Revista Icono 14 - Revista Cientifica de Comunicaciony Y Tecnologias*, 2021, pp. 364-387.

透明度，比如交代报道源由与过程、提供作者的详细信息等内容，会增加受众对新闻可信度的评估。① 但新闻透明度的提高并非与新闻可信度有着绝对的正相关关系，有研究指出新闻透明性在运作和基础实践中较为复杂，新闻报道的透明性声明对受众评估报道或记者的可信度并没有显著影响。② 由此可见，新闻透明度与可信度之间的关系值得进一步探寻。

（六）图像伦理

在传统媒体时期，图像伦理研究就成为一大重点。而在数字媒体时期，随着摄影技术的不断发展，由图片报道引发的伦理失范问题也更加多元和复杂。

新闻摄影是通过摄影技术产生图像故事，以此来报道新闻和传递信息。先进摄影技术和图像处理软件的发展和应用，使得图像的真实性和人为操纵饱受伦理争议。③ 新闻摄影不可避免地对焦人物，对人的身体控制以及生命权利的讨论成为学者们的关注点。大卫·斯塔顿（David Staton）针对精制相机（seiko block camera）在体育新闻中的应用进行探讨，认为该相机在独特的拍摄视角下，对人物身体画面的拍摄，包括对身体的观察方式以及对人物形象进行控制，使得拍摄对象丧失了对自身身体和形象控制的自主权。④ 同样地，通过类似图像的重复再现，画面聚焦特定形象的呈现，虽能达到较好的传播效果，但在一定框架内，个人或事件形象由媒体所操控，掌握着对

① Curry, Alexander L. and Stroud Natalie Jomini, "The Effects of Journalistic Transparency on Credibility Assessments and Engagement Intentions," *Journalism*, 2021, pp. 901-918.

② Bock Mary Angela and Lazard Allison, "Narrative Transparency and Credibility: First-person Process Statements in Video News," *Convergence-The International Journal of Research into New Media Technologies*, 2022, pp. 888-904.

③ Felix, J., Wicaksana, I. H. B., Sonia, C. R., "Original & Unengineered Image in Digital Photography, is it Possible?" *IOP Conference Series: Earth and Environmental Science*, 2021.

④ Staton, David, "Calling Time Out in Doha: The Seiko Block Camera and Image Ethics," *Journal of Communication Inquiry*, 2021.

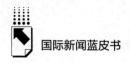

拍摄、编辑和报道的绝对权力,这引发了对生命基本权利的深刻思考。① 由此可见,学者们对图像伦理的探讨已突破图像表象,而深入对人本主义和个体主义伦理的关注。

新闻伦理是一个动态的决策过程,对图像的筛选同样引起学者关注。珍妮·梅恩帕(Jenni Mäenpää)对全球摄影机构、国家摄影机构和当地新闻杂志的"死亡图像"的伦理推理进行研究,发现这些机构的共识体现在维护受害者尊严的意识形态价值层面;而当实践与规范发生冲突时,从业者们会根据实践情况进行相对的推理和平衡,而不是完全遵循理想的规范;同时,摄影专业人员的道德决策基于团队合作,需要通过不同的过滤层(全球、国家、最终客户)来层层选取所发布的图像。②

图像伦理的失范问题触及更深层次的伦理和道德,因此新闻从业者需要对图像报道的新闻实践进行全面反思。新闻从业者有义务致力于更真诚的视觉创作,要明确其目标,寻求拍摄对象的同意,尊重隐私以及拍摄对象选择的自主权;同时,图像编辑的使用会改变或扭曲图像中的信息编码,因此还需要警惕图像编辑对事实的歪曲。③

三 讨论与展望

传统媒体时期,专业媒体和新闻记者掌握着对新闻生产和传播的垄断权,伦理问题主要围绕着专业媒体、组织和记者而展开。而在数字媒体时期,新技术与媒体的融合极大地改变了新闻业态,重塑了新闻的生产传播过程和权力关系,新闻实践、新闻形式、新闻参与主体都发生了巨大的变化,

---

① Sa Martino Luis Mauro, Ama Vitoria Prieto, Salgueiro Marques Angela Cristina, "Crossings of Time and Look in the Journalistic Image of Precarious Lives in 'Cracolandia'," *Brazilian Journalism Research*, 2021, pp. 452-487.

② Jenni Mäenpää, "Distributing Ethics: Filtering Images of Death at Three News Photo Desks," *Journalism*, 2022, pp. 2230-2248.

③ Sánchez García Darío Gabriel: "Ethics and Photographic Deontology: Codes for the Scientific Writing of Visual Discourses in Digital Environments," *Alcance*, 2021, pp. 84-96.

所引发的新闻伦理问题更加多元和复杂。

新闻伦理并不是一个静态的规范原则和评判标准，而是个人或组织的动态实践和面对矛盾冲突时进行权衡取舍的过程。从上述研究来看，学者们并没有拘泥于对失范表象的总结分析，而是运用访谈、参与式观察等定性的研究方法，深入实践过程和内部结构去挖掘表象背后更深层次的影响因素和逻辑关系。同时，该领域研究方法的丰富性也进一步提升，有少数学者采用定性和定量相结合的研究方法，为研究问题及其因果关系提供了实证研究科学的数据支撑，继而提升了理论和研究的现实影响力和指导力。

个别议题在研究方法、研究路径的广度和深度方面得到了拓展，但也存在进一步细化和深度挖掘的空间。

首先，技术已经深刻地嵌入新闻生产传播过程，其引发的相关算法黑箱、信息茧房、用户隐私等问题一直是近些年来的研究热点，2021年度的相关研究已经深入媒体组织内部和实践过程，对技术与新闻伦理的问题进行探讨，但仍缺乏对技术本体的分析。虽然大数据、算法、人工智能、社交媒体等技术在开发和运行中有着一定程度的融合，但在根本上作用于新闻实践环节的具体层面是不同的。例如，大数据在新闻业主要运用在数据新闻的融合报道中，为新闻报道提供数据的统计、分析、预测以及呈现，而在这个环节中，数据真实性、数据质量以及更深层次的人文关怀问题则成为大数据技术下新闻采编环节面临的伦理难题；算法推荐技术则涉及新闻的分发和传播层面，从传统媒体时期的"广而告之"到如今的个性化信息推荐，当算法成为新闻分发和传播的制度基础，算法推荐机制的设计逻辑以及背后的价值观则面临着巨大的伦理挑战；人工智能技术在新闻业的全面渗透，传感器、智能机器人、VR、AR等技术在新闻采集、新闻写作与新闻体验环节的应用，也将带来技术偏见、隐私侵犯等伦理问题……因此，只有对大数据、算法、人工智能、社交媒体等技术进行理论和概念的辨析，才能明晰技术究竟在哪些具体的新闻实践环节、哪些具体层面发挥着怎样的作用和影响，也更能明确新闻从业者和媒体组织在数字媒体的动态实践中面临着怎样的专业、价值和伦理难题。

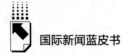

其次，数字媒体时代新闻专业的边界逐渐模糊，使得更多主体融入新闻生产传播的过程中，受众成为其中不可忽视的参与主体，受众角色地位的转变以及公民新闻相关的研究已经提供了丰富多元的研究视角和结论。受众不再是被动的信息接收者，而是能够参与新闻生产和传播的行动者和合作者，并催生出新的新闻形式。专业媒体接收公民信源，寻求公民合作来扩大选题范围、丰富报道内容、提高报道真实性已经成为一个较为成熟的生产模式。曾作为全球公民新闻里程碑的韩国公民新闻网站（OhmyNews.com）证明，公民有能力生产出更为及时、新鲜、丰富的新闻报道，满足人们在高速发展和碎片化时代的信息需求。社交媒体技术的发展，平台互动功能（点赞、转发和评论）的开发和运用赋予了受众监管新闻的权利，因此受众能够通过监督和评价来维护和巩固新闻的专业价值和伦理规范，并对媒体组织和记者的新闻实践产生切实影响。但是，受众作为新闻专业"边界工作者"的合法性，以及受众的监督和评价是否或者在多大程度上能对媒体和记者的实践行为产生影响，仍值得进一步研究。公民新闻虽仍受争议，但已成为专业媒体和从业者不可忽视的一股力量，并逐渐得到社会的认可。鉴于此，专业媒体组织开始与公民新闻进行合作，极大提高了新闻生产效率，丰富了新闻内容，但其中引发的伦理失范问题以及这种模式的可行性和可持续性值得进一步关注和评估。

再次，规范准则为新闻从业者的实践提供了行动纲领和指南，但因其实践情境、组织立场和目标、社会条件的变化，规范准则的条文往往在具体的实践过程中被重新理解和应用，规范和实践之间产生了较大的脱节。真实性、客观性、公正性等规范条文为新闻业的专业性树立了标杆，保护消息来源、避免种族歧视和煽动仇恨等内容也成为全球大多数国家和地区的新闻规范准则，但理想的术语并没有提供精确的定义以及更为具体的、实操性的行动指南。比如，面对持不同观点的辩论，媒体记者该如何保证"公正平衡"的规范准则？如何管理共识领域、合法争议领域和边缘领域之间的界限？观点呈现的公正平衡和真实性之间又该如何权衡？因此，未来研究应当聚焦新闻从业者对具体规范条文的感知以及在实践过程中的具体运用，并在综合考虑现实和实践情境的基础上，为新闻伦理和职业道德制定更为细化和适用的条文准则提供实质性的建议。

最后，传统媒体时期的伦理挑战，如客观性、真实性、煽情新闻、个人隐私等问题仍未退却。与传统媒体时期媒体和记者掌握新闻生产和传播的垄断权不同，大数据、算法、人工智能等技术在新闻业的运用，社交媒体和平台的发展使得新闻生产和传播权利下放，媒体组织、记者编辑、技术/工程师、公众都已成为新闻伦理框架中的重要主体；除新闻内容之外，技术、运营等方面都被纳入新闻的伦理结构之中，变得更加复杂；客观性、真实性、煽情新闻、个人隐私等传统媒体时期的老问题在数字媒体时期有着新的表现形式，从记者编辑的主观判断到技术的标准化选择，从媒体记者的专业化新闻生产到公众合作参与，从侵犯个人隐私的报道内容到基于用户个人数据的分发传播……其背后的成因和作用机制也有所变化。因此，数字媒体的新闻伦理问题研究仍然具有重要的价值，未来将持续成为无法绕过的研究领域。

B.10
虚假新闻研究：概念、历史、学术实践与争议

吕 鹏 杨 亚*

摘 要： 虚假新闻的现象由来已久，其产生、阐释和变迁都是社会信息生态变迁的一部分。但学界对其概念的认识仍存在分歧，本文通过对现有学术文献的梳理，对虚假新闻的概念、历史、学术实践与争议进行了探讨。学界对虚假新闻的研究主要集中在其成因、特征、效果、治理等方面，许多跨学科的理论被应用于虚假新闻的研究之中，形成了趋于完整的研究体系。但随着互联网时代的到来和社交媒体的发展，虚假新闻的概念所指、生产方式及社会影响也发生了变化。在对虚假新闻的界定和对策研究等方面还有一定的完善空间。同时，廓清其概念边界，理清其与其他相似概念的关系，对于认知虚假新闻也十分重要。

关键词： 虚假新闻 新闻变迁 社交媒体

近年来，虚假新闻层出不穷，已经成为一个全球性问题。虚假新闻是指以虚构事实为依据的"新闻"[1]，通常被分为假新闻、失实新闻和策划新闻（或称之为"公关新闻、商业炒作、疑似新闻"）三种类型。[2] 新闻业产生

---

* 吕鹏，上海社会科学院新闻研究所研究员，研究方向为新闻与传播理论、媒介与文化；杨亚，上海社会科学院新闻研究所研究助理。

[1] 杨保军：《认清假新闻的真面目》，《新闻记者》2011年第2期，第4~11页。

[2] 杨保军、朱立芳：《伪新闻：虚假新闻的"隐存者"》，《新闻记者》2015年第8期，第11~20页。

以来，虚假新闻就与之如影随形，这使得新闻业处于一个尴尬的境况中：真实是新闻的生命，而虚假新闻却成了久治不愈的顽疾。随着新旧媒介环境的更替，虚假新闻的生产、传播和接收方式以及它所带来的社会影响都发生了改变。大众传播本质上是公私边界分明的专业信息技术平台，它强调的是传者的职业化及其责任与规范。① 而西方建构了自由主义传播体制后，按照自由市场法则，新闻界生产的是畅销的新闻产品，它与大众传播强调的核心价值观和技术规范是矛盾的。但公众对新闻的消费不尽然是理性主义的，虚假新闻便有了生产的土壤和消费的市场。②

社交媒体创制的信息和技术环境与大众媒体迥然不同。社交媒体打破了大众媒体对信息传播的垄断，并且对新闻的生产施加了重要的影响。以《新闻记者》杂志对 2001~2011 年评选出的 100 条虚假新闻的分析为例，其中有 14 篇为假新闻制作者从网上拿来的。③ 除此之外，随着算法等新技术的应用，一些网络社区上的热点内容被机器自动抓取，未经编辑核实就推送给用户，然后进一步成为其他媒体的信息来源，导致虚假信息的大面积扩散。④ 后大众传播时代，虚假新闻及其泛滥已经成为学界、新闻业界和普通民众普遍关切的问题。虚假新闻的泛滥既是基于互联网的社交媒体传播和接收方式的变化带来的结果，也有大众传播媒介衰退之后媒体从业人员混杂的原因，更是由之而渐生的新闻生产的范式和观念转变的结果。学界逐渐开始关注虚假新闻的成因、发展、传播特征以及效果等各个方面的问题，许多跨学科的方法被运用到虚假新闻的研究之中。

---

① 骆正林、曹钺：《被扭曲的交流：社交媒体时代假新闻现象的三重批判》，《新闻与传播评论》2018 年第 4 期，第 80~89 页。

② 刘自雄、任科：《现代性、后现代性与虚假新闻——关于虚假新闻几个基本理论问题的探讨》，《现代传播（中国传媒大学学报）》2012 年第 8 期，第 38~41 页。

③ 张涛甫：《十年百条虚假新闻的样本分析——〈新闻记者〉"年度十大假新闻"评选十年分析报告之一》，《新闻记者》2011 年第 5 期，第 4~9 页。

④ 白红义、江海伦、陈斌：《2016 年虚假新闻研究报告》，《新闻记者》2017 年第 1 期，第 24~33 页。

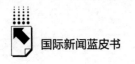

一 虚假新闻的研究：界定、研究方法与应对策略

虚假新闻作为一个备受关注的社会现象，对其概念、对策等理论研究层面的梳理和思考是十分重要的。关于什么是虚假新闻，不同的研究者之间还存在争议，学界对虚假新闻的划定较为模糊，还需要在今后的研究中不断完善。就现有的研究而言，我们主要关注学界对虚假新闻的界定、研究方法以及应对策略。

（一）虚假新闻的界定

对于虚假新闻的界定目前存在几种不同的视角。第一种界定方式是从虚假新闻定义的类型学角度出发，坦多克、利姆和林格开发了一种区分不同类型假新闻的类型学。① 他们发现，假新闻指的是新闻讽刺（news satire）、戏仿新闻（news parody）、捏造（fabrication）、操纵（manipulation）、广告（advertising）和宣传（propaganda）。克莱尔·沃德尔（Wardle）认为，错误和虚假信息有七种不同类型，包括虚假联系、虚假语境、虚假内容、误导性内容、冒名顶替内容、虚构内容和讽刺/模仿。② 回顾更多国家的相关研究之后，我们发现了更多类型的假新闻："点击诱饵""危言耸听""主观假设""UGC-news""传闻""错误数据新闻"。③ 这种界定方式能够为虚假新闻的界定提供一种有效路径，但对于虚假新闻类型的划分尚不完整，并且其大多关注的是美国背景之下的虚假新闻，各类型之间的界限也不甚分明。

第二种界定方式是从新闻传播的历史角度出发，对中西不同历史时期虚

---

① Edson C., Tandoc Jr., Zheng Wei Lim, ed., "Defining 'Fake News' A Typology of Scholarly Definitions," *Digital Journalism*, Vol. 6, No. 2, 2018, pp. 1-17.

② Vosoughi, S., Roy, D. &Aral, S., "The Spread of True and False News online," *Science*, 2018, 359（6380）, pp. 1146-1151; Wardle, Claire,, "Fake News: It's Complicated," Retrieved from https://firstdraftnews.com/fake-newscomplicated, 2021-10-2.

③ Min Wang, and Mingke Rao, ed., "Typology, Etiology, and Fact-checking: A Pathological Study of Top Fake News in China," *Journalism Practice*, Vol. 16, No. 4, 2022, pp. 1-19.

假新闻的特点进行描述。张勇把西方传播史分为战争时期与和平时期，把中国新闻史划分为古代、近代、当代三个历史时期。从中勾画出虚假新闻发展图景，界定不同时期虚假新闻的能指。① 第三种界定方式是从媒介进化的角度，对不同媒介环境下虚假新闻的能指进行界定。例如2000年代中期，"虚假新闻"一词就被用于讽刺电视节目。② 互联网媒体时期"虚假新闻"有时被明确定义为虚假事实陈述的"在线出版物"。③ 社交媒体时代，受众对"虚假新闻"这一能指的理解混杂了包括"讽刺作品""劣质新闻""政治宣传""广告策划""错误新闻"在内的多个所指。④ 这两种界定方式都是从一定的时期考察虚假新闻所包含的内容，能够凸显出在不同历史时期及媒介发展阶段虚假新闻的流变。但是新时期，虚假新闻的意涵变得更为复杂，粗略地从历时性和媒介演变的发展路径出发界定虚假新闻的方法，无法清晰地界定此概念。有人指出，特朗普总统和美国公民都曾使用"虚假新闻"一词，试图让既有新闻机构丧失合法性和信誉。⑤ 虚假新闻在不同的语境下，其使用也更为复杂，需要在以后的研究中继续探寻合适的界定路径。

（二）虚假新闻的研究方法

有关虚假新闻研究的萌芽可以追溯到20世纪40年代。⑥ 而虚假新闻研究真正的热潮是在2016年美国大选后，关于假新闻的文章开始爆发式增长，许多跨学科的研究方法也被应用到虚假新闻的研究之中。其中最常用的方法有以下几种。

---

① 张勇：《虚假新闻的真实图景与成因初探》，硕士学位论文，西北大学，2007。

② Axel Gelfert, "Fake News: A Definition," *Informal Logic*, Vol. 38, No. 1, 2018, pp. 84-117.

③ Klein, David, O., et al, "Fake News: A Legal Perspective," *Journal of Internet Law*, Vol. 20, No. 10, 2017, pp. 1-13.

④ 骆正林、曹钺：《被扭曲的交流：社交媒体时代假新闻现象的三重批判》，《新闻与传播评论》2018年第4期，第80~89页。

⑤ Albright J., "Welcome to the Era of Fake News," *Media and Communication*, Vol. 5, No. 2, 2017, pp. 87-89.

⑥ 邓备：《假新闻研究的知识图谱——基于web of science的可视化分析》，《新闻论坛》2019年第4期，第92~96页。

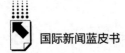

第一种方法来自传播学，侧重于使用调查研究、内容分析、个案研究等方法，并结合相关理论对虚假新闻的产生、特点、影响、对策等问题进行阐释。比如 2016 年美国总统大选、查尔斯（Chavez）当选委内瑞拉总统①以及英国脱欧公投②等事件，探索假新闻在这些事件中的传播和影响。也有文章采用量化研究的方法。比如《新闻记者》杂志评选的"年度十大假新闻"样本，张振宇等学者选取该杂志连续十年评选的样本量，对虚假新闻进行分析。③ 但这些样本的选取主要基于编辑的主观判断，抽样方法不够科学。并且其选取的虚假新闻案例来自在报纸上刊登的，这可能给虚假新闻的传播等方面考察带来一定偏差。

第二种方法是采用虚假新闻的社会病理学分析模型，"社会病理学"一词是从医学借用并应用于社会学的，一般涉及人类社会中的偏差或偏离常态，如"病理学现象"④ 或"功能障碍现象"⑤。在现代社会，社会病理学主要从症状、病因或原因和预测的角度，用社会学的方法探讨各种病理现象。三种主要的方法包括"社会问题方法""社会无组织方法""多因素互动方法"。⑥社会病理学分析模型被应用于虚假新闻的研究中，主要结合统计和趋势分析等方法，反映虚假新闻的症状、病因和演变趋势，揭示虚假新闻产生、变化、发展的内在规律。⑦ 此种方法可以较为清晰地呈现有关虚假新闻的病理学机制。但在未来的研究中，需要改进该分析模型，并确定更多的症状要

---

① Alan MacLeod, *Bad News from Venezuela*：*Twenty Years of Fake News and Misreporting*. New York：Routledge, 2018.

② Kucharski, A., "Study Epidemiology of Fake News," *Nature*, Vol. 540 (7643), 2016.

③ 张振宇、喻发胜、王然：《讽刺画，预警器和烟幕弹——对国内假新闻研究的反思与重构（1980-2018）》，《国际新闻界》2019 年第 11 期，第 156~174 页。

④ Lemert, E., M., "Social Pathology：A Systematic Approach to the Theory of Sociopathic Behavior," *American Sociological Review*, 1951, pp. 584 -585.

⑤ Harris, J. G., "Foreign Bodies and the Body Politic：Discourses of Social Pathology in Early Modern," *The Sixteenth Century Journal*, 1998, pp. 510-511.

⑥ Lemert, E., M., "Social Pathology：A Systematic Approach to the Theory of Sociopathic Behavior," *American Sociological Review*, 1951, pp. 584 -585.

⑦ 王敏、饶茗柯：《虚假新闻病理研究——基于我国历年"十大假新闻"的统计分析（2001-2017）》，《中国出版》2018 年第 24 期，第 22~28 页。

素、检验更多的相关关系，从而适应不同文化和背景下的假新闻研究。[1]

第三种方法是采用社会心理学的分析路径，社会心理与大众传播密切相关，从社会心理学的角度研究虚假社会新闻，有助于认清大众传播行为背后受众的社会心理规律，可以为传播行为进行更为合理的决策提供指导。[2] 这种方法通过对虚假新闻传者、受者的心理和行为特点及规律等方面内容的研究[3]，为认知和防治虚假新闻提供了新的路径。

（三）虚假新闻的对策研究

面对泛滥无序的资讯，虚假新闻对策研究主要聚焦三个方向。第一个研究方向是利用法律和规范性措施对虚假新闻进行治理，第二个研究方向是利用人工智能等新技术识别虚假新闻，第三个方向是提高公民自身的媒介素养。

在提倡用法律和规范性措施对虚假新闻进行治理的方向中，立法和制定各种规章制度成为首要的治理手段。[4] 例如，2017 年斯坦福大学法学院法律与政策实验室发布的《假新闻与误导信息》深刻讨论了假新闻的立法问题。2018 年 9 月，新加坡议会成立了一个委员会，负责调查和举行关于假新闻的公开讨论，该委员会提出了 22 项解决这一问题的详细建议，包括将事实核查制度化。但也有学者表达了对立法介入言论自由的疑惑，主张立法要谨慎。[5] 面对一些准则存在认可度不高、可操作性差的现状，还有学者提出通过加强行业自身伦理建设避免虚假新闻的出现。[6]

在第二个治理方向的研究中，不同的学者提出了多个识别和处理假新闻

① Wang, M., Rao, M. & Sun, Z., "Typology, Etiology, and Fact-checking: A Pathological Study of Top Fake News in China," *Journalism Practice*, 2020, pp. 1-19.

② 杨金凤：《虚假社会新闻的社会心理学分析》，硕士学位论文，中国人民大学，2005。

③ 周灿华：《传播心理学视野下虚假新闻的防治》，《中国出版》2014 年第 19 期，第 64~68 页。

④ 吴谷平：《防范虚假新闻重在制度建设》，《新闻记者》2005 年第 12 期，第 11~13 页。

⑤ 汝绪华：《国外假新闻研究：缘起、进展与评价》，《新闻与传播评论》2019 年第 5 期，第 58~70 页。

⑥ 董天策：《虚假新闻的产生机制与治理路径》，《新闻记者》2011 年第 3 期，第 33~37 页。

的技术手段。张和格尔巴尼（Ghorbani）提出利用新技术建立一个综合的假新闻检测生态系统，包括预警系统、检测系统和干预系统。[1] 这三个系统的结合可以提供各种类型的分析、警报和检测，为社会账号抵御网络假新闻的深度冲击提供了强有力的保护。张超提出算法加人工的协同治理模式，利用算法治理[2]，同时通过政府、社交平台、主流媒体、科研共同体和用户等利益相关者构织的治理网络，抑制虚假新闻的扩散。李泰安从区块链技术介绍角度出发，提出了利用该技术具有的信源评估、内容不可篡改，以及多节点内容验证的新机制，打击虚假新闻的可能性。[3]

虽然不同学者对虚假新闻治理对策研究的着力点有所不同，但他们普遍认为提高受众媒介素养，有助于民众识别虚假新闻。[4] 尼克·罗奇林（Nick Rochlin）在研究中认为[5]，在社交媒体中人们容易受到"点击诱饵"的影响，成为虚假信息的接收或者传播者，因此需要建立一种教育和宣传体系，使人们有能力和知识识别假信息。王雁和田丽在调查美国 5 所参与虚假新闻治理的高校图书馆的研究中也发现[6]，提供培养媒介素养的方法是其参与新闻识别的主要手段之一。另外，面对如今媒介环境发生巨大变化，虚假新闻及其传播呈现新特点的事实，透明性原则作为一种新的理念，被引入规避虚假新闻的可行性策略探究中。[7] 对于虚假新闻的研究既不是一个涉及单一领域的问题，也不是一成不变的。面对日益复杂的传播环境，它需要汲取更多交叉学科的理论资源，不断更新和丰富相关的研究。

---

[1] Xichen Zhang, Ali A. Ghorbani, "An Overview of Online Fake News: Characterization, Detection, and Discussion," *Information Processing & Management*, Vol. 57, No. 2, 2020, p. 1-26.

[2] 张超：《社交平台假新闻的算法治理：逻辑、局限与协同治理模式》，《新闻界》2019 年第 11 期，第 19~28 页。

[3] 李泰安：《区块链重构网络舆论环境》，《传媒》2017 年第 21 期，第 87~90 页。

[4] 汝绪华：《国外假新闻研究：缘起、进展与评价》，《新闻与传播评论》2019 年第 5 期，第 58~70 页。

[5] Nick Rochlin, "Fake News: Belief in Post-truth," *Library Hi Tech*, 2017, pp. 386-392.

[6] 王雁、田丽：《美国高校图书馆虚假新闻治理研究及启示》，《图书馆建设》2020 年第 1 期，第 61~67 页。

[7] 丁骋、李西铨：《新闻"透明性"原则：规避虚假新闻的可能性探讨——基于〈新闻记者〉2010-2018 虚假新闻研究报告的分析》，《新闻春秋》2020 年第 1 期，第 63~66+75 页。

二 虚假新闻：概念变迁、媒介进化与传受变化

与虚假新闻的研究体系一样，虚假新闻本身也是不断流动和变化的。在虚假新闻发展的历史中，随着社会变迁和媒介环境的变化，虚假新闻的概念所指、生产方式及社会影响也发生了改变。

（一）虚假新闻历史及变迁

"虚假新闻"一词起初被用来指称特定的新闻形式，在不同的时期和语境下它所指涉的新闻形式有所不同。随着互联网时代的到来和社交媒体的发展，虚假新闻的含义发生了变化，这一转变与媒介技术的发展、商业化浪潮的席卷和公共利益的缺失密切相关。

虚假新闻并非一种新的现象，随着 500 多年前西方活字印刷术发明，新闻成为一种概念以来，虚假新闻便已经存在了。尽管它们通常被称为虚假信息（disinformation）、"宣传"（propaganda）、黄色新闻（yellow journalism）、阴谋论（conspiracy theories）或恶作剧（hoaxes）。[1] 19 世纪 "fake news" 这一术语被越来越多地应用。[2] 虽然具体使用时间不可考证，但语言学家 Anatol Stefanowitsch 于 19 世纪末在美国发现 "fake news" 这一英语术语的来源。[3] 1894 年 11 月的《美国历史公报》就美国当地报纸的作用和质量展开讨论，其讨论的焦点是一篇关于拿破仑·波拿马逃亡事件的报道，作者在文章的最后发出了 "or was it fake news?" 的提问。[4] 这一时期，黄色新闻通过

---

① J. Golbeck, et al. , "Fake News vs Satire: A Dataset and Analysis, " Proceedings of the 10th ACM Conference on Web Science, 2018, pp. 17-21.

② 汝绪华：《国外假新闻研究：缘起、进展与评价》，《新闻与传播评论》2019 年第 5 期，第 58~70 页。

③ Robin Graber and Thomas Lindemann, "Neue Propaganda im Internet. Social Bots und das Prinzip sozialer Bewährtheit als Instrumente der Propaganda, " in Klaus Sachs-Hombach, Bernd Zywietz, ed. , Fake News, Hashtags & Social Bots: Neue Methoden Populistischer Propaganda, Spring, 2018.

④ 同上。

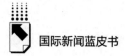

创造耸人听闻的故事赚取广告收益，把报纸为逐利而罔顾事实的现象发挥到了极致，甚至成为引发美西战争的原因。① 20 世纪一对多通信的发展，特别是广播电视的出现，为虚假新闻提供了新的舞台。此时讽刺性新闻节目开始出现，英语地区最早使用"fake news"一词来指称这种新闻形式。例如《每日秀》或《科尔伯特报道》，后来还包括讽刺的新闻网站，例如美国的 The Onion 或德国的 Der Postillon，这种被称为虚假新闻的讽刺性新闻有时会被新闻消费者误以为是真实的事件。②

以上各时期，虚假新闻只用来指称不同的新闻形式，20 世纪末互联网的到来以及 21 世纪社交媒体的发展，使得"虚假新闻"一词的含义发生了变化。一方面，这个词指的是为了获取商业利益而产生的虚假新闻，例如通过在带有广告的网站上投放所谓的"点击诱饵"来吸引用户；另一方面，"fake news"指的是用来迷惑其他互联网用户的一种虚假新闻，比如传播名人去世的消息。③ 罗素·弗兰克（Russell Frank）也把这种恶作剧视为假新闻，称之为"数字民间传说"（digital folklore）。④ 这一时期网络技术的进步扩大了信息的传播，并使信息消费在全球范围内民主化。但适用于信息传播的新闻标准，如消息来源的重要性，在社交网络中都被忽视了。除此之外，商业化因素也推动了虚假新闻的变迁。⑤ 随着数字革命的发展，媒体行业的进入壁垒已大大降低，新闻媒体数量激增，与线上的传统媒体一样，社交媒体需要引起消费者的关注，因此，社交媒体通过"点击诱饵"策略赢得受众（通过向消费者提供耸人听闻的或令人震惊的内容来刺激他们的关注），这种商业行为与媒体本身的逻辑相协调，媒体以新事物为中心，因此也就是

---

① J. Soll, "The Long and Brutal History of Fake News," *Politico Magazine*, Vol. 18, No. 12, 2016.
② Robin Graber and Thomas Lindemann, "Neue Propaganda im Internet. Social Bots und das Prinzip soziaier Bewährtheit als Instrumente der Propaganda," in Klaus Sachs-Hombach, Bernd Zywietz, ed., *Fake News, Hashtags & Social Bots: Neue Methoden populistischer Propaganda*, Spring, 2018.
③ 同上。
④ Russell Frank, "Caveat Lector: Fake News as Folklore," *Journal of American Folklore*, Vol. 128, No. 509, 2015, pp. 315-332.
⑤ Arias Maldonado, M., "Understanding Fake News: Technology, Affects, and the Politics of the Untruth," *Historia y Comunicación Social.* Vol. 24, No. 2, 2019, pp. 533-546.

耸人听闻的事。① 假新闻也综合了多种媒介表现形式，实现了图文、声像等形式的综合传播形态，假新闻再次成为一股强大的力量。

（二）虚假新闻的转变与媒介的变迁

从媒介的发展史来看，虚假新闻经历了三次转变：一是从纸质媒介到电子媒介，虚假新闻传播范围大大扩展，这一变化始于 19 世纪末，推动力量是电子通信技术的发展。二是从电子媒介到互联网，虚假新闻流动速度和体量飞速增长。这一变化始于 20 世纪末，推动力量是互联网向公众开放带来的所谓信息获取的民主化。三是从互联网到社交媒体，虚假新闻定向病毒式传播，真假难辨。这一变化始于 21 世纪，推动力量是社交媒体带来的信息获取和人们交流行为的改变，媒体内容的传统界限日益模糊，社交平台在人们之间建立关系网络，为各种信息和情绪的传播提供了便利。三次媒介的变迁带来了信息生态环境的巨大变化，导致了信息的混乱，虚假新闻的转变正是这种信息环境变化的表现。

1.纸质媒介到电子媒介

19 世纪末期，电影的发明使纪录影像成为可能，与之一起被发明的还有电磁波、无线电，这使得声音的远距离传输成为可能，人们开始进入电子通信时代。阿尔弗雷德·柯日布斯基（Alfred Korzybski）认为，在与环境相处的过程中，人需要通过"信息提取"来形成自己的环境图谱，从而和外部世界交流形成认知。相对于纸质媒介而言，电子媒介承载的信息传播克服了时空限制②，19 世纪末之前，纸质媒体的传播无法突破某些地域限制，远距离运输等困难使它仅能在有限的空间内传播，电子媒介则可以瞬间到达远距离的时空，大大拓展了信息传播的效度和广度，实现了信息由点及面的传播。随着 20 世纪 20、30 年代电视被发明出来，新闻可以通过声画结合的方式传播，广泛而迅速地传播新闻的手段越来越普遍，人们看到和听到的假新

---

① Niklas Luhmann, *Die Realität Der Massenmedien*. Springer, 1995.

② 唐远清：《新媒介环境中信息提取的变化》，《中国社会科学报》2017 年 11 月 16 日，第 3 版。

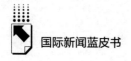

闻也越来越难以控制。

2. 电子媒介到互联网

20世纪末随着互联网的诞生和普及，人们认为一种真正的民主和诚实的信息共享方式已经到来。信息的计算机化使得大量的信息可以存储在越来越小的空间里，信息可以在需要的时间和地点发送和接收，信息流动的速度和数量都实现了一次跃升。随着网络新闻的兴起，数字新闻把黄色新闻带回了前台，这个时代的新闻规范受到严重挑战，假新闻再次成为一股强大的力量。[①] 创建新闻源和新闻编辑的算法不考虑准确性和客观性，与此同时，在数字时代，新闻业的金融基础受到侵蚀，技术扩散导致记者和受众之间的界限被重新划定。[②] 数字新闻的趋势已经大大削弱了传统的、客观的、独立的新闻媒体在金钱和人力两方面的力量。[③] 正是数字技术的出现——尤其是网络从电脑爱好者的游乐场扩展到某种家庭必需品——才真正允许虚假新闻大行其道。没有准确性的标准，没有办法审查信息创造者的资格或者他们创造的东西的真实性，网络技术使得任何给定的信息，都有可能以几乎不花钱的方式传播给数百万人。

3. 互联网到社交媒体

21世纪社交媒体出现，改变了我们的信息和交流行为，并为假新闻铺平了道路。社交媒体具有易用、低成本、快速的特点，已成为在线社交和信息传播的主要平台。[④] 越来越多的虚假新闻在社交网络上被分享，尤其是有关当前社会政治事件背景下的虚假新闻报道。如美国大选的假新闻，这些新闻往往比严肃新闻更频繁和更快。像Twitter和Facebook这样的在线社交媒体，可以促进实时信息在世界各地的用户之间分发。在社交媒体时代，假新闻已经有了激进化的趋势，它的特点有四个方面，分别是丑闻和愤怒、分布

① J. Soll, "The Long and Brutal History of Fake News," *Politico Magazine*, Vol. 18, No. 12, 2016.
② Matt Carlson, Seth C. Lewis. Ed., *Boundaries of Journalism: Professionalism, Practices and Participation*. New York: Routledge, 2015.
③ J. Soll, "The Long and Brutal History of Fake News," *PoliticoMagazine*, Vol. 18, No. 12, 2016.
④ Kai Shu and Suhang Wang, ed., "User Identity Linkage across Online Social Networks: A Review," *Acm Sigkdd Explorations Newsletter*, Vol. 18, No. 2, 2017, pp. 5–17.

算法的工具化、新的接收动态和看门人功能的缺乏。[①] 虚假新闻的创造者故意依赖媒体用户的愤怒和兴奋，给媒体用户提供更有吸引力的叙事。西尔弗曼（Silverman）将其视为一种典型特征："虚假文章是为了迎合希望、恐惧、愿望和好奇心而设计的，他们不受事实或现实的限制"。[②] 此外，他们利用在 Facebook 或者 Twitter 上发帖的方式传播虚假新闻，越多的"喜欢"、"赞同"和"分享"，就能接触到越多的人。这种基于算法的分发机制鼓励病毒式新闻的传播。通过社交网络，信息从源头到"公众"的路径实际上已经消失了，传统"看门人"的角色缺失。移动设备的技术为这场大火浇油，使创建、接收和转发信息成为可能，无论这些信息可信与否。

（三）虚假新闻的生产与媒介的转型

20 世纪 90 年代末之前的"前互联网时代"，报纸、广播和电视是当时的主流媒体，虚假新闻通过这些传统媒体进行传播。20 世纪 90 年代末以互联网为代表的新型媒介形态出现，面对新媒体势不可挡的趋势，传统媒体选择与新媒体融合发展，以实现自身的转型。由于数字化传输技术和信息传输技术的飞速发展，媒介融合取得了重大进展。在媒介转型过程中，虚假新闻的生产、传播和接收随之发生了转变。

1. 生产主体的转变：从专业到非专业

新闻业本身是一个弱能指，而不是一个具有明确界定的行动者世界，它总是随着新技术的出现而改变。从电报到电话，从台式电脑到智能手机，技术的发展使新闻业出现了新的参与者（如最初被怀疑为新闻领域的入侵者

---

① Robin Graber and Thomas Lindemann, "Neue Propaganda im Internet. Social Bots und das Prinzip sozialer Bewährtheit als Instrumente der Propaganda," in Klaus Sachs-Hombach, Bernd Zywietz, ed., *Fake News, Hashtags & Social Bots: Neue Methoden populistischer Propaganda*, Spring, 2018.

② Silverman, C., *Lies, Damn Lies and Viral Content: How News Websites Spread (and Debunk) Online Rumors, Unverifed Claims and Misinformation*. Columbia Tow Center for Digital Journalism, 2015, https://www.rcmediafreedom.eu/Publications/Reports/Lies-Damn-Lies-and-Viral-Content, 2022-12-5.

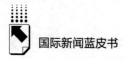

的博客作者和社交媒体撰稿人）以及新的形式（从倒金字塔的引入到今天虚拟现实叙事的发展）。^① 同样，随着传媒环境的变化，虚假新闻的边界也变得日渐模糊。社交媒体、算法分发平台成为人们获取新闻信息的主要来源，普通用户也可以成为新闻生产的主体，用户对于什么是新闻、什么是虚假新闻的认识，构建了今天的传播秩序。^② 数字媒体通过开放参与来拓展媒体空间，其范围从资金充足的数字原生创业公司，拓展到能够发送博客、推特或发表评论的个人。^③ 专业人员和非专业人员可以一起工作，为一个共同的目标（例如新闻制作）进行沟通和协作。例如，网络分析公司通过为记者提供"决策驱动型数据"，向记者展示"什么内容能够激发并吸引读者的注意力"，从而介入新闻的制作中。^④ 数字时代非专业人士参与虚假新闻信息的生产俨然已经成为常态。

2. 生产机构的转变：从组织到平台

在融媒时代，虽然传统媒体完成了新媒体的转型，但由于社交媒体平台对网民的注意力构成了极大的垄断，传统媒体仍然需要依靠社交媒体等其他平台实现内容的分发。同时，普通用户也可以通过社交媒体发布信息，这些信息可能成为专业媒体的信息来源。专业媒体通过转载或者对用户发布的信息进行加工，再通过社交媒体进行传播。当记者试图从社交媒体上获取具有新闻价值的资料时，他们有时会遇到问题。正如 Schifferes 等人所强调的那样，目前存在越来越多源自社交媒体虚假内容的案例研究，包括 2012 年桑迪飓风的假照片，以及 2013 年波士顿马拉松爆炸事件发生后，将无辜者识

---

① Matt Carlson, Seth C. Lewis. *Boundary Work from: The Handbook of Journalism Studies*. London: Routledge, 2019.

② 白红义、江海伦、陈斌：《2018 年虚假新闻研究报告》，《新闻记者》2019 年第 1 期，第 4~14 页。

③ Jennifer Golbeck and Matthew Mauriello, ed. , "Fake News vs Satire: A Dataset and Analysis," 2018, pp. 17-21.

④ Valerie Belair-Gagnon, Avery E. Holton, "Boundary Work, Interloper Media, and Analytics in Newsrooms: An Analysis of the Roles of Web Analytics Companies in News Production," *Digital Journalism*, Vol. 6, No. 4, 2018, pp. 492-508.

别为嫌疑犯的新闻报道。① 此外，也有一些政府和官方消息来源利用记者在核实数字内容时面临的困难，故意发布误导性信息，以期被报道为真实新闻。② 通过新闻数字革命，媒体的进入壁垒大大降低，现在更容易建立一个网站或通过广告将网站内容货币化。③ 例如，2016 年大选前，Facebook 上就出现了至少 140 个虚假新闻网站。这些网站由一个东欧小镇里的年轻人所创建的专为美国大选炮制博人眼球的虚假新闻，以此获得经济利益。④ 平台已经成为虚假新闻生产的主要机构。

3. 传播主体的转变：从大众媒体到社交媒体

大众传播时代只作为传播行为接收者的受众，如今借助社交媒体成为虚假新闻的产销者，全球新闻消费逐渐向移动端聚集。2019 年的皮尤调查显示，大约有 60% 的美国成年人喜欢通过社交媒体获取新闻，社交媒体成为人们获取新闻的主要渠道。不受传统新闻机构约束的信息已广泛存在于像 Facebook 和 Twitter 这样广受欢迎的平台上，并且易于获取。各州和情报机构在社交媒体上充斥着旨在制造混乱、影响公众舆论和选举结果的错误信息。⑤ 社交媒体上虚假新闻的传播主体可以是真实的人类（real humans），也可以是非人类（non - humans）。社交机器人（social bots）和电子人（cyborgs）是最常见的非人类虚假新闻创造者。他们对那些自动账户进行编

① Richard Fletcher and Steve Schifferes, ed., "Building the 'Truthmeter': Training Algorithms to Help Journalists assess the Credibility of Social Media Sources," *Convergence*, Vol. 26, No. 1, 2020, pp. 19-34.

② Oliver, L., "Spot the Difference: AFP Withdraws 'Digitally Altered' Missile Shot," http://blogs. journalism. co. uk/2008/07/10/spot - the - difference - afp - withdraws - digitally - altered - missile-shot, 2021-10-5.

③ Arias Maldonado, M., "Understanding Fake News: Technology, Affects, and the Politics of the Untruth," *en Historiay Comunicación Social*, Vol. 24, No. 2, 2019, pp. 533-546.

④ 凌岚:《马其顿小城青年的假新闻生意顺手改变了美国历史》,《青年与社会》2017 年第 2 期, 第 34~36 页。

⑤ Silvio Waisbord, "Truth is What Happens to News: On Journalism, Fake News, and Post-truth," *Journalism Studies*, Vol. 19, No. 13, 2018, pp. 1866-1878.

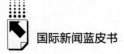

程以传播虚假信息。① 例如，在 2016 年美国大选中，数以百万计的社交机器
人被创造出来支持特朗普或希拉里，它们注入了数以千计的推特和生产假新
闻的网站。② 一些良性的在线用户也可能为伪造新闻的传播做出贡献。另外，
新闻可以在特定的社区组织中发布和共享，在那里合法用户的朋友和追随者
也可以作为下一代传播者。这种传播方式形成了一个回音室，使得虚假新闻
可以更广泛地传播。

4. 接收主体的转变：从大众到个体

传统上，大众被视为专业媒体组织创造、包装和传播的新闻信息的接收
者。广播模式中，受众是由被动的媒体消费带来的不可识别的群体。③ 新算法
新闻的出现，打破了以往新闻的传播和接收方式。算法在整个新闻传播活动
中，扮演着类似于底层架构和中枢神经的角色。从不同渠道、以不同方式不
断涌来的新闻内容，要经过算法的整合、过滤、筛选甚至重新加工之后，精
准化、定向化地分发给不同新闻接收者。④ 在这样的新闻传播模式中，新闻的
接收主体不再是"无差别的大众"，而可以精准化到每个个体。网络化的数字
媒体技术正在强化新闻消费者创建和接收个性化社交新闻流的能力。⑤ 新闻机
构试图通过在网站上添加社交网络功能来促进内容的传播，鼓励用户点击按
钮选择"喜欢"或"推特"一篇文章。⑥ 这样一种网络化的交流方式，改变
了以大众为前提的媒介系统的发布动态，促进了个体对事件的观察、选择、
过滤、传播和解释。

---

① Xichen Zhang, and Ali A. Ghorbani, "An Overview of Online Fake News: Characterization, Detection, and Discussion," *Information Processing & Management*, Vol. 57, No. 2, 2020, p. 1-26.

② Shu et al., "Fake News Detection on Social Media: A Data Mining Perspective," *ACM SIGKDD Explorations Newsletter*, Vol. 19, No. 1, 2017, pp. 22-36.

③ Sonia Livingstone, "Onthe Relation between Audiences and Publics," June 2011, http://eprints. lse. ac. uk/archive/00000437, 2022-5-10.

④ 杨保军、李泓江：《论算法新闻中的主体关系》，《编辑之友》2019 年第 8 期，第 5~11 页。

⑤ Hermida A., Fletcher F., Korrell D., et al., "Your Friend as Editor: The Shift to the Personalized Social News Stream," Paper presented at The Future of Journalism Conference, Cardiff, 2011.

⑥ Singer, Jane B., et al., *Participatory Journalism: Guarding Open Gates at Online Newspapers.* Hoboken: Wiley-Blackwell, 2011.

三 争议与辨析：虚假新闻与错误信息、宣传及谣言

在理论研究和新闻实践中，存在着与虚假新闻相近概念的名词。比如错误信息（misinformation）、宣传（propaganda）、谣言（rumor）等。在虚假新闻（fake news）概念还没有明确之前，这些词常常给人们造成认知上的模糊。明确它们的概念以及将假新闻与其他类似概念进行形式上的区分，有利于加深对假新闻的理解。为了便于比较，本文先从三个方面：信息的真实性、作者的意图，以及给定的信息是否以新闻的形式出现，对虚假新闻的概念做一个界定。总的来说，虚假新闻是以新闻的形式出现的，但是没有经过专业的新闻编辑流程，导致其可靠性和准确性无法验证，人们想像、捏造的事实是带有"阴谋"性的。通过此界定，我们可以尝试辨析虚假新闻和其他概念。

（一）虚假新闻与错误信息（misinformation）

错误信息是指被认为是准确的，但后来发现是错误的信息。这些错误的信息最终会导致错误的信念或事实的误解，给民主决策带来麻烦。欧盟给出的定义是：错误信息是被人们无意识传播的误导性或者不准确的信息。"错误信息"可以被广义地定义为不正确的信息，可能是偶然的。[①] 无知和缺乏知识通常是错误陈述背后的原因。[②] 相比之下，"虚假新闻"有时被用来表示一种特定类型的故意虚假的错误信息，并且是以新闻的形式出现的。然而，这些"错误信息"或"虚假新闻"之间的区别在有关这些主题的研究中并不总是很清楚。在相关的研究中错误信息的出现并不总是偶然的，也可能是既得利益

① Dietram A. Scheufele, Nicole M. Krause, "Science Audiences, Misinformation, and Fake News," *Proceedings of the National Academy of Sciences*, Vol. 116, No. 16, 2019, pp. 7662-7669.
② Garrett Smith, "Modern Day Propaganda: Characteristics of Fake News and Psychological Effects on the Public", Utica College ProQuest Dissertations Publishing, 2018.

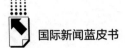

集团协同努力故意传播错误信息，试图对某些行业（如烟草制造商或化石燃料行业）造成监管负担。① 特别是涉及环境问题和公共卫生问题时，例如，2006 年美国一家联邦法院裁定，国内主要卷烟制造商共谋否认、歪曲和最小化吸烟的危害。②

与虚假新闻相同，错误信息的普遍传播现象也是伴随社交媒体的迅速崛起、新闻周期的加速，以及媒体景观的碎片化而出现的。③ 缺少把关机制、用户生产和传播内容等社交媒体本身的特点就可能加剧错误信息的传播，人们可以毫不费力地将消息迅速转发给许多人。④ 在既有的关于错误信息的研究中，学者们普遍关注错误信息的产生、传播、影响及应对措施等问题。既包含对错误信息产生的社会网络、信息生态学等宏观层面变量的考察，也涉及个人的信息处理和接收等微观层面的问题。⑤ 对于错误信息的对策研究来说，学者们更加注重从个人层面出发，考察个人如何获取信息，更新记忆和信仰，以及这是如何受到文化因素和世界观的影响的；研究各种干预技术的有效性，以确定哪些方法在减少错误信息的影响方面最为有效，以及技术如何帮助实现这一点。⑥ 而在虚假新闻的对策研究中，学者们更加侧重于从技术层面出发，探索如何利用新技术构建更加完善的治理网络。⑦

---

① Dietram A. Scheufele, Nicole M. Krause, "Science Audiences, Misinformation, and Fake News," *Proceedings of the National Academy of Sciences*, Vol. 116, No. 16, 2019, pp. 7662-7669.

② Stephan Lewandowsky, Ullrich Ecker, "Misinformation and its Correction: Continued Influence and Successful Debiasing," *Psychological Science in the Public Interest*, Vol. 13, No. 3, 2012, pp. 106-131.

③ John Cook and Ullrich Ecker, ed., *Emerging Trends in the Social and Behavioral Sciences*. Wiley, 2015, pp. 1-17.

④ 温家林、张增一：《错误信息的产生、传播及识别和控制——错误信息已有研究评述》，《科学与社会》2018 年第 3 期，第 108~122 页。

⑤ Dietram A. Scheufele, Nicole M. Krause, "Science Audiences, Misinformation, and Fake News," *Proceedings of the National Academy of Sciences*, Vol. 116, No. 16, 2019, pp. 7662-7669.

⑥ John Cook and Ullrich Ecker, ed., *Emerging Trends in the Social and Behavioral Sciences*, Wiley, 2015, pp. 1-17.

⑦ Xichen Zhang, Ali A. Ghorbani, "An Overview of Online Fake News: Characterization, Detection, and Discussion," *Information Processing & Management*, Vol. 57, No. 2, 2020, pp. 1-26.

（二）虚假新闻与宣传（propaganda）

对宣传的界定，有很多不同的说法，有学者认为宣传是指运用各种有意义的符号传播一定的观念，以影响人们的思想，引导人们的行动的一种社会行为。[①] 也有学者指出，宣传是操纵某种符号向某一群体传播某种事理以影响其态度或行为的一种社会行为。[②] 也有学者对宣传概念进行了细致的考察，提出不同的语境会孕育出相异的宣传概念。[③] 这些界定都指向宣传的目的是操纵目标受众的行为，而不管其动机或意图如何。[④] 假新闻和宣传的关系一直很亲近，坦多克[⑤]考察了 34 篇使用了 "fake news" 概念的文章，发现学界对 "fake news" 的使用也包括了宣传。还有学者采用论证理论框架，对假新闻可能被用于宣传目的的十种方式进行了探讨。[⑥] 宣传可能会以假新闻的形式出现。[⑦]

虚假新闻与宣传的联系如此紧密，为了便于对两者进行区分，我们需要更深入地考察宣传现象。根据刘海龙的研究，宣传一词最早为宗教派别所吸纳，用作传播教义。[⑧] 第一次世界大战中，参战各国广泛使用宣传手段，如谎言、暴力、恐惧、言论控制等宣传方法，使得 "一战" 成为 "宣传" 概念变迁的分水岭。[⑨] 20 世纪以来，英语中的 "propaganda" 一词也从宗教的含义及其使用转向了政治与商业并用的道路。后期出现了有关宣传的公共知识生

---

① 李良荣：《新闻学概论》，复旦大学出版社，2013。
② 叶俊：《宣传的概念：多维语境下的历史考察》，《新闻与传播研究》2015 年第 8 期，第 109～118 页。
③ 刘海龙：《宣传：观念，话语及其正当化》，中国大百科全书出版社，2013。
④ Garrett Smith, *Modern Day Propaganda*: *Characteristics of Fake News and Psychological Effects on the Public*. Utica College, 2018.
⑤ Edson C. Tandoc Jr., and Zheng Wei Lim, "Defining 'Fake News' A Typology of Scholarly Definitions," *Digital Journalism*, Vol. 6, No. 2, 2018, pp. 1–17.
⑥ Iulian Vamanu, "Fake News and Propaganda: A Critical Discourse Research PerSpective," *Open Information Science*, Vol. 3, No. 1, 2019, pp. 197–208.
⑦ Burshtein, S., "The True Story on Fake News," *Intellectual Property Journal*, Vol. 29, No. 3, 2017.
⑧ 刘海龙：《宣传：观念，话语及其正当化》，中国大百科全书出版社，2013。
⑨ 叶俊：《宣传的概念：多维语境下的历史考察》，《新闻与传播研究》2015 年第 8 期，第 109～118 页。

产的影响等，在众多形成影响力的源泉之中，宣传始终受到权力的使用与制造同意的操纵。① 现代意义的"宣传"自诞生之日起便带有意识形态属性。②

和虚假新闻研究相同，学者们对不同历史和语境下宣传的概念、变迁等都有一定的探索。不同的是对宣传的研究更多和一定的政治动机相联系，突出宣传的操纵色彩。乔威特和奥唐奈③将宣传定义为"蓄意、系统地试图塑造认知、操纵认知和直接行为，以达到宣传者所期望的目的"。宣传扭曲或限制了事实的可获得性，重新定义了背景，掩盖了政治动机的透明度。它的目的是通过压制知情公民的繁荣来破坏民主公共领域。④ 一些研究探索新技术在宣传中的应用使得社交媒体武器化问题。如研究宣传机器人在海湾危机期间在推特上扮演的角色。这些机器人误导、利用和操纵社会媒体话语，包括谣言、垃圾邮件、恶意软件、错误信息、诽谤，甚至只是噪声。⑤

（三）虚假新闻与谣言（rumor）

谣言被认定为一个重要又难以界定的概念，关于什么是谣言众说纷纭。学者奥尔波特指出，谣言的传播与故事的不确定性和重要性有关。⑥ 让-诺埃尔·卡普费雷（Jean-Noël Kapferer）认为，谣言是一种由其来源、传播过程和内容所决定的现象，他强调谣言的来源是非官方的，谣言的传播是连续的，并不是转瞬即逝的，而谣言传播的内容也是现时性的。⑦ 在这里我们

---

① 王怡红：《宣传研究的概念考察——兼评刘海龙的宣传研究》，《新闻界》2014 年第 20 期，第 27~35+46 页。
② 叶俊：《宣传的概念：多维语境下的历史考察》，《新闻与传播研究》2015 年第 8 期，第 109~118 页。
③ Garth S. Jowett, Victoria O'Donnell, *Propaganda & Persuasion*. London：Sage, 2018.
④ Liz Harrop, "Propaganda's War on Human Rights," *Peace Review*, Vol. 16, No. 3, 2004, pp. 311-316.
⑤ Marc Owen Jones, "The Gulf Information War Propaganda, Fake News, and Fake Trends：The Weaponization of Twitter Bots in the Gulf Crisis," *International Journal of Communication*, Vol. 13, 2019, p. 27.
⑥ Gordon Pennycook, Tyrone D. Cannon, ed., "Prior Exposure Increases Perceived Accuracy of Fake News," *Journal of Experimental Psychology：General*, Vol. 147, No. 12, 2018, p. 1865.
⑦ Jean-Noël Kapferer, *Rumors：Uses, Interpretations and Images*. London：Routledge, 2013.

要注意到，真实性不属于谣言的科学定义的范畴，谣言有可能是真的也可能是假的。与虚假新闻相比，谣言的真实性是不确定的，它的传播动机更多的是出于求知、说服他人、宣泄情绪、取乐或者单纯是为了填补闲聊空缺为说而说。比如，"上海女孩难忍男友家贫困，逃离江西农村"的谣言发生在春节期间，许多在城市工作的人们回乡下过年，极易引起人们对城乡差别的热议，这为以环境为谣言的传播提供了温床，从而掩盖了消息本身的虚假性。①

新媒体时代，新媒介技术与传播平台的发展远远拓展了传统时代谣言口耳相传的维度与模式，进一步模糊了假新闻、虚假消息与谣言的边界。许多案例研究表明，大多数谣言都是虚假新闻，对公众和社会安全造成负面影响。② 针对这种现象，学界对于谣言的研究侧重于怎样控制谣言的传播，许多模型被用到了这一研究中。有学者利用传播动力学的数学模型，对谣言传播的确定性模型进行了分析。③ 董苏雅拉图和黄永畅结合传播动力学和族群动态动力学知识，用改进的 SIS 谣言在线社交网络中的传播模型，对谣言的控制策略问题进行研究，成为谣言研究中新的方法。④

四　结论与讨论：后真相时代是否还有真相？

互联网和社交网络对于今天信息的生成和传播方式具有决定性的影响。在后大众传播时代，社交媒体、算法分发平台已经取代了传统的主流媒体，成为人们获取新闻信息的主要来源。传统上，记者依赖于少数精英资源如政

---

① 唐春兰：《新媒体语境下网络谣言传播的成因》，《青年记者》2017 年第 23 期，第 22~23 页。

② Y. Moreno, M. Nekovee, A. F. Pacheco., "Dynamics of Rumor Spreading in Complex Networks," *Physical Review E*, Vol. 69（6），2004, pp. 1–8.

③ Samuel Musa, and Mohammed Fori, "Mathematical Model of the Dynamics of Rumor Propagation," *Journal of Applied Mathematics and Physics*, Vol. 7, No. 6, 2019, p. 1289.

④ Suyalatu Dong, Yong–Chang Huang, "A Class of Rumor Spreading Models with Population Dynamics," *Communications in Theoretical Physics*, 2018, 70（12），pp. 149–156.

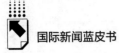

府和机构，如今这种局面被打破，普通用户也参与到新闻的生产中。正如过去垄断知识的国家和教会一样，随着技术革新的到来，它们失去了曾经的主导地位，新闻业同样失去了新闻作为真相的主要定义者的特权。尽管主流新闻业不断努力巩固其公正、公平和高尚的声誉，但公众对新闻业的看法却有所不同。新闻业分散在不同经济模式、职业理想和新闻规范的无数组织中，无法作为一个统一的机构发挥作用。当新闻机构和社交媒体将志同道合的群体联系起来时，真相作为一种共同的公共努力是难以捉摸的。真相从被传统媒体追求的神坛上拉了下来，"被制造的真相"被当作事实接收。对公众而言，他们总是希望自己相信的就是真相，事实被情绪裹挟。在后真相时代，对事实的界定和真相的追寻方法变得模糊，这对之后进一步研究虚假新闻也产生了一定的阻碍。此外，随着条件的改变，旧的争论需要重新审视。解决假新闻问题的一揽子方案，包括提高媒介素养、进行事实核查和清理社交媒体等，都不足以应对公共传播的新挑战。在未来的研究中，要动态把握信息环境发生的变化，考量如何在混杂的媒介环境中认识真相。

B.11
公众情感理论溯源研究报告

张新璐*

摘　要： 本文梳理当代情动转向中的情感定义和传统政治哲学中的情感理论。第一部分从斯宾诺莎、德勒兹的情动脉络梳理布莱恩·马苏米的情动理论，再现当下人文学科情动转向的理论资源。第二部分爬梳情感主义的代表人物休谟、斯密和当代学者努斯鲍姆的情感理论，并与公共领域的三大著作进行简要的勾连，以期呈现探讨公共领域的理论和情感理论之间的隐秘关联。

关键词： 情感转向　情动　情感道德主义　同情

随着数字时代的来临，普通大众通过各大数字平台和数字媒介参与新闻生产过程，推动了情感化、具像化的个人媒体的兴起，让情感成为新闻生产过程无法回避的因素。英国学者凯伦·沃尔—乔根森（Karin Wahl-Jorgensen）在《新闻研究的情感转向？》中，认为情感转向成为数字新闻时代的重要症候。在他的诊断中，与数字新闻的情感转向恰恰相反，传统新闻学对情感的忽视，根源于传统新闻业对客观性这样一种新闻理想的拥护。客观性被理解为从新闻叙事中排除价值观，被视为与情感的极端对立。他对情感的定义延续了近年来文化研究中的情动转向的情感定义，即马苏米的情感区分。① 乔根森在《质疑公共领域的理想：情感转向》中，对公共领域理论

---

* 张新璐，上海社会科学院新闻研究所助理研究员，研究方向为新闻传播史。

① Karin Wahl-Jorgensen, "An Emotional Turn in Journalism Studies?" https：//www. tandfonline. com/ toc/rdij20/8/2.

的奠基者哈贝马斯（Jurgen Hebermas）提出了质疑，认为数字和社交媒体挑战了哈贝马斯的公共舆论的规范性理念，乔根森认为哈贝马斯公共领域模型的关键假设——公共辩论应该是理性、公正、冷静和客观的。情绪化、偏袒、激情和主观性则是不受欢迎并被排除的因素。① 在乔根森的区分中，情感问题成为传统新闻和数字新闻问题域的重要分水岭。然而，在对传统新闻业的研究中，情感问题绝非一个真正的研究盲区。美国学者林郁沁在对民国新闻业的考察中，提出了超越哈贝马斯的"公众同情"的概念。② 由于历史学家的身份和历史写作的限制，她并未对如何超越哈贝马斯的公共领域进行理论的探讨。但乔根森和林郁沁都试图和哈贝马斯构成某种程度的对话。哈贝马斯在《公共领域的结构转型》中发现了作为独立领域的公共空间，成为由国家主导的公共权威空间和经济再生产及家庭生活的私人领域之间的第三空间，③ 并认为由启蒙理性主导的"批判功能"是公共领域的典型特征。④ 公共领域作为哈贝马斯研究政治哲学的子议题，含括在理性主义主导的政治哲学脉络中。18 世纪以来，与理性主义相对的情感主义也曾是重要的思想阵营，代表者有休谟、斯密等，⑤ 这一流派经康德的批判逐渐式微，后在当代政治学者吉利根、玛莎·努斯鲍姆、威廉姆斯的努力和思索中重振。本文将试图梳理当代情动转向中的情感定义和传统政治哲学传统中的情感理论。第一部分将从斯宾诺莎（Baruch Spinoza）、德勒兹（Gilles Deleuze）的情动脉络梳理布莱恩·马苏米（Brain Massumi）的情动理论，再现当下人文学科情动转向的理论资源。第二部分将爬梳情感主义的代表人物休谟（David Hume）、斯密（Adam Smith）和当代学者

---

① Karin Wahl-Jorgensen, "Introduction: The Emotional Turn in Journalism," https://doi.org/10.1177%2F1464884920985704.
② 〔美〕林郁沁:《施剑翘复仇案：民国时期公众同情的兴起与影响》，陈湘静译，江苏人民出版社，2014，第 5 页。
③ 〔德〕哈特穆特·韦斯勒:《哈贝马斯论媒介》，闫文捷译，李红涛校译，中国传媒大学出版社，2022，第 13 页。
④ 〔德〕哈贝马斯:《公共领域的结构转型》，曹卫东等译，学林出版社，1999，第 3 页。
⑤ 〔美〕迈克尔·L. 弗雷泽:《同情的启蒙：18 世纪与当代的正义和道德情感》，胡靖译，译林出版社，2016，第 2~3 页。

努斯鲍姆（Martha Craven Nussbaum）的情感理论，并与公共领域的三大著作哈贝马斯《公共领域的结构转型》、汉娜·阿伦特（Hannah Arendt）《人的境况》、理查德·桑内特（Richard Sennett）《公共人的衰落》进行简要的勾连，以期呈现探讨公共领域的理论和情感理论之间的隐秘关联。

一 马苏米：斯宾诺莎、德勒兹脉络下的情动转向

凯伦·沃尔—乔根森在探究新闻研究中的情感转向时，对情感概念进行了区分和定义。他关注到人文学科和社会学科的情动（affect）转向，① 但是他讨论新闻研究中的情感（emotion）时，则有意使用情感一词，而不是情动。传媒学者倾向于将情感理解为多种情动过程中的一种。情动成为情感的总括术语。情感包含在情动中，也许是情动中最强烈的部分。情动本身超越了感觉，成为解释意义的一般方式，它告知我们对周围世界的一般感知。情感和情动的最重要、最权威的区分来自布莱恩·马苏米，在马苏米的界定中，情动被理解为个体的一种身体感觉，一种对以强度和能量为特征的刺激的反应，但没有有意识的取向和解释。相比之下，情感是主观内容，社会语言学对经验的定性从那时起就被定义为个人的。情感是合格的强度，是在语义和符号学形成的过程中，在可叙述的动作——反应回路中，在功能和意义中，在强度的常规中一致的插入点。它是拥有和认可的强度。对集体行为感兴趣的社会学家和政治学家，以情感反映的个人化为重要的理论资源。情感成为情动的解释和叙述，成为情动在社会关系中的位置。情感被理解为一种潜在的政治化或政治化的身体影响，当它在媒体话语语境中被翻译成情感时就是如此意涵。情感被定义为个体身体体验到的情感关系解释，一种可能通过命名、表达和循环而变得公开和集体的情感。在情感勾连个体与文化和潜

---

① 在本文的处理中，affect 翻译成国内社科人文研究广泛采用的翻译"情动"，emotion 翻译成"情感"。

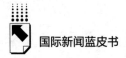

在社会结构的互动的前提下，通过媒介文本构建的情感，并通过新闻实践传递的情感，又可被称为中介情感。乔根森对数字新闻中的情感的界定虽然偏向于 emotion，但也明确说明这样一种定义不排除与情动相关的词语，因为它们密切相关，有时还可以互换。①

虽然乔根森反复声明他遵从马苏米对情动和情感的区分，认为这种区分是社会、政治和新闻学科讨论情感问题的理论基础，但是他对情感的重新梳理已经偏离了人文学科兴起的情动转向，在一定程度上曲解了马苏米对情动的再发现。马苏米在《虚拟的寓言：运动、情动、感觉》中的第一章《情动的自治》中，着重探讨了占据晚期资本主义后现代文化核心位置的情动问题。② 他对情动的阐释延续了斯宾诺莎—德勒兹的情动理论。虽然马苏米在阐明情动和情感的区分后，提及两者之间存在本质差异的斯宾诺莎及其《伦理学》③，也提及德勒兹对斯宾诺莎的情动理论的发展。④ 德勒兹和斯宾诺莎成为理解马苏米情动理论的基础。

德勒兹在其撰写的《斯宾诺莎的实践哲学》中概括了情动和情状的区分。德勒兹将斯诺宾莎称为"贬低意识"的"唯物主义者"，他将身体引入心灵、伦理的讨论中。⑤ 在斯宾诺莎用拉丁文写作的《伦理学》中，存在着两个同样表示情感的词 affectio 与 affectus。为了纠正不加区分的翻译，抹除了两个词之间的区别，用法语中已有的词 affect（情动）对应 affectus，用

① Karin Wahl-Jorgensen, "An Emotional Turn in Journalism Studies?" https：//www.tandfonline.com/toc/rdij20/8/2.

② Brian Massumi, *Parables for the Virtual*：*Movement, Affect, Sensation.* Duke University Press, Durham&London, 2002, p.27.

③ Brian Massumi, *Parables for the Virtual*：*Movement, Affect, Sensation.* Duke University Press, Durham&London, 2002, p.28.

④ Brian Massumi, *Parables for the Virtual*：*Movement, Affect, Sensation.* Duke University Press, Durham&London, 2002, pp.32-33.

⑤ Gilles Deleuze, *Spinoza*：*Practical Philososhy.* trans by Robert Hurley. San Francisco, 1988, p.17.

affection（情状）对应 affectio。① 情状（affectio）指的是身体的情感与观念之间的关系，涉及外在身体的本质。情状指受影响体的一种状态，暗示着受影响身体的存在。而情动（affectus）对身体和心灵都一样，涉及行动能力的增减。情动指从一种状态到另一种状态的过程，涉及受影响身体的变化。情动是一种特殊类型的思想或情状。通过情动，理解身体的情状。通过情动，身体的行动能力得以增加或减少、辅助或限制。一种被称为心灵激情的情动是一种混乱的观念，通过这种观念，心灵肯定了其身体或身体的某些部分，具有与以前相比更大或更小的力量。情动包含着一个意象或观念，犹如出自原因一样来自理念，但情动又不局限于意象或理念，它具有另一种性质，纯粹是传递性的，而不是指示性或代表性的，因为它是在涉及两种状态之间差异的生命周期中经历的。②

如果说德勒兹在《斯宾诺莎的实践哲学》中，基本是对斯宾诺莎《伦理学》的概述，遵从斯宾诺莎对情动和情状基本概念的逻辑表述，那么在"万塞讷的斯宾诺莎课程"中，德勒兹侧重讲述了情动和观念的关系，包含他对斯宾诺莎情动的理解，也可以视为某种程度的发展。他首先将"观念"定义为"表象某物的思想样式"，观念对应着"客观现实"。而情动与之相反，情动是"所有那些不表象任何对象的思想方式"。他承认斯宾诺莎所代表的 17 世纪哲学的常识，观念优先于情动，思想的表象性样式在时间和逻辑上，对非表象性样式的优先性。但他着重提出两者不可彼此还原，而是情动预设了观念。观念又分为形式现实和客观现实。形式现实——观念本身具有的现实性或完备性的等级，是观念的内在特征。客观现实——观念与它表象的对象之间的关系，是观念的外在特征。由于观念彼此接续，其中每一个都有完备性等级，不断从一个完备性等级向另一个转化。随着某

① 〔法〕吉尔·德勒兹：《德勒兹在万塞讷的斯宾诺莎课程（1978-1981）记录——1978 年 1 月 24 日情动与观念》，姜宇辉译，载汪民安、郭晓彦主编《生产（第 11 辑）：德勒兹与情动》，江苏人民出版社，2016，第 3 页。

② Gilles Deleuze, *Spinoza*：*Practical Philososhy*. trans by Robert Hurley. San Francisco, 1988, pp. 48-49.

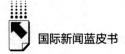

人观念的接续，其存在能力与行动能力存在着增强与减弱的连续流变。这种存在之力与行动之力的连续流变被称为"情动"。在德勒兹以我先后路遇（本就令我反感的）皮埃尔和（非常有魅力的）保罗为例，虽然我先后都道了早安，但在我之中存在着一种流变，存在着一种存在之力或行动之力的连续流变。当保罗的观念（愉悦）接续皮埃尔（烦扰）而来，我的存在或行动之力就得以增强，反之亦然。愉悦和悲苦就成为两种影响行动能力的情动。①

延续斯宾诺莎—德勒兹的情动观念，马苏米在《情动的自治》中又有所发展，他将情动界定为一种强度。他以三个实验来说明情动。在第一个实验中，一段有关"一个人将正在融化的雪人搬到山间阴凉处"的无声图像，被改造成三个不同的版本给受众（孩子）观看，分别为最初的无文字版、事实版（添加关于行动的一步一步的叙述）、情感版（在关键的转折点，添加表达正在进行的场景情感基调的词汇）。在回忆测试的愉快程度评分中，无文字版>情感版>事实版。在对每一个单独场景进行"快乐—悲伤""愉快—不愉快"评分中，越悲伤的场景越让人快乐。受测者将情感唤醒等同于快感，事实版依靠图像内容引出了最高程度的情感唤醒，即便它是最令人不悦的（感觉最快乐）。受测者却是心理分裂的：事实是他们心跳加快，呼吸加深，但是皮肤的抵抗力却下降了。皮肤的反应是一种自主反应。形成鲜明对照的是，无文字版引发了皮肤最大的反应，也就是来自身体的自主反应。从这个实验可以得知图像的接收是多层次的。与情动相关的强度，体现在人类最直接表现在皮肤上的纯粹自主反应，在身体的表面与事物的界面上。而深度反应属于形式/内容层面，涉及心跳、呼吸这样的自主功能，心跳和呼吸的调节标志着意识回流进入自主深度，与自主进入意识的上升同步。这是一种意识和自主的混合。代表"情动"的"强度"在这个循环旁边，是一个无意识的、永远不会意识到的自主剩余部分。它是外在的期待和

---

① 〔法〕吉尔·德勒兹：《德勒兹在万塞讷的斯宾诺莎课程（1978-1981）记录——1978 年 1 月 24 日情动与观念》，姜宇辉译，载汪民安、郭晓彦主编《生产（第 11 辑）：德勒兹与情动》，江苏人民出版社，2016，第 6~8 页。

适应，与有意义的排序、叙述和重要的功能无关。①

在第二个实验中，为医疗目的植入皮肤电极的患者进行实验，刺激只有在持续超过半秒时才会被感觉到。在一个身体事件的开始和患者以一种主动的、被引导的表情完成之间有半秒钟的间隔。"强度"是最初的动作和表达，也是选择的开始：一种相互排斥的行为和表达方式的开始。由此，马苏米重新定义了身体，他将发生得太快而没有发生的事情定义为虚拟的。身体既是真实的，也是虚拟的。虚拟世界是一个潜在的领域，它是一个由各种初始和趋势组成的紧迫人群。未来与过去结合在一起，未经中介，外部被折叠，悲伤是快乐的。虚拟世界是一个悖论，通常对立的事物共存、融合和连接；在那里，无法体验的东西只能被感觉到。在拥挤的人群中，一个个体的行为或表达会出现并有意识地被记录下来。并且"希望"它出现，被限定，承担社会语言学的意义，进入线性动作——解读回路，通过抑制的力量成为一个人生活的内容。② 在对身体进行虚拟性的定义后，马苏米以里根的演讲为例，他的笨嘴拙舌和不连贯的思维，产生了一种笑剧力量，插入了几乎觉察不到的虚拟的一闪。用非意识形态的手段制造意识形态的效果，用情动将快要分崩离析的美国政治重新整合。他在后现代政治中实施了虚拟，他作为一个开端，被图像传递技术延长了，被家庭、学校、教会、商会等机构传递，这些机构和媒体一起，成为一个新的、反应惊人的政治体的神经系统的一部分。这些接收器完成了抑制、限制功能。他的统治主要是通过营造一种自信的氛围，这也是他的政治态度的感情基调。自信是情动的转化，是边缘生命的潜能；它是一种特殊的情感表达和意识到一个人侧面感受到的活力。里根在疾病和干扰中传递着活力、虚拟和倾向。③

带着对情感和情动的综合，特别是发现情动与身体的虚拟性之间的关系

---

① Brian Massumi, *Parables for the Virtual*: *Movement*, *Affect*, *Sensation*. Duke University Press, Durham&London, 2002, pp. 22–28.

② Brian Massumi, *Parables for the Virtual*: *Movement*, *Affect*, *Sensation*. Duke University Press, Durham&London, 2002, pp. 28–33.

③ Brian Massumi, *Parables for the Virtual*: *Movement*, *Affect*, *Sensation*. Duke University Press, Durham&London, 2002, pp. 40–41.

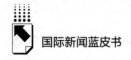

基础上，马苏米提出了威胁的政治本体论，认为这是一种诞生于未来的情动现实。他以美国遭遇 9·11 恐怖袭击后，出兵伊拉克为例，认为基于未来的威胁，恐惧成为此刻预想的现实，是作为非存在的感受现实，是事物若隐若现的情动现实。①

二 文学想象与公众同情：从休谟、斯密到努斯鲍姆

在迈克尔·L.弗雷泽（Michael L. Frazer）的梳理中，他认为 18 世纪是个人觉醒所带来的反思性革命的世纪，个人通过反思决定正义和道德过程。关于道德和政治的反思存在着理性主义和情感主义两个流派。18 世纪是理性与同情并存的时代，正是通过同情，经修正的反思性情感才能在个体之间被分享。② 在情感主义的开山鼻祖休谟的《人性论》中，休谟对同情的考察，纳入在其对"知觉"的分类中。他将一切心灵的知觉分为印象和观念，印象又分为原始/感觉印象和次要/反思的印象。前者指所有感官的印象，所有身体的痛苦和快乐，后者指从最初的印象中产生出来的，或由于理念的介入而产生的，包括激情以及与之相似的其他情感。③ 同情正是后种。当一种感情是通过同情注入的时候，最初我们只能从它的效果，从表情和谈话中的外在迹象来了解它，这些迹象能传达出这些感情的意思。这种想法立刻就会转变成一种印象，并获得某种程度的力量和活力，从而成为激情本身，并产生一种和任何原始的感情一样的情感。人类天性中最显著的品质是我们有同情他人的倾向，并通过交流接受他人的倾向和情感。同一民族的人们心情和思维方式都大同小异，这种相似出自同情。人们之间的相似之处有助于我们理解别人的感情，这些相似之处包括本性、举止、性格、语言等。我们与任

---

① 〔加〕布莱恩·马苏米：《诞于未来的情动现实——关于威胁的政治本体论》，邰蓓译，载汪民安、郭晓彦主编《生产（第 11 辑）：德勒兹与情动》，江苏人民出版社，2016，第 24 页。

② 〔美〕迈克尔·L.弗雷泽：《同情的启蒙：18 世纪与当代的正义和道德情感》，胡靖译，译林出版社，2016，第 1~2 页。

③ David Hume, *A Treatise of Human Nature.* The Floating Press, 2009, pp. 429-431.

何事物之间的联系越强，想象力就越容易过渡到相关的事物，并由此形成我们自己的概念。除了相似关系外，邻接关系和血缘关系也有助于同情的产生。同情的本质，在于这种感情更多地取决于我们自己，取决于我们内心的活动，同情更自然地从我们的想象中产生，从我们对他们形成的每一个生动的想法中产生。在休谟的推断中，同情的产生有三个条件：第一，同情取决于对象与我们的关系，被人蔑视的不安取决于同情，而同情取决于对象与我们的关系。我们对那些与我们有血缘关系和关系密切的人的蔑视最不放心，因此我们试图通过分离这些关系来减少同情和不安，把自己置身在与陌生人相邻的环境中。第二，关系是同情的必要条件，通过他人人格的观念和自我观念的一种联结，将我们把自己对别人的情绪所产生的观念转化为那些情绪自身。第三，关系的分离将减少同情。[1] 在休谟对同情相似的怜悯的分析中，他以悲剧引发的观众的同情为例，悲剧的观众将随着剧中人物的命运的起伏，经历一长串的悲伤、恐惧、愤慨等情感。观众同情所有这些变化，接受虚构的快乐，以及所有其他的激情。[2]

与休谟用同情来描述一种心理机制——一个人的感情被转变为这个感情的印象不同，斯密对同情的用法更加广泛，休谟将同情局限在同胞之情中，指向一些特定情境中共享的感情。斯密的同情包含了一种认知的元素，聚焦在同情的想象力方面，即同情的投射和模仿。[3] 在《道德情操论》中，斯密认为人们天性中有一种原则，让我们对别人的命运感兴趣，别人的幸福成为人们的必需。当我们看到或以一种生动的方式想象别人的痛苦时，我们就产生了怜悯或同情。由于我们对别人的感受没有直接的经验，所以对于别人的感受会受到怎样的影响，我们只能设想自己在类似的情况下会有怎样的感受。只有通过想象，我们才能对他的感觉形成任何概念，我们的想象模仿的只是我们自己感官的印象，而不是受伤害者的感官的印象。当我们设想或想

---

① David Hume, *A Treatise of Human Nature*. The Floating Press, 2009, pp. 489-501.

② David Hume, *A Treatise of Human Nature*. The Floating Press, 2009, pp. 568-569.

③ 〔美〕迈克尔·L. 弗雷泽：《同情的启蒙：18世纪与当代的正义和道德情感》，胡靖译，译林出版社，2016，第116~117页。

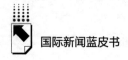
象自己处在他人境况中时，会产生同我们的想象力大小成比例的类似情绪。① 主体间的同情具有一种倾向，通过别人的感情同我们自己的感情是否一致，来判断它们是否合宜的方式。为了使旁观者和受难者之间的感情一致，一方面，旁观者必须尽其所能地把自己置于对方的处境中，并把可能发生在受难者身上的每一个微小的不幸情况都弄清楚，把他的同情心所基于的想象中的情势变化尽可能完美地呈现出来。旁观者的情绪仍然不易达到受难者所感受的激烈程度，使旁观者产生同情的处境变化的想象只是暂时的。另一方面，受难者希望得到更充分的同情，旁观者内心的情绪在各方面都同自己内心的情绪相符，是受难者在这种剧烈、不快的激情中获得的唯一安慰。受难者会把自己的激情降低到旁观者能够接受的程度才有希望得到这种安慰。受难者面对旁观者，他开始想到旁观者如何被感动并以公正而无偏见的眼光看待他的处境后，他所感觉的激烈程度必然会有所降低。②

玛莎·努斯鲍姆在《思想的动荡：情感的智慧》中认为同情可以用来为公众和私人生活中的理性思考和适当行动提供良好的基础。她对情感的认知结构的分析，延续了亚里士多德、亚当·斯密和卢梭的观点。她沿用了亚里士多德对同情认知结构的分析，在亚里士多德那里，同情是一种针对他人的不幸或苦难而产生的痛苦情绪。同情有三个认知要素：第一相信或认为痛苦是严重的而不是微不足道的；第二相信这个人不应该承受这种痛苦；第三相信经历这种情绪的人的可能性与受害者的可能性是相似的。就第一个认知要素而言，同情心与价值有关，它涉及一种认识，即环境对个人的繁荣至关重要。我们的情绪反应（同情）本身包含一个价值判断，他人的问题确实是严重的，有"规模"。这个价值判断遵从不同时代对值得同情的困境形成的普遍的标准。对困境的规模进行评估，则需要

---

① 〔英〕亚当·斯密：《道德情操论》，蒋自强等译，胡企林校，商务印书馆，2021，第5～10页。
② 〔英〕亚当·斯密：《道德情操论》，蒋自强等译，胡企林校，商务印书馆，2021，第14～22页。

回到斯密的旁观者视角中。由于旁观者和受难者的认知判断和情感反应有落差，因此旁观者和受难者的关系将影响对困境"规模大小"的判断。第二个认知要素错误，我们的同情要么因为我们认为这个人对他的困境没有过错，要么因为尽管有过错的成分，但我们认为他所遭受的痛苦与他的过错不成比例。同情心将我们的注意力放在无可责备上。如亚里士多德就认为他人不配的苦难——不应得的痛苦唤起了我们的不公平感。同情同时需要一种责任和责备的概念，有同情心的人也接受了世界上的某种图景，在这种图景中，有价值的东西并不总是被自我控制力掌控，在某些方面会被命运所破坏。第三个要素类似可能性的判断。亚里士多德认为同情心涉及那些一个人自己可能期望遭受的不幸要么是他自己，要么是他所爱的人，只有那些对苦难有一定经验和理解的人才能感受到同情。卢梭在同意亚里士多德的基础上，意识到自己的弱点和脆弱。同情需要承认一个人有与受害者类似的可能性和弱点，同情和恐惧相联系。因此，同情心取决于我们看到自己与他人相似的可能性，而我们承认自己和他人之间存在着某种共同体，别人的痛苦才能成为我们关注的对象，成为自身幸福感的一部分。而认识到自身相关的脆弱性是人类同情的另一个重要的认识论要求。我们对苦难有一种共同的脆弱性，我们基于一种对痛苦的共同脆弱性的感觉来表达我们的同情。通过对共同弱点的思考和同情，促进整个共同体/社会最低标准的选择，有利于处在社会底层的人。① 在亚里士多德和卢梭论同情的传统中，亚里士多德依据对古希腊悲剧的分析，而卢梭则创作出《爱弥儿》《新爱洛伊丝》等小说来探讨同情。沿着这套文学想象的传统，努斯鲍姆探讨悲剧与同情的关系。经典的悲剧戏剧通过引起观众的共鸣和对类似可能性的判断来促进观众的同情心。这些艺术作品直接构成了同情的判断，这种判断是严肃性的判断和非应得性的判断。②

---

① Martha C. Nussbaum, *Upheavals of Thought: the Intelligence of Emotions*. Cambridge Nniversity Press, 2003, pp. 304-327.

② Martha C. Nussbaum, *Upheavals of Thought: the Intelligence of Emotions*. Cambridge Nniversity Press, 2003, p. 360.

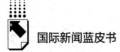

努斯鲍姆在《诗性正义：文学想象与公共生活》中以狄更斯《艰难时世》为例，详细分析了文学想象与构建同情心之间的关系。她援引亚当·斯密《道德情操论》的旁观者视角，旁观者的情感是良好伦理判断的必需部分。在政治争论中，文学艺术家是一个亟须参与其中的群体，故事以及文学想象和理性的争论并不矛盾，文学想象为理性争论提供必不可少的要素。文学想象是公共理性的一个组成部分，是一种伦理立场的必需要素，一种要求我们关注自身的同时也要关注那些过着完全不同生活的人们的善的伦理立场，这种伦理立场可以包容规则与正式审判程序。文学艺术可以让人们有能力通过想象进入遥远的他者的世界，并激起参与的情感，一种公正的尊重人类尊严的伦理将随之融入真实的人群中。① 文学（小说）从总体上建构了一位与小说中的角色拥有共同的希望、恐惧和普遍人类关怀的虚拟读者。因为这些共同的希望，虚拟读者和小说角色建立了认同与同情的关系。② 读者通过想象来体验发生在小说角色上的困境，对小说角色的困境抱有认同感。同时，读者又对角色抱有同情。在这种认同中包含了一种旁观的判断：小说角色确实遭受了巨大的痛苦，不是由他们自身的错误而引起的，这种同情超越了认同，小说读者在认同和某一类更为外在的同情之间转换。③ 文本与虚拟读者之间的互动结构让读者看到，社会与环境特征本身的易变性如何影响我们实现共同的希望与期待。④ 文学作品让读者看到独特的人类个体，建构明智旁观者的情感，对公共理性规范中的一些重要因素进行虚拟构建，为正确感应提供宝贵的指引。⑤ 政治政策制定者和法律工作者，

---

① 〔美〕玛莎·努斯鲍姆：《诗性正义：文学想象与公共生活》，丁晓东译，北京大学出版社，2010，第3~7页。
② 〔美〕玛莎·努斯鲍姆：《诗性正义：文学想象与公共生活》，丁晓东译，北京大学出版社，2010，第19页。
③ 〔美〕玛莎·努斯鲍姆：《诗性正义：文学想象与公共生活》，丁晓东译，北京大学出版社，2010，第100~101页。
④ 〔美〕玛莎·努斯鲍姆：《诗性正义：文学想象与公共生活》，丁晓东译，北京大学出版社，2010，第19页。
⑤ 〔美〕玛莎·努斯鲍姆：《诗性正义：文学想象与公共生活》，丁晓东译，北京大学出版社，2010，第116页。

通过文学想象建构起明智旁观者的情感，将更加有利于社会公正的完善和实现。

　　情感主义的奠基者休谟认为道德情感是我们道德确信的来源，另一个来源是论证理性。道德情感和理性都是与自身和谐的心灵的产物，只有与自身和谐平衡的心灵持有的道德确信才具有规范正当性。① 虽然休谟没有明确把同情和理性兼具的道德判断与叙事性观念相关联，但他确实认为，人类事物与共同生活中的判断受益于同他人的会话，在推理中应该征询他人经验，一种在公共生活和会话中才会发现的他人经验。这种会话可以理解为历史、文学、艺术，通过让他人的情感与人类经验的事实作用于我们同情性的想象力，让我们做出正确的判断。② 继承情感主义的另一位奠基者亚当·斯密的努斯鲍姆，借助斯密的同情的旁观者视角，对公共同情和文学想象的关系进行了分析和阐释。在政治哲学对公众同情的探讨中，文学想象在公共理性中占据着重要的地位。公共领域的三大奠基性著作《公共领域的结构转型》《人的境况》《公共人的衰落》中，也潜藏着这样一条脉络，与公众同情的文学艺术传统形成某种对话关系。哈贝马斯在溯源资产阶级公共领域的发展脉络时，认为在传统封建社会末期出现的代表型公共领域和资产阶级政治公共领域之间，出现了由沙龙、咖啡馆、宴会建构的文学公共领域。政治公共领域由文学公共领域产生，文学公共领域成为公开批判自我理解的重要来源，这种自我理解源自家庭内在领域与公众密切相关的主体性的私人经验。文学公共领域成为公开批判的练习场所，是一个私人对新的私人性的天生经验的自我启蒙过程。③ 现代公众阅读道德周刊中的书信体小说、市民悲剧和心理小说，培养一种使得私人的公开讨论能够顺利进行的一种主体性的经验，这种源自特殊主体性的经验是相互寻求沟通和理解的基础。④ 18 世纪，

---

① 〔美〕迈克尔·L. 弗雷泽：《同情的启蒙：18 世纪与当代的正义和道德情感》，胡靖译，译林出版社，2016，第 46 页。

② 〔美〕莎伦·R. 克劳斯：《公民的激情：道德情感与民主商议》，谭安奎译，译林出版社，2016，第 130 页。

③ 〔德〕哈贝马斯：《公共领域的结构转型》，曹卫东等译，学林出版社，1999，第 35~36 页。

④ 〔德〕哈贝马斯：《公共领域的结构转型》，曹卫东等译，学林出版社，1999，第 35~36 页。

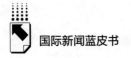
书信和日记体小说的盛行，向阅读公众展现了最内在的私人主体性，一方面，读者重温文学作品中的私人关系，让实际经验和虚构的私人空间互相检验；另一方面，具有文学表现能力的主体性事实上已经变成拥有广泛读者的文学，组成公众的私人就所读内容展开讨论，把它带进共同推动向前的启蒙过程中。以文学讨论为主的公共领域，让公众对源自私人领域的主体性有了清楚的认识。以文学公共领域为中介，与公众相关的私人性的经验关系进入了政治公共领域。① 阿伦特在论述复数的人组成的行动中，大多数行动都是以言说的方式进行的，没有言说相伴，行动就失去了它的揭示性质和它的主体。个人开创的行动通过言说向人显露，只有通过说出来的言辞，那些揭示行为的形体表现才与他相关，他才能把自身等同于行动者，宣告他在做什么，做过什么和打算做什么。人类事物的领域由人际关系网组成，存在于任何人们一起生活的地方。言与行一起发动的过程最终浮现为某个新来者独一无二的生活故事，并独一无二地影响所有与他接触过的人的生活故事。这些故事被记录在文件或纪念碑上，被显示在使用物或艺术品中，或在讲述、复述中编织进各种材料。行动的故事向我们讲述了它的主体，讲述了作为故事中心的主人公。② 桑内特探讨公共领域的表达理论，③ 观察一个国家中最为重要的城市中公共生活的表达，而戏剧这样一种公共艺术成为重要的切入口。公共生活和公共表演艺术、戏台和街道之间存在逻辑关联。戏院和大城市都拥有观众的问题，人们在陌生的环境中如何看待彼此的外表问题。城市里人们的外表能取信于人的原则，和同时期人们对戏台上的表演的反应或互动的原则是相同的，因此观众能够在两个领域扮演同一个角色。由于共同的信念系统得以确立，一个公共领域便形成了，周边环境和个人关系之外的世界得到人们有意识的界定，在这套共同系统的帮助下，人们能够自如出入各种不同的场合和陌生人群体。由于公共领域的存在，社会表达从自我情感向

---

① 〔德〕哈贝马斯：《公共领域的结构转型》，曹卫东等译，学林出版社，1999，第48~56页。
② 〔美〕汉娜·阿伦特：《人的境况》，王寅丽译，上海人民出版社，2020，第138~149页。
③ 〔美〕理查德·桑内特：《公共人的衰落》，李继宏译，上海译文出版社，2019，第7页。

他人的真实呈现，转换为自我情感向他人的表述。① 小说、故事和戏剧这些文学类型，在公共领域的三大著作中，虽然并不指向情感道德主义框架下公众同情的质询和召唤，却成为公共领域、公共性的重要构成因素，这或许能为理解公共领域最重要的代表型新闻业的发展——数字新闻业的情感转向、新闻稿之人物速写与非虚构写作的缠绕等问题，提供有所裨益的视角。

---

① 〔美〕理查德·桑内特：《公共人的衰落》，李继宏译，上海译文出版社，2019，第51页。

实践案例篇
Practical Cases

B.12
2022年海外 Netflix 传播研究报告

张早早*

摘　要： 本文采用文献计量的分析方法，对海外 Netflix 传播研究进行了梳理和述评。当前的研究主要集中在 Netflix 流媒体平台运营、Netflix 品牌建设、Netflix 扩张对电视行业的影响、Netflix 受众特征、Netflix 产品内容特征以及对 Netflix 全球扩张的批判性分析六个方面。初期的研究主要聚焦于算法科学对平台运营的影响、受众消费习惯的养成以及"刷剧"现象的分析。随着 Netflix 在全球的业务扩张，研究逐渐转向考察其对当地电视市场和观看文化的重构，以及它在重塑全球媒体格局方面的作用。此外，基于 Netflix "内容为王"的竞争战略，对其传播内容的文本分析和受众认知体验的定量调查也不断发展。未来对 Netflix 的研究将集中在叙事传播领域与批判传播领域，如分析算法帝国主义、数字平台世界主义或跨文化内容对现代主义二元对立的揭示与讽刺等。

---

* 张早早，上海社会科学院新闻研究所助理研究员，研究方向为新媒体传播、媒介文化。

关键词： Netflix 文献计量 传播学 流媒体平台 电视媒介

Netflix（网飞）① 是当今全球流媒体平台的佼佼者，主要业务是基于订阅的在线流媒体服务，包括电视节目、原创剧集、电影等。Netflix 在早期凭借 DVD 寄送租赁与销售业务起家，1999 年通过创新的商业模式在与 Blockbuster 的竞争中获胜。② 随着互联网媒介技术的发展，Netflix 在 2007 年推出了流媒体服务，即订阅会员可通过网络观看电影和剧集。在短短的 10 多年时间里，Netflix 已经成为世界领先的影视分销商，其流媒体服务已覆盖 190 多个国家和地区。同时，随着影视剧集的流媒体化，该公司将业务扩展到内容制作领域③，从2013 年的政治剧《纸牌屋》开始，Netflix 共制作出 2400 多部原创影片。如今，随着流媒体时代的转型和国际市场扩张战略的成功，Netflix 成为与 Facebook、Amazon、Apple、Alphabet 齐名的科技巨擘。

多年以来的"内容—用户"良性循环模式保持了 Netflix 的稳定增长趋势，但它也面临着来自传统影视业与新兴流媒体供应商巨头，包括 HBO、Hulu、亚马逊 Prime 和 Disney+等的竞争压力。对此，Netflix 尝试通过新举措来应对挑战，包括与传统院线影院寻求合作，实行"影院窗口期"的运营模式；将算法、数据与内容有机耦合，实现原创内容深耕和算法精准推送；或者在生产逻辑和受众消费层面进行创新，比如对互动影视的开发或者

---

① 维基百科的资料显示，Netflix（官方中文译名网飞，非官方中文译名奈飞）是起源于美国、在世界各地提供网络视频点播的 OTT 订阅服务公司，同时在美国经营 DVD 租赁业务。该公司由里德·哈斯廷斯（Reed Hastings）和马克·兰多夫（Marc Randolph）在 1997 年 8 月 29 日创立，总部位于美国加利福尼亚州的洛斯加托斯（Los Gatos）。公司从 2007 年开始推出流媒体和视频订阅服务，截至 2023 年 1 月的数据，Netflix 在全球拥有超过 2.3 亿个订阅用户，其中美国和加拿大用户 7430 万；欧洲、中东和非洲用户 7670 万，拉丁美洲用户 4170 万，亚太地区用户 3800 万。

② "Netflix Sews up Rental Patent," *CNET*, June. 24, 2003, https：//www.cnet.com/culture/netflix-sews-up-rental-patent/.

③ R. Lobato, "Rethinking International TV Flows Research in the Age of Netflix," *Television & New Media*, Vol. 19, No. 3, 2018, pp. 241-256.

"影视+游戏"的战略转型等。总之，由 Netflix 所引发的创新的商业模式、传播模式及其颠覆传统电视观看的文化效应等引发了海外学界的广泛关注，并已从不同的视角形成了研究成果。本文在归纳 Netflix 海外研究概况的同时，着重从研究主题与研究趋势两个面向对 Netflix 在传播学领域的研究进行述评与展望。

一 Netflix 海外研究概况

本文以 Web of Science 数据库的文献为参考，对包含 Netflix 的研究进行文献计量分析。首先，在数据库中检索了主题、标题和摘要或关键词部分中含有 "Netflix" 的全部文献，共得到 355 条文献信息，然后使用 Bibliometrix[①] 对上述文献进行计量分析，以获得海外 Netflix 研究的现状概览，研究首先对文献发表数量进行了统计（见图1）。

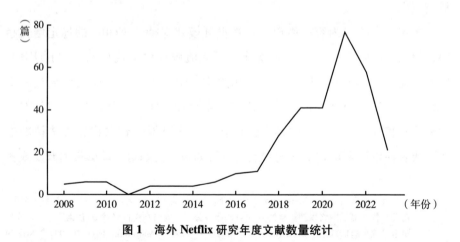

图 1　海外 Netflix 研究年度文献数量统计

如图 1 所示，关于 Netflix 的研究最早出现在 2008 年，2017 年以后逐渐走向高潮，发文年增长率为 10.04%。最早的文献是由美国学者 Ryan J.

---

① M. Aria, C. Cuccurullo, "Bibliometrix: An R-tool for Comprehensive Science Mapping Analysis," *Journal of Informetrics*, Vol. 11, No. 4, 2017, pp. 959-975.

Meuth 团队在 2008 年国际神经网络联合会议上发表的《当计算智能与网飞奖相遇》，该论文从算法架构的角度提出了提升 CINEMATCH 推荐系统效能的解决方案，并在网飞奖（The Netflix Prize）① 竞赛提供的数据集上进行了验证②。同年同主题的论文还包括《从大规模并行协作过滤角度解决网飞奖问题》、《两类客户订阅租赁服务的库存模型分析》、《用于解决网飞奖问题的矩阵分解和基于邻接的算法》以及《维基百科信息有助于网飞奖的预测吗?》。可以看出，初期的 Netflix 研究主要集中在计算机科学、机器学习与信息系统领域，主要考虑解决网飞奖所提出的算法问题。这说明 Netflix 很早就意识到深度个性（deep personalization）和超个性化（hyper-personalization）的用户服务目标对自身生存发展的重要性，同时也认识到掌握以互联网为核心的算法科技将是未来发展的必由之路。数年的"网飞奖"成果形成了 Netflix 内容推荐与分销平台的优势，算法流媒体平台的出现不仅彻底改变了电视媒介的传播格局，也为 Netflix 的全球扩张奠定了基础。自 2016 年起，Netflix 的扩张战略进入一个新的阶段——除了在全球 130 个国家同时上线以外，还在用户界面、字幕和配音中加入当地语言③，这种更加成熟的在地化（localization）市场策略以及由大数据算法驱动所形成的传播模式及媒介文化效应很快就引起了包括传播学、文化研究、广播电视电影等人文社会科学领域的关注，因而关于 Netflix 的研究自 2017 年起开始显著增多。

Netflix 的研究高峰出现在 2021 年，相比于 2019 年的 41 篇与 2020 年的 41 篇，2021 年的成果达到了 77 篇，2022 年达到了 58 篇，截至目前，2023

① Netflix Prize（网飞奖）是由网飞公司于 2006~2009 年组织的一项公开的技术竞赛，公司出资 100 万美元用以奖励第一个能够开发出比现有的 CINEMATCH 评级系统高出 10% 效能预测系统的团队。

② R. Meuth, P. Robinette, and D. Wunsch, "Computational Intelligence Meets the Netflix Prize," 2008 IEEE International Joint Conference on Neural Networks (IEEE World Congress on Computational Intelligence). IEEE, 2008.

③ "How and When Did Netflix Start? A Brief History of the Company," *MUO*, Feb. 14, 2013, https：//www.makeuseof.com/how-when-netflix-start-brief-company-history/.

年的研究成果也有 21 篇。随着时间的发展，Netflix 的研究成果无论是从数量还是主题向度上都呈现更加丰富的态势。研究对收集的 Netflix 文献标题进行词语统计后绘制为词云图（见图 2）。可以看出，去除搜索词"Netflix"后，文献标题中出现频率最高的词语是"网飞剧集"，例如论文《野心、压力还是愚蠢？探索网飞互动剧集〈黑镜〉的受众效果》或《〈爱、死亡、机器人〉中笛卡尔二元论与自我的再思考》等，这类研究主要有两个面向，一是对 Netflix 原创剧集的叙事内容或影像材料进行文本、修辞和文化研究方面的批判分析；二是从受众认知的角度分析观看剧集对观众造成某方面态度、认知和行为的影响。

图 2　海外 Netflix 研究标题词语统计的词云图

其次，以"流媒体服务/平台"为关键词进行讨论的研究也较多，比如《全球流媒体平台和国家付费电视市场：对以色列 Netflix 和多频道供应商的案例研究》与《美国文化的封闭性和全球在线视频：Netflix、Amazon prime 和其他数字流媒体平台是否拓宽了美国人的外国电影消费视野?》等，分别从（地区性或全球性）流媒体服务商业模式的创新、数字时代背景下媒介消费模式的嬗变等角度进行研究。其中，很多文章都涉及 Netflix 与其他流媒体平台（如 SPOTIFY、HBO、MOVISTAR PLUS+）的对比分析。同时，以"推荐系统/网飞奖"为关键词的研究仍然占有一定比例，这类研究仍以解决算法效能问题为核心。

此外，也有较多研究从"社交媒体"的向度对 Netflix 展开研究，例如《西班牙视听 OTTs 的社交媒体策略分析：在 Disney+试用期间对 Netflix、HBO 和亚马逊 Prime 的案例研究》和《欧洲 Netflix 目录在社交媒体上的策划：跨国和地方文化特征的关键作用》等，这些研究以 Netflix 在社交媒体平台的品牌推广战略作为切入点，对不同平台传播内容、受众结构及其形成的青年亚文化进行分析，或者是研究用户基于流媒体平台影响的社交行为或媒介消费观念的变化。

本文对 Netflix 海外研究的话题趋势及研究方向也进行了计量统计。由图 3 可以看出，初期对 Netflix 的研究主要集中在情绪影响、算法架构，与流媒体服务/模式的对比分析以及流媒体服务对受众媒介素养的影响等

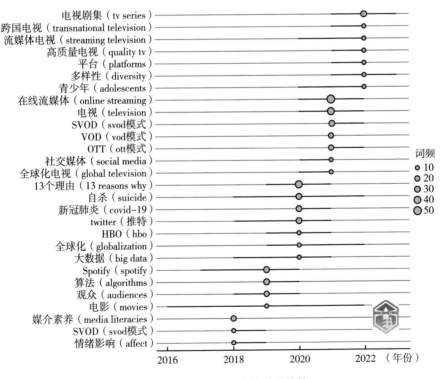

图 3　海外 Netflix 研究的话题趋势

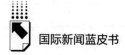

层面；2020 年的研究主要围绕大数据、全球化和新冠疫情背景下 Netflix 如何更新平台营销/内容制作策略应对市场挑战的话题展开；2021 年的研究围绕细分的服务模式展开，也关注与其他社交媒体联动以提升市场影响力的话题；2022 年起，从观众观看与文化消费方式视角切入的研究和以跨国网飞原创剧集内容为分析对象的叙事研究和文化批评话题增多。

由图 4 可以看出，海外 Netflix 研究的式微主题主要为机器学习方面的研究，比较新兴的研究主题是流媒体内容的语言应用；基础主题主要包括订阅服务视频推荐系统和流媒体平台本身的研究；主流主题包括网飞原创剧集研究、Netflix 的创新商业模式与流媒体服务模式研究以及作为全球性流媒体平台的 Netflix 的扩展战略和在地化战略影响研究；细分主题方面则涉及一些小众专业性的主题，如机器学习领域的低阶矩阵算法、VOD 商业模式及大众/流行文化的相关主题。

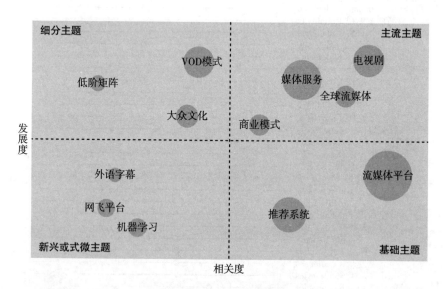

图 4　海外 Netflix 研究的方向

最后，从国别差异来看（见图 5），对 Netflix 进行研究的主要国家和地区共有 54 个，前五位分别是美国、西班牙、英国、澳大利亚和加拿大。

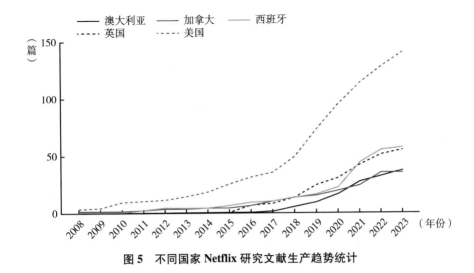

图 5　不同国家 Netflix 研究文献生产趋势统计

美国学者对 Netflix 的研究是最早、成果数量最多、增长最快的。截至目前，Netflix 在北美地区的用户有 7430 万，占比达到 32.3%，该数据揭示了美加学者对 Netflix 关注的原因。相比之下，加拿大的 Netflix 研究一直处于缓慢增长的状态。自 2015 年起，西班牙和英国的 Netflix 研究开始显著增多，并在 2017 年以后跃居第二与第三的位次。这是由于在 2015 年，Netflix 以一种双向分销模式进入欧洲市场，该模式很快渗透了欧洲视听市场并产生了广泛影响，不仅在当地掀起了一场流媒体内容分销领域的革命①，还引发了关于"融合、破坏、全球化和文化帝国主义"的问题。② 具体来说，西班牙学者更加关注如何在更宽泛的欧洲背景下对双向分销模式进行深入分析和理解，而英国学者更关注如何应对 Netflix 对当地公共服务广播体系和电视生态系统的破坏问题。③ 澳大利亚的 Netflix 研究也在 2017 年逐步兴起，学者们主要关注流媒体

① M. Barrientos-Bueno, "Netflix in Spain, Spain in Netflix," *Handbook of Research on Transmedia Storytelling, Audience Engagement, and Business Strategies*. IGI Global, 2020, pp. 351-366.

② R. Lobato, *Netflix Nations: The Geography of Digital Distribution*. New York: NYU Press, 2020, pp. 14-16.

③ V. Re, and S. Baschiera, "National Screen Productions and Global SVOD Services: The Case of Netflix in the UK and Italy," *Comunicazioni Sociali*, Vol. 40, No. 3, 2018, pp. 395-407.

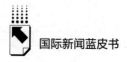

视频订阅服务对澳洲电视行业格局的影响问题。

综上，在对 Netflix 相关文献进行整理和计量分析后发现，随着 Netflix 平台的发展、商业版图的扩大以及流媒体分销内容的深化，海外学者对 Netflix 的关注逐渐从计算机科学、商业运营扩展到媒介传播、叙事分析、文化研究等更加广泛的领域，研究的对象也从 Netflix 的流媒体传播模式、Netflix 的受众扩展到 Netflix 的传播内容及其在全球扩张引发的文化效应等。本文将以此为基础，进一步归纳 Netflix 研究在传播学视阈中的状况，并论述其在未来的发展趋势。

二 Netflix 在传播学视阈中的研究

通过对 Web of Science 数据库检索结果进行学科领域方面的计量后绘制海外 Netflix 研究的主要领域图（见图6）。当前海外 Netflix 的研究主要集中在传播学、电影广播电视、计算机科学理论方法、信息系统、电子工程、商务、社会学、文化研究等领域，其中，传播学研究文献共有 128 篇，占比达到 31%，说明从传播学角度对 Netflix 展开研究是当前的主流。接下来本文将从研究主题和研究趋势两个面向传播学视阈中的 Netflix 研究进行评述与展望。

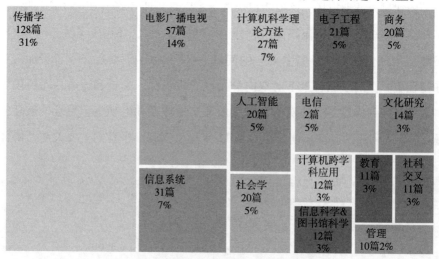

图6　海外 Netflix 研究的主要领域

（一）研究主题

经数据统计，Netflix 的传播学研究基本情况分布如下：从国别差异来看，研究占比最多的国家分别是美国（34 篇）、西班牙（21 篇）、澳大利亚（19 篇）、比利时和荷兰（各 8 篇）以及加拿大和英国（各 7 篇）。从发表时间来看，2015~2018 年共发表 19 篇，2019 年 21 篇，2020 年 18 篇，2021 年 35 篇，2022 年 30 篇，2023 年至今 5 篇。最早的一篇研究文章是 2015 年由学者 Patrick Vonderau 发表在《电视与新媒体》上的论文《内容聚合的政治》，研究将 Netflix 等流媒体平台作为内容聚合的中介进行讨论，从媒介批判学和经济人类学的交叉角度重新思考了流媒体基础设施的概念——既重组了媒介传播，又创造了文化实践中的无序。[1] 最近的一篇是由学者 Ren Vettoretto 团队发表在同一本杂志上的文章《澳大利亚电视大延迟：中断、网络盗版和 Netflix》，该论文借助颠覆—体验模型探索了澳大利亚 Netflix 用户观看电视的经验，发现了 Netflix 流媒体服务并非颠覆而是具体化用户的电视观看习惯，即帮助他们缩小了合法观看电视内容的文化和技术差距。[2]

在对相关文献来源进行统计后发现（见图 7），当下 Netflix 的传播学研究共有 53 个来源，其中，《电视与新媒体》（*Television & New Media*）、《媒体文化与社会》（*Media Culture & Society*）、《聚合-新媒体技术研究国际期刊》（*Convergence - The International Journal of Research into New Media Technologies*）和《数字媒体与政策杂志》（*Journal of Digital Media & Policy*）发表数量最多。

---

[1] P. Vonderau, "The Politics of Content Aggregation," *Television & New Media*, Vol. 16, No. 8, 2015, pp. 717-733.

[2] R. Vettoretto, and C. Moore. "The Great Australian TV Delay: Disruption, Online Piracy and Netflix," *Television & New Media*, 2023.

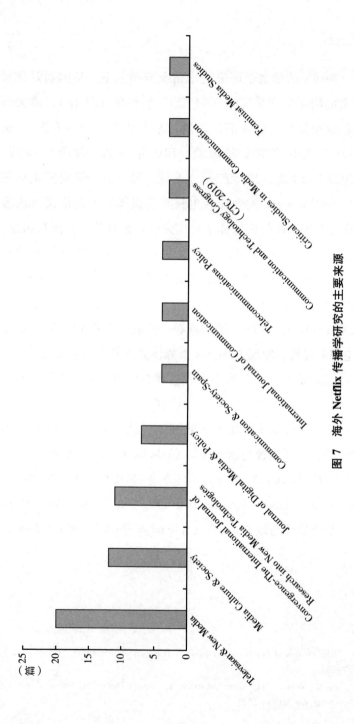

图 7 海外 Netflix 传播学研究的主要来源

在完成相关研究基本维度的判断后，本文将按传播学研究的主要视角与领域及其研究主题的细分对传播学领域中的 Netflix 研究成果进行分析。

1. 传播主体视角：Netflix 流媒体服务概念、要素及模式研究

随着 Netflix 流媒体服务在全球的兴起与扩展，其创新的传播模式、传播内容及其建构的受众与信息的交互方式引发了学界的长期关注。被引次数最多的是一篇西班牙文献《视听业务中的数据管理研究：以 Netflix 为例》，该论文从传播技术角度分析了 Netflix 利用大数据进行流媒体内容分销的流程，论证了大数据作为战略核心对流媒体平台发展的重要性。[①] 大数据算法与精准推送服务的发展密切相关，有研究从另一角度论述了大数据规模化使用的局限性，例如可能导致创意产业发展的限制或者导致"数据鸿沟"的出现。[②] 也有学者以 Netflix 流媒体的传播过程为案例界定了"流媒体网络"的概念，并分析了流媒体网络运作的全过程。[③] 除了大数据与网络的概念，算法技术的创新依然是介入 Netflix 传播模式的主要研究路径，尤其是随着流媒体大战的持续升温，依托算法形成的推荐系统已成为各大顶级流媒体平台的关键竞争功能，相比早期从纯计算机科学和机器学习角度出发的研究，传播学视野下的相关研究更关注算法语境下信息的生成与传播动机、逻辑，也就是算法技术如何重构了数字社会流媒体内容的传播路径，影响了人们选择与消费影视产品的方式。比如有学者从 Netflix 推荐信息系统的经济动机出发提出从"既非黑也非箱"的角度来理解由算法技术拓展的传播形式与数字实践。[④] 2013 年后 Netflix 开始涉足为了满足跨国流媒体内容分销的原创剧集制作，这部分研究主要以 Netflix 剧集的内容制作过程

① F. Manzano, E. Patricia, E. Neira, and J. Clares-Gavilán, "Gestión de datos en el negocio audiovisual: Netflix como estudio de caso," *Profesional de la Información*, Vol. 25, No. 4, 2016, pp. 568-577.

② J. Kelly, "Television by the Numbers: The Challenges of Audience Measurement in the Age of Big Data," *Convergence*, Vol. 25, No. 1, 2019, pp. 113-132.

③ T. Colbjørnsen, "The Streaming Network: Conceptualizing Distribution Economy, Technology, and Power in Streaming Media Services," *Convergence*, Vol. 27, No. 5, 2021, pp. 1264-1287.

④ N. Pajkovic, "Algorithms and Taste-making: Exposing the Netflix Recommender System's Operational Logics," *Convergence*, Vol. 28, No. 1, 2022, pp. 214-235.

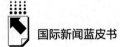

为案例，分析在流媒体受众需求和消费方式改变的影响下，影视文本创作内容和流程的变化和更新。总的来说，Netflix 在工业和文化的双重背景下重新定位了电视制作的基础，以兼顾本地和国际观众的需求和互动需要。①

2. 传播媒介视角：Netflix 发展对影视产业格局的影响研究

经统计，共有 39 篇文献关注了 Netflix 引领的流媒体服务或传播模式变革如何影响了传统的电视分销产业格局。这部分研究一般有两个面向：一是全球性研究。比如有学者探讨了 Netflix 在成为影视内容的生产者、传播者和展示者的过程中，与第三代电视媒体格局、消费者行为以及当代资本主义和社会领域相关联的过程。研究认为，Netflix 通过推荐技术、品牌策略与观看实践的转变，扩展了"电视"的概念、理解观众行为与衡量内容"成功"的标准，形成了当下的媒体矩阵及（潜在的）第四代电视媒体景观。② 也有学者通过考察美国电视行业的多重转变历史，分析了 Netflix 等平台的技术创新与融资实践对电视节目制作和行业规范的重塑。③ 二是地区性研究，即 Netflix 在扩张过程中对不同地区电视市场的影响，一般涉及地区间的比较分析。例如有学者比较了 Netflix 进入西班牙和以色列国家付费电视市场的过程，深度剖析了订阅视频点播（SVOD）模式在全球扩张过程中的在地化过程。④ 也有研究重点论述跨国企业 Netflix 与属地国家或企业平台之间的竞争关系与共生逻辑。在欧洲地区，有学者对比了法兰德斯、意大利和英国公共服务媒体（PSM）组织如何应对 Netflix 和其他跨国流媒体服务的

① A. Scarlata, R. Lobato, and S. Cunningham, "Producing Local Content in International Waters: the Case of Netflix's Tidelands," *Continuum*, Vol. 35, No. 1, 2021, pp. 137-150.

② M. Jenner, "Is this TVIV? On Netflix, TVIII and Binge-watching," *New Media & Society*, Vol. 18, No. 2, 2016, pp. 257-273.

③ A. D. Lotz, "Teasing Apart Television Industry Disruption: Consequences of Meso-level Financing Practices before and after the US Multiplatform Era," *Media, Culture & Society*, Vol. 41, No. 7, 2019, pp. 923-938.

④ M. L. Wayne, and D. Castro. "SVOD Global Expansion in Cross-national Comparative Perspective: Netflix in Israel and Spain," *Television & New Media*, Vol. 22, No. 8, 2021, pp. 896-913.

快速增长所带来的替代性威胁。^① 在东亚地区，有学者考察了 Netflix 与中国平台爱奇艺（iQiyi）的合作过程，由于中国市场的限制与美国科技公司在资本需求下的积极推动，中国内容监管机构的全球影响力正在不断扩大。^②

此外，全球新冠疫情背景下的 Netflix 研究多数也落脚在传播媒介视阈。很多学者在疫情这一特殊背景下开展了以流媒体平台为基础的视听行业发展研究。比如有研究调查了封锁政策对全球 SVOD 平台发展的影响。调查结果强调了全球视听市场政治经济权力关系的连续性，即美国跨国平台在全球数字文化贸易市场仍处于主导地位。但通过中国和欧盟的案例也指出，在全球疫情的背景下，美国流媒体平台的压倒性优势也引发了其他国家和地区媒体平台区域化的潜在发展。^③

3. 品牌传播视角：Netflix 的品牌建设与营销策略研究

这部分研究关注以 Netflix 为代表的数字影视及流媒体平台如何建设自己的品牌，多涉及与其他同类型流媒体供应商的对比分析。引用最多的是文章《Netflix、亚马逊以及订阅视频点播门户中的品牌电视内容》，该论文通过对行业文件、媒体报道的文本分析以及行业专家人士的深入访谈来了解以 Netflix 和亚马逊为代表的订阅视频点播门户与有线品牌电视的关系。分析结果发现，不同平台对待传统有线电视的策略不同，亚马逊会利用有线电视的内容和品牌形象来吸引用户加入订阅，同时建立自己的品牌形象，而 Netflix 则将有线电影看作竞争对手，认为其会降低自身的品牌价值。^④ 同时，也有

---

① A. D'Arma, T. Raats, and J. Steemers, "Public Service Media in the Age of SVODs: A Comparative Study of PSM Strategic Responses in Flanders, Italy and the UK," *Media, Culture & Society*, Vol. 43, No. 4, 2021, pp. 682-700.

② A. Kokas, "Chilling Netflix: Financialization, and the Influence of the Chinese Market on the American Entertainment Industry," *Information, Communication & Society*, Vol, 23, No. 3, 2020, pp. 407-419.

③ A. Vlassis, "Global Online Platforms, COVID-19, and Culture: The Global Pandemic, an Accelerator towards Which Direction?," *Media, Culture & Society*, Vol. 43, No. 5, 2021, pp. 957-969.

④ M. L. Wayne, "Netflix, Amazon, and Branded Television Content in Subscription Video On-demand Portals," *Media, Culture & Society*, Vol. 40, No. 5, 2018, pp. 725-741.

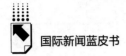
学者从社交媒体的角度开展研究，以用户为基准的社交媒体已经成为影视产品推广的有力工具，尤其是在接触青年或小众化的受众方面。有学者研究了Netflix 在不同地区 Twitter、Instagram 等社交媒体上的推广策略并进行了比较分析。① 在商品营销方面，有学者从平台视频点播数据集的表征角度测量了Netflix 采用战略捆绑策略时的商品特征。

4. 受众分析视角：Netflix 观众观看实践与消费行为研究

这部分研究的对象主要是"作为用户的受众"，即 Netflix 流媒体服务的终端、内容分销对象以及由 Netflix 受众观看行为或消费行为所形成的特殊媒介化景观。其中，受到学界关注最多的是"刷剧"（binge - watch）现象②，说明互联网分布式电视服务的发展改变了人们消费视频的方式，提高了观众对观看内容的控制水平。有学者采用问卷方法调查了 Netflix 用户刷剧的动机与影响，分析结果表明，刷剧一般发生在当日较晚时间，平均 2 小时 10 分钟，动机是为了放松心情或逃避现实。刷剧后用户的情感状态根据观看影视类型的不同而改变。③ 除了"刷剧效应"之外，Netflix 也影响了其他观看实践的发生，有学者以 Netflix 对怀旧家庭喜剧的重制重映行为为研究对象，分析了其在重塑"阖家欢"观看方式方面做出的战略努力。复兴剧（怀旧剧）的策略不仅维系了受众市场，同时也塑造了新的电视文化。④除了宏观性的受众研究外，学界也关注类型化和地区性产品的受众研究，比如对 Netflix 近来推出的交互式流媒体叙事作品进行受众认知与体验分析，

---

① J. Martín-Quevedo, E. Fernández-Gómez, and F. Segado-Boj, "How to Engage with Younger Users on Instagram: A Comparative Analysis of HBO and Netflix in the Spanish and US Markets," *International Journal on Media Management*, Vol. 21, No. 2, 2019, pp. 67-87.

② Binge-watching（binge-viewing）是指长时间观看娱乐或信息内容的行为，通常是看一个电视节目。https://en.wikipedia.org/wiki/Binge-watching.

③ D., Castro, et al., "The Binge-watcher's Journey: Investigating Motivations, Contexts, and Affective States Surrounding Netflix Viewing," *Convergence*, Vol. 27, No. 1, 2021, pp. 3-20.

④ K. Loock, "'Whatever Happened to Predictability?': Fuller House, (Post) Feminism, and the Revival of Family-Friendly Viewing," *Television & New Media*, Vol. 19, No. 4, 2018, pp. 361-378.

有学者通过定性的实证方法考察了观众在交互式叙事作品中的观看体验。①此外，也有学者关注受众对跨文化传播内容的消费和文化认同，比如美国Netflix观众对韩剧的文化消费与情感参与状况。②

5. 内容分析视角：Netflix 传播内容的叙事和符号研究

这部分文献属于传播学、电视电影广播领域与语言学的跨学科研究，主要以 Netflix 原创剧集或宣传活动的叙事内容、人物形象或者能指符号等为切入点展开叙事分析或语言学分析，最后主要落脚到文化批判领域和健康传播领域。研究对象占比较多的是《女子监狱》（2013）、《13 个理由》（2017）、《黑镜》（2018），比如有学者基于女性主义理论的文本分析，剖析了《女子监狱》宣传活动中的身份构建和意识形态信息，并研究了 Netflix 将女性角色形象商品化用以换取收视率的方式。③ Netflix 的原创剧集包括了时事政治或民族冲突等题材，也有研究根据上述电视剧所引发的争论，对地缘政治冲突的现实图景和电视剧娱乐化表现之间的割裂关系进行批评研究。④ 在健康传播方面，有学者关注《13 个理由》对青少年心理健康的影响，并且讨论了该剧集所建构的虚构自杀形象是否会影响青少年的自杀行为，分析结果指出了节目对精神弱势青少年的潜在影响。⑤

---

① L. Kolhoff, and F. Nack. "How Relevant Is Your Choice? User Engagement and Perceived Agency in Interactive Digital Narratives on Video Streaming Platforms," *Interactive Storytelling*: *12th International Conference on Interactive Digital Storytelling, ICIDS 2019, Little Cottonwood Canyon, UT, USA, November 19-22, 2019, Proceedings 12.* Springer International Publishing, 2019.

② H. Ju, "Korean TV Drama Viewership on Netflix: Transcultural Affection, Romance, and Identities," *Journal of International and Intercultural Communication*, Vol. 13, No. 1, 2020, pp. 32-48.

③ L. J. DeCarvalho, and N. B. Cox. "Extended 'Visiting Hours' Ddeconstructing Identity in Netflix's Promotional Campaigns for Orange Is the New Black," *Television & New Media*, Vol. 17, No. 6, 2016, pp. 504-519.

④ N. Ribke, "Fauda Television Series and the Turning of Asymmetrical Conflict into Television Entertainment," *Media, Culture & Society*, Vol. 41, No. 8, 2019, pp. 1245-1260.

⑤ P. Plager, M. Zarin-Pass, and M. B. Pitt, "References to Netflix' '13 Reasons Why' at Clinical Presentation among 31 Pediatric Patients," *Journal of Children and Media*, Vol. 13, No. 3, 2019, pp. 317-327.

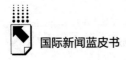

6. 批判传播视角：Netflix 传播模式或文化现象引发的批判研究

这部分研究主要涉及的是由 Netflix 的传播模式/现象引发的媒介格局重置或受众的观看实践/消费文化所带来的文化效应在后现代资本主义的语境中应该如何得到更加深入的理解。研究主要有两个面向：一是文化研究面向，即对数字媒体时代背景下由 Netflix 主导的传播模式、信息互动的方式所引发的文化效应进行研究，比如有学者以 Netflix 算法大奖为案例，借助雷蒙德·威廉姆斯的文化分析框架，探讨了将算法信息处理系统作为文化决策形式所需要的概念和语义工作。研究发现，算法大奖具有重新诠释文化的作用，它影响文化实践，包括意义的生产。论文也提出了数据中潜在的文化认同新模型。[①] 也有学者通过对 Netflix 用户与推荐算法之间的相互驯化五种动力（个性化、一体化、仪式化、抵抗力与转化力）的归纳，重新思考了算法与文化之间的关系。[②] 二是政治经济面向，即从媒介所有权的集中和垄断入手，揭示资本主义媒介的垄断本质。有学者分析了 Netflix 在当下关于数字娱乐平台的全球主张，即塑造自由主义—世界主义式的跨文化公共形象，以此将全球扩张的商业和技术实践合法化，同时试图抚平人们日渐对算法数字平台帝国主义主导地位所产生的焦虑。[③]

（二）研究趋势

除了研究主题的区分外，海外 Netflix 传播学研究也随着时间的发展显示出趋势变化。本文以时间为线索，对检索文献进行话题趋势的统计。

如图 8 所示，2019 年之前传播学领域的研究主要涉及的主题是全球化、文化、算法、推荐、观众分析以及和其他平台的对比研究等；2020 年的研究重点转向了原创剧集分析、刷剧体验、社交媒体和大数据等；2021 年的

① B. Hallinan, and T. Striphas. "Recommended for you: The Netflix Prize and the Production of Algorithmic Culture," *New Media & Society*, Vol. 18, No. 1, 2016, pp. 117-137.

② I. Siles González, et al., "The Mutual Domestication of Users and Algorithmic Recommendations on Netflix," 2019.

③ E. Elkins, "Algorithmic Cosmopolitanism: On the Global Claims of Digital Entertainment Platforms," *Critical Studies in Media Communication*, 2019.

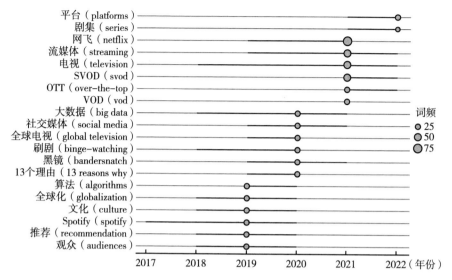

图 8　海外 Netflix 传播学研究的话题趋势

话题则集中在流媒体服务模式 VOD、OTT、SVOD 以及电视行业格局的研究；2022 年至今则主要关注平台对比和剧集的文化研究等。

1. Netflix 传播学研究的初期阶段：流媒体平台研究及观众观看方式分析

Netflix 的传播学研究最早出现在 2015 年，2019 年之前的研究主要集中在 Netflix 流媒体平台的传者与受众研究。在传播主体方面，除了对流媒体订阅服务和推荐系统运行逻辑的描述与分析外，学界也关注在新旧媒体逻辑共存的时代背景下，新兴的"流媒体逻辑"如何从本质上重塑传统的广播电视逻辑。有研究发现，Netflix 在推广流媒体服务的过程中创造了一些"高质量剧集"、"算法观众"与"切断与有线电视的联系"等"行规"来占领市场、克服认同危机以及重塑观众的观看习惯。① 也有研究以 Netflix 的发展现状为蓝本，预测了数字时代电影制作和数字放映的未来。在流媒体时代电视观众与收视率的测量方面，依托大数据技术对观众观看和选择进行实时监

---

① B. Burroughs, "House of Netflix: Streaming Media and Digital Lore," *Popular Communication*, Vol. 17, No. 1, 2019, pp. 1-17.

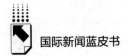
测的 Netflix 则提供了可供参考和分析的定量数据。①

初期阶段的受众研究主要关注的是观众观看习惯更新，比如有研究在数字注意力经济的框架下，讨论了观众如何观看 Netflix 剧集并形成新的文化习惯。结果表明，Netflix 所建构的网络化体验环境吸引了观众的持续参与，也就是在内容吸引、习惯养成与情感依恋的基础上形成了一种"刷剧习惯"。这在表面上看是用户的个性化选择，实际上是 Netflix 利用算法科技在品牌与用户之间形成的良性互动，以 Netflix 为代表的当代媒体品牌既通过回归体验形成了用户观看偏好的方式，也维系了观众对接触数字媒介的渴望和创造价值与意义的可能性。②

2. Netflix 传播学研究的发展阶段：平台分析、用户分析与影视产业格局变化

在 Netflix 传播学研究的发展阶段，学者们在研究 Netflix 平台特色和用户特征的基础上开始重点关注 Netflix 和其他跨国流媒体服务商对影视媒介格局所造成的变革性影响。在这一阶段的研究中，Netflix 成为"影响无处不在"的代名词，很多学者从跨国比较的角度分析了 Netflix 流媒体订阅服务模式在进入不同市场时所产生的"差异化影响"，主要体现在 Netflix 引发的本土行业格局或监管体系的变动、数字视听市场版图的重新分割、跨国企业与属地企业和文化的合作战略中。由于 2020 年与 2021 年的特殊性，有学者也调查了新冠疫情封锁政策对 Netflix 平台的影响。研究发现，受益于先期积累的经济和技术优势，封锁措施巩固了 Netflix 在全球文化市场的主导地位和在全球数字文化内容贸易中的领先地位。

在平台分析方面，除了对流媒体经济和技术的进一步分析外，有学者还研究了流媒体服务时代的视听细分领域，例如以引导和控制观众消费选择的服务界面设计，兼容本土与全球屏幕文化和市场需求的国际电视制作战略。

---

① J. Kelly, "Television by the Numbers: The Challenges of Audience Measurement in the Age of Big Data," *Convergence*, Vol. 25, No. 1, 2019, pp. 113-132.

② E. Pilipets, "From Netflix Streaming to Netflix and Chill: The (dis) Connected Body of Serial Binge-viewer," *Social Media & Society*, Vol. 5, No. 4, 2019.

还有学者基于定量研究的方法调查了 Netflix 原创影片的发行策略，结果发现，跨国身份与既定的质量标准决定了 Netflix 多样化的发行方法，非英语国家的产品具有更高的国际曝光率。① 在用户分析方面，除了对观众"刷剧体验"的定性分析外，还有研究对 Netflix 创新叙事文本的用户体验和观众对跨文化内容的情感和认同展开分析。比如在使用与满足结合人机交互的理论框架上，根据用户在社交媒体上的观影表达剖析了 Netflix 交互数字叙事的用户体验与效果。研究显示，积极情绪与感知到的控制程度、沉浸感或心流感有关。然而，感知到的现实性、对角色的准社会认同、对完成感的需求以及选择的负担也给许多用户带来了压力。② 在跨文化内容的吸收方面，由于平台内容的可及性和文化亲和力，越来越多的美国受众对外国影视内容感兴趣。③

3. Netflix 传播学研究在当下的表现：流媒体媒介生态系统研究及内容分析

2022 年至今处于传播学研究的进行时阶段，从已有的文献可以看出，当下的研究主要集中在由 Netflix 主导的影视传播媒介生态变化以及对 Netflix 原创剧集的内容分析，这与当下全球的政治经济背景变动相关，自 2022 年起全球疫情结束、俄乌冲突爆发以及新兴的流媒体供应商的出现使得 Netflix 面临了十年来订阅用户与利润的首次锐减。对此，Netflix 出台了一系列调整政策和市场战略来迎接挑战，包括"因地制宜"的投资策略、与本土有线电视业的合作以及 SVOD 模式的本土化调整。这都导致地区性视听媒体产业格局研究热度的稳定。

与此同时，Netflix 继续坚持高质量原创剧集的制作和发行以维持用户忠

---

① A. Roig Telo, J. C. Gavilán, and J. S. Navarro, "Netflix Fictional Feature Film Originals: an Analysis of Release Strategies [Largometrajes originales de ficción de Netflix: un análisis de las estrategias de estreno]," 2021.

② R. C. Nee, "Wild, Stressful, or Stupid: Que es Bandersnatch? Exploring User Outcomes of Netflix's Interactive Black Mirror Episode," *Convergence*, Vol. 27, No. 5, 2021, pp. 1488-1506.

③ B. Limov, "Click it, Binge it, Get Hooked: Netflix and the Growing US Audience for Foreign Content," *International Journal of Communication*, Vol. 14, 2020, p. 20.

诚度，技术经济的优势结合跨国企业的身份使 Netflix 具有一定的表达空间，其原创剧集在主题方面多结合社会热点、时事政治、意识形态争议或边缘群体文化，在叙事方面则积极兼容流行文化共识与本土文化的特色以满足全球和本土观众的需求。因此，原创剧集在这一阶段多作为内容分析的对象，比如有学者分析了《性教育》的叙事目的，即将年轻人表现为情色叙事的生产者与消费者以弥补当下社会对未成年人性教育的不足。[1] 也有学者将迷你剧《不可思议》与它所依据的新闻作品进行比较，以分析基于真实事件的虚构如何有助于强化新闻故事的意义。研究认为，这类叙事避免了真实/非真实的二分法，通过重新排列场景以及在非虚构的故事中加入虚构内容的方法，不仅提升了叙事的质量，还降低了受害者遭受双重伤害的可能性。[2]

三　总结与展望

从本文对研究主题和研究趋势的分析可以看出，海外传播学界主要从六个领域展开 Netflix 研究，分别是①流媒体平台分析；②电视媒介格局变化；③品牌营销分析；④受众分析；⑤内容分析；⑥文化批判研究。研究的趋势随着 Netflix 的发展而发生变化。

2011 年之前，Netflix 主要集中于技术打磨和本土用户积累。在形成有效的流媒体服务模式与营销模式后，Netflix 开始了全球扩张的进程，并在短短的 6 年时间里就将平台扩展到全球 243 个国家，成为各地广播电视行业有力的竞争者。作为一个新兴的视听媒体平台，Netflix 亮眼的成绩很快就引发传播学界的关注，早期的研究主要集中于平台模式的主体研究以及其如何影响人们的消费习惯。很多学者都注意到 Netflix 为了满足用户需求提升用户

---

[1]　D. Dudek, G. Woodley, and L. Green, "'Own Your Narrative': Teenagers as Producers and Consumers of Porn in Netflix's Sex Education," *Information, Communication & Society*, Vol. 25, No. 4, 2022, pp. 502–515.

[2]　L. Gastón-Lorente, and B. Gómez-Baceiredo, "Fiction as an Ally to Make Journalism more Believable: Rape, Trauma and Secondary Victimization in the Netflix Miniseries 'Unbelievable'," *Feminist Media Studies*, 2022, pp. 1–19.

观看体验而进行了很多技术革新，因此这一时期的研究多会涉及计算机科学领域的大数据应用和推荐算法的架构。到了 2020 年与 2021 年，Netflix 的发展之路到达了一个新的节点，一方面，因为疫情的封锁政策，Netflix 的全球订阅用户有了质的增长，它已经转变为一家全球性的媒体公司。有学者将研究重点放在了 Netflix 所引领的数字视听服务模式对全球电视媒介生态产生了巨大的影响上，这类成果也催生了电视研究范式的更新。另一方面，Netflix 面临着来自传统广播电视行业和新兴流媒体供应商的激烈竞争，对此 Netflix 提出了技术创新、合作创新与内容创新的战略。利用技术创新突破订阅壁垒提升用户使用体验，与属地国本土电视业达成合作协议并确立跨国内容制作者的地位。上述策略的实施使得 Netflix 在各国视听市场有了进一步的发展，很多本土学者以此为研究对象展开地区性的电视媒介格局研究。同时，依托资本、技术与文化优势，Netflix 创作了许多优质的原创影视作品，这些作品往往兼顾了本土与国际观众的文化需要在全球产生了巨大的影响力。很多当下的研究就以 Netflix 原创作品为研究对象进行内容分析与文化研究。此外，很多学者开始意识到当下的 Netflix 已不仅是一个视听内容的生产商或分销商，而是成为一种全球的文化现象，这就引发学界从批判传播的视角对其"世界主义平台"或"文化帝国主义"方向的反思。

综上所述，作为一个成功的流媒体平台，Netflix 已经成为重要的传播学研究话题，并且保持一定的研究热度。这股研究潮流也传到了国内，目前国内对 Netflix 的研究处于起步状态，研究主要涉及三个领域，分别是 Netflix 的国际化拓展策略研究、Netflix 传播内容创新研究以及基于 Netflix 平台的中国影视剧海外传播研究。总之，随着技术的发展和平台的扩张，未来包括传播学在内的各学科领域将继续保持对 Netflix 的关注，并且会出现更多跨学科的合作研究。在具体的研究面向上，笔者认为 Netflix 的未来研究主流将体现在叙事传播领域与批判传播领域。2018 年起，Netflix 就将原创内容制作作为主要竞争手段之一，并且已经取得相当的成果。在当下各平台巨头都遭遇技术瓶颈的时期，独家内容更是赢得竞争的关键。因此，Netflix 在未来

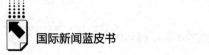

很长一段时间会坚持推出在形式与内容上都具有创新性的视听产品。叙事传播领域既包含文本层面对视听内容的叙事分析和文化研究，也包括受众层面的接受与认知效果分析。批判传播领域研究则与 Netflix 在全球各地区的进一步扩张相关，研究主要关注人们对"算法平台帝国主义"日益增长的焦虑感，并探讨 Netflix 建构跨文化公共形象的真实目的。

B.13
传播学视野下 Twitter 海外研究述评：
研究主题与趋势展望[*]

卢　垚　叶凌宇[**]

摘　要： Twitter 作为世界上最大的在线社交媒体平台之一，自其成立以来，不同学科领域如传播学、计算机科学、工程学、行为科学、数学计算生物学、心理学等均对其展开了全面的分析研究。从传播学角度来看，海外对 Twitter 的研究主题集中在社交媒体使用、社会动员、健康传播、虚假信息和谣言传播等方面。本文从"媒介使用"的角度，关注 Twitter 使用者不同身份、动机与行为对 Twitter 平台的使用影响研究。身份研究主要关注在 Twitter 平台上特定话题的参与者身份、多平台用户使用比较、Twitter 新闻生产等，动机研究关注个体情感满足、群体动员、品牌宣传及与多个社交平台使用动机的对比，行为研究则主要关注"信息疫情""媒介依赖症"等媒介使用的负面影响。未来，危机传播、政治传播、智能传播（社交机器人等）、健康传播、营销传播等仍然是海外 Twitter 研究的重点和趋势。

关键词： 传播学　社交媒体　推特

---

[*] 本文系上海社会科学院 2023 年度创新项目"大国竞争背景下新型主流媒体国际传播机制优化比较研究"阶段性成果。

[**] 卢垚，上海社会科学院新闻研究所助理研究员；叶凌宇，上海社会科学院新闻研究所硕士研究生。

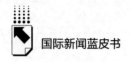

Twitter（官方中文译名为推特）是在线社交媒体和社交网络服务平台。在 Twitter 上，用户发布被称为"推文"（Tweet）的文本、图像和视频。注册用户可以发布推文，如"转发"推文，并直接向其他注册用户发送消息。

Twitter 由杰克·多西、诺亚·格拉斯、比兹·斯通和伊万·威廉姆斯于 2006 年 3 月创建，同年 7 月推出。到 2012 年，超过 1 亿用户每天发布 3.4 亿条推文，该服务每天平均处理 16 亿次搜索查询。2013 年，它是访问量最大的十个网站之一，被称为"互联网的短信服务"。截至 2019 年初，Twitter 的月活跃用户超过 3.3 亿。2022 年 10 月 27 日，商业巨头埃隆·马斯克（Elon Musk）以 440 亿美元收购 Twitter，获得了该平台的控制权。自被收购以来，该平台因助长包含仇恨言论的内容增加而受到批评。2023 年 6 月 5 日，NBC 环球前广告销售主管琳达·雅卡里诺接替马斯克担任首席执行官。[①] 2023 年 1 月，根据 Kepios 公司自助广告工具中公布的数据，到 2023 年 1 月初，营销人员可能在 Twitter 上拥有 5.56 亿用户。这些受众数据表明，今天全球 13 岁及以上的所有人群中约有 8.9% 的人在使用 Twitter。[②]

一　Twitter 海外研究成果基本情况

本文首先通过 Web of Science 核心数据库检索标题、关键词和摘要部分含有 Twitter 的全部研究，共得到 35330 条文献信息，并利用 Web of Science 文献检索分析工具进行分析。

根据 WOS 核心集合数据库统计，国外 Twitter 研究自 2006 年 Twitter 首次推出以来便呈持续上升趋势，2011 年后研究数量开始加速上升，2010 年研究数量首次过百，2013 年首次破千，2021 年达到 4787 篇的峰

① 详见 Wikipedia，https：//en. m. wikipedia. org/wiki/Twitter。
② 详见 Kepios 报告，https：//datareportal. com/essential-twitter-stats? rq＝twitter。

值，2023 年至今共有 1658 篇研究成果。这与 Twitter 的发展时间节点也较为吻合。媒介技术的发展令以 Twitter 为代表的社交媒体使用更加便捷，分散于不同地方与文化场景的用户得以随时随刻通过 Twitter 而连接。新闻媒体的大量入驻、特朗普 Twitter 执政等话题，也令该平台获得了学界更多关注。

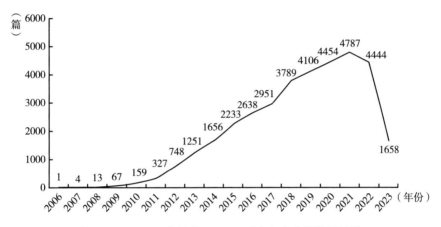

图 1   2006～2023 年海外 Twitter 研究年度文献数目统计

二   海外 Twitter 研究领域、研究主题与样本选择

运用 Web of Science 检索工具对研究领域、研究主题词进行可视化。

首先，对所搜集文献的研究领域进行分析，绘制树状图，可见其主要集中于计算机科学、传播学、工程学、行为科学、数学计算生物学、心理学、商业经济学、数学、信息科学、图书馆学以及社会科学的其他主题领域（见图 2）。

其次，将研究学科限定为本文的重点考察学科即传播学领域，得到文献信息共 6275 篇并绘制树状图。可见研究主题词主要与健康传播、性别传播等几个领域有关（见图 3）。

最后，WOS 核心数据库显示，2020～2023 年每年约有 50 篇引用量较

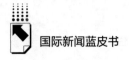

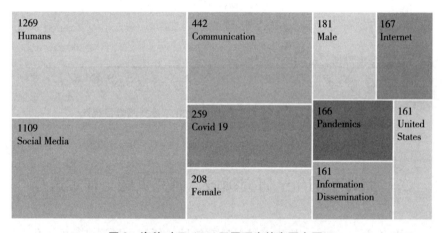

图2 海外对 Twitter 开展研究的主要领域

图3 海外对 Twitter 开展研究的主要主题词

高、影响力较大的文献，为更好反映当下 Twitter 的研究趋势，以下将以这些文献为样本开展进一步分析。通过人工筛选后排除学科相关度低、会议论文等类别期刊，最终得到 164 篇文献信息，将已有文献信息导入 Citespace 进行进一步分析，得到高频词包括"政治传播（political communication）""政党（party）""影响（impact）""假新闻（fake news）""曝光（exposure）""健康传播（health communication）"等。主要涵盖政治传播、健康传播、新闻实践等子领域；从研究视角上看，该阶段研究主要关注 Twitter 用户的类型、媒介使用动机、影响等三个方面。基于此，本文将以用户的媒介使用为主题，分别从 Twitter 使用的使用者身份、动机与影响几个方面梳理 2020~2023 年国外 Twitter 研究的脉络。

三　传播学视野下 Twitter 海外研究主题

（一）身份、场景与媒介使用

该类研究关注 Twitter 的使用者身份与 Twitter 媒介使用的关联。Twitter 作为世界上最大的在线社交媒体平台之一，其覆盖不同种族、性别、年龄、职业等的用户类型，而用户身份的不同也往往会影响 Twitter 使用过程中的参与度，如发推、转推（Retweet）、评论、点赞等方面的意愿，以及信息获取过程中对于信源的信任度等方面。2020~2023 年被引量较高的文献主要关注以下几个主题。

关注 Twitter 特定话题的用户特点。并不局限于 Twitter 整体的用户构成，而是从新冠疫情、气候政策、医疗保障等具体热点话题入手，尝试从用户特点出发深层解读与之的关联。时至今日，除常规用户外，社交机器人也在 Twitter 账户中占据了极大比例。一项美国的研究选取第一批新冠疫苗获得批准后近 9 个月的时间来检测社交机器人，并对社交机器人生成的和人类生成的 Twitter 进行高频词分析，计算社交机器人在 Twitter 上参与新冠疫苗讨论的程度及其参与特征。结果显示 8.87% 的用户是社交机器人，其中 11% 是 Twitter 用户在语料库中，且讨论话题与人类高度相似。[①]

关注用户身份对媒介使用的影响。新冠疫情是该时间段 Twitter 使用的主要背景因素，深刻影响了用户对于信息的需求度，但由于信息量的严重过

---

① Zhang, Menghan, Xue Qi, Ze Chen, and Jun Liu, "Social Bots' Involvement in the COVID-19 Vaccine Discussions on Twitter," *International Journal of Environmental Research and Public Health*, 2022, 19 (3), https://doi.org/10.3390/ijerph19031651.

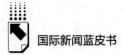

载，Twitter 用户不得不对之进行进一步筛选，而年龄、种族等身份因素都会影响 Twitter 用户对于 Twitter 信息获取的意愿和对于信源的信任度等问题。美国学者通过调查提出，白人和年长受访者比非白人和年轻受访者更有可能信任政府来源，后者更有可能信任私人来源（如 CNN 和 FOX）和社交媒体（如 Twitter）。因此当需要考虑尽可能扩大传播覆盖面时，利用不同渠道及时分发传播到不同人口具有重要性。①

关注 Twitter 与不同平台的比较。Facebook、INS、TikTok 都出现在 Twitter 研究中的高频关键词中，研究者尝试从各平台的比较中获取更加明晰的用户画像，以归纳出更好的分众化传播策略。如德国学者的一项研究发现在 2021 年 8 月至 2022 年 2 月关于新疫苗接种的评论中，社交媒体上的抗疫苗接种者使用了 14 种反对 COVID-19 疫苗的论点。这些类别的出现频率因不同的社交媒体平台而异：反疫苗接种者在 Facebook 和 Twitter 上的活动也类似，主要集中在对政府的不信任以及关于疫苗接种安全性和有效性的指控上。TikTok 上的抗疫苗者主要关注个人自由，而鼓励接种疫苗的 Instagram 用户经常面临批评，认为接种疫苗是不应该分享的私人问题。②

关注与 Twitter 相关的新闻实践。Twitter 作为社交媒体催生了多元主体参与新闻实践的可能性，也随之改变了整个新闻行业的生态。Twitter 影响力日益扩大以来，关于 Twitter、Facebook 等是否该被视为媒体的争论就从未停止。社交媒体对新闻规范和实践的影响也随之成为新闻与传播研究中的一个突出主题。

这部分研究一方面聚焦某些特定领域媒体在 Twitter 中的新闻生产现象，主要利用数据挖掘工具，基于媒体的报道内容，从新闻专业主义、新闻理

① Fridman I., Lucas N., Henke D., Zigler C., "Association Between Public Knowledge About COVID-19, Trust in Information Sources, and Adherence to Social Distancing: Cross-Sectional Survey," *JMIR Public Health Surveill*, 2020, 6 (3).

② Wawrzuta, Dominik, Justyna Klejdysz, Mariusz Jaworski, Joanna Gotlib, and Mariusz Panczyk, "Attitudes toward COVID-19 Vaccination on Social Media: A Cross-Platform Analysis," *Vaccines*, 2022, 10 (8).

想、新闻价值等具体视角，分析其态度倾向、意识形态和商业考量等方面[1]；另一方面，探讨 Twitter 新闻生产融入新闻实践的可行性。对于一些小型新闻机构来说，其公众形象和记者的网络身份之间并不总是有明确的界限。有学者关注这种模糊性，探讨了总部位于加拿大多伦多的独立在线新闻杂志 Local 的社交媒体使用和新闻实践的整合，以及它对社区新闻的潜在影响，提出了一种独特的新闻方法：优先考虑本地的、诉诸于情的报道，而不是记者作为独立的观察员和信息提供者的传统规范。这一发现揭示了本地新闻初创公司和其他类似的数字新闻初创公司的新闻实践可能有助于社区新闻的复兴。[2] 毫无疑问的是，Twitter 新闻生产逐渐常规化也一定程度上影响了新闻记者对于新闻的判断，Twitter 日益被纳入新闻常规流程当中，这一方面可能会把更广泛的声音纳入主流新闻议程，另一方面也造成打包新闻等负面影响。且不经常使用 Twitter 的记者往往会忽视一些被视为有新闻价值的 Twitter 信息[3]，还有部分媒体从业人员，尤其是女记者会陷入 Twitter 骚扰当中[4]，因此 Twitter 如何更好地被利用到新闻生产当中还需要进一步考察。

（二）动机、情感与媒介使用

这类研究关注各类传播主体使用 Twitter 的具体原因。作为社交平台，信息互动是媒体使用的核心驱动因素，但 Twitter 具有点对点、点对面等多

---

① Arce-García, S., & Menéndez-Menéndez, M. -I., "Inflaming Public Debate: a Methodology to Determine Origin and Characteristics of Hate Speech about Sexual and Gender Diversity on Twitter," *Profesional De La información*, 2022, 32 (1).

② Sibo Chen & Shirley Roburn, "When Pandemic Stories Become Personal Stories: Community Journalism and the Coverage of Health Inequalities," *Journalism Practice*, 2023, DOI: 10.1080/17512786.2023.2197420.

③ McGregor, Shannon C., Molyneux, Logan, "Twitter's Influence on News Judgment: An Experiment Among Journalists," *Journalism*, 2018, 146488491880297.

④ Seth C. Lewis, Rodrigo Zamith & Mark Coddington, "Online Harassment and Its Implications for the Journalist – Audience Relationship," *Digital Journalism*, 2020, DOI: 10.1080/21670811.2020.1811743.

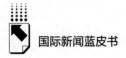

种连接方式，在传播主体日益多元化的今天，Twitter 也逐渐被视为用户与官方服务关系连接、共同体构建等方面的重要空间。商业媒体试图运用 Twitter 连接受众以扩大自身影响力，企业运用社交媒体抵达客户完成对接、构建社群，用户则不断利用 Twitter 满足自己多元化的情感需求。通过梳理发现，海外 Twitter 研究对媒介使用动机的关注主要分为几类：个体情感满足、群体动员动机、品牌宣传动机以及与多个社交平台使用动机的对比。

个体情感满足。这类研究大多运用大数据结合情绪分析（sentiment analysis）的方法，以描述用户在发推时的情绪情感状态。近年的研究则尤其关注新冠疫情期间的信息沟通与情感满足。有研究显示，疫情暴发初期公众对冠状病毒未知性质的恐惧在所有话题中都占主导地位。人们有高度的信息需求与情感需求需要得到满足，因而求助于 Twitter 平台。[①]

用户的情感动机有时具有一定相似性与可预知性。利用 Twitter 作为案例进行分析，有助于通过语言分析、社会网络分析和图片分析来构建社交媒体中的趋势感知。比如有学者研究 2020~2021 年疫情期间的英语和意大利语热门推文，认为用户倾向于分享引起快乐、悲伤和厌恶的内容，而并不喜欢悲伤的信息。在疫情发展过程当中，情感和超越情感的内容传播之间具有明显的相互作用。[②]

但不同时期或社会环境下用户的情感动机则可能存在较大差异。一项研究以法文和英文推文为样本分析了英语和法语职业安全领域推文的社会结构及其情绪分布：英语推文的情绪越积极，越有可能被转发；法语推文的负面情绪越多，越有可能被转发，法语推文中态度极端负面的数量远大于英语。消极推文对法语的影响比积极的影响更大，而对英语的推文没有影响。这反

---

① "Public Discourse and Sentiment during the COVID 19 Pandemic: Using Latent Dirichlet Allocation for Topic Modeling on Twitter," *PLoS ONE*, 2022, 15 (9).

② Stella, M., Vitevitch, M. S., Botta, F., "Cognitive Networks Extract Insights on COVID-19 Vaccines from English and Italian Popular Tweets: Anticipation, Logistics, Conspiracy and Loss of Trust," Big Data Cogn. Comput. 2022, 52 (6).

映了语言文化、国家与地区等方面造成的差异会影响用户的 Twitter 使用行为。①

群体动员动机。该类研究关注 Twitter 作为一个理想化的公共领域的社会参与和群体动员现象。Twitter 被视为以女权主义为代表的少数群体斗争的重要场域，但同时也具有很多局限性。例如，一项美国的研究考察了 Twitter 用户对于歌手瑞安·亚当斯的虐待行为报道前后的反应，认为 Twitter 对于亚当斯的批评过程中间接强化了"有毒男性气概"框架，将注意力从性别暴力的制度和系统方面转移开。Twitter 通过算法推荐、用户转发等机制将对于女权主义话语的焦点更多落于斯威夫特、特朗普等名人身上，而对更加制度化、常态化的性别暴力事件仍然缺少足够的关注。② 另一项意大利推文的研究则发现，女性在政治斗争中往往有被工具化的倾向，这类将女性去主体化的现象显然也违背了 Twitter 作为网络女权主义斗争的初衷。③

同时，Twitter 并非弱势群体单方面斗争，在许多情况下，女性、老年人、少数族裔都被强势群体通过推文攻击和歧视。在新冠疫情初期，一项研究对"elderly""old"等具有年龄特征的关键词进行检索，发现近 1/4 的分析推文存在年龄歧视或潜在的冒犯。④

Twitter 还大量运用与各类群体进行抗议活动的组织动员过程。比如加拿大的一项研究就证明了当地气候变化抗议活动中社交媒体与其他数字媒体工具的连接，对于大量年轻人起到了重要的鼓励作用，而这种媒体使用方式已成为国际抗议活动的一种趋势。社交媒体平台大大改变了年轻一代政治参与

---

① Lingxi Song, Rita Yi Man Li, Qi Yao, "An Informal Institution Comparative Study of Occupational Safety Knowledge Sharing via French and English Tweets: Languaculture, Weak-strong Ties and AI Sentiment Perspectives," *Safety Science*, Volume 147, 2022.

② Brenton J. Malin, "'I Never Liked Him': Ryan Adams and the Toxification of Masculinity in the Post-MeToo Digital Era," *Women's Studies in Communication*, 2023, 46 (2): 160-178.

③ Rosemary Clark-Parsons, "'I SEE YOU, I BELIEVE YOU, I STAND WITH YOU': #MeToo and the Performance of Networked Feminist Visibility," *Feminist Media Studies*, 2021, 21 (3): 362-380.

④ Maria Renee Jimenez-Sotomayor, Carolina Gomez-Moreno, & Enrique Soto-Perez-de-Celis, "Coronavirus, Ageism, and Twitter: An Evaluation of Tweets about Older Adults and COVID-19," *Journal of the American Geriatrics Society*, 2020, doi: https://doi.org/10.1111/jgs.16508.

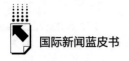

的意愿。①

由于社交媒体的开放和两极分化的特性，人们也很可能在不进行建设性对话的情况下，支持他们现有的观点来反驳对手的观点。这些有争议的话语可能会削弱我们最终实现集体目标的集体能力。这种 Twitter 动员活动也在国外疫情期间大规模的反疫苗行动中发挥了重要影响，比如疫情期间英、美两国的反疫苗群体就曾通过 Twitter 跨国对话和群体动员，对防疫目标的达成形成了巨大阻碍。② 有学者指出：相比于疫苗支持者，反疫苗支持者会更多使用情感语言来达到目的，并更多且更擅长参与 Twitter 上的讨论，以强大的影响力分享他们的内容。反疫苗运动组织有强烈的共同体意识，他们基于一小部分个人资料产生的内容，让整个共同体充当了反疫苗话语在网上传播的传声筒。③

社交机器人、算法等更是可能会放大某些观点并与特定的 Twitter 用户进行互动，影响在线讨论、新闻关注，甚至是公众舆论。一项美国的研究讨论了社交机器人如何影响混合媒体系统的注意力动态，认为 Twitter 社交机器人并没有消除无关信息，而是选择性地放大了某些人类的话语，并预测了随后的新闻报道。新闻媒体在与意识形态倾向相匹配时，长期依赖于机器人驱动计算。这可能导致了新闻报道中党派问题两极分化的长期趋势。④

品牌宣传驱动。Twitter 虽有推文的字数等方面限制，但其图文并茂的多媒体特性与点对多连接的优势则十分有助于满足宣传方面的需要。比如一项

---

① Boulianne, S., Lalancette, M., & Ilkiw, D, "'School Strike 4 Climate': Social Media and the International Youth Protest on Climate Change," *Media and Communication*, 2020, 8 (2): 208-218.

② Martin, S., & Vanderslott, S., "Any Idea How Fast 'It's just a Mask!' can Turn into 'It's just a vaccine!': From Mask Mandates to Vaccine Mandates during the COVID - 19 Pandemic," *Vaccine*, 2022, 40 (51): 7488-7499.

③ Germani F., Biller-Andorno N., The Anti-vaccination Infodemic on Social Media: A Behavioral Analysis," *PLoS ONE*, 2021, 16 (3), https://doi.org/10.1371/journal.pone.0247642.

④ Zening Duan and others, "Algorithmic Agents in the Hybrid Media System: Social Bots, Selective Amplification, and Partisan News about COVID-19," *Human Communication Research*, Volume 48, Issue 3, July 2022: 516-542.

西班牙的研究表明，公司宣传媒体会利用 Twitter 通过与用户实现多样性沟通、公关关系构建，维持自身社群的商业经营。这部分研究尤其关注推文内容、互动形式与用户参与度的关系。[1] 视觉化符号，如表情符号尤为有利于通过构建传播场景提高参与度，是品牌传播中的一个重要因素。另一项西班牙学者的研究描述了西班牙啤酒行业在 Twitter 上受众最多的四家公司使用表情符号的情况。指出使用表情符号针对客户服务和护理的交流，以及在积极情境中强调的交流，与更高的用户参与度有关。[2]

这种宣传并不只有利于某些商业品牌的传播，还有助于某些传统媒体环境下受众面狭窄的组织提升自身的曝光度与影响力，这一点在学术研究宣传方面尤为突出。如一项来自西班牙的研究通过四个化学和医学研究小组的 Twitter 账户分析认为，研究小组可以通过撰写高度人际化的推文，并用大量的符号资源来表达立场和参与、构建平等，有助于扩大研究的宣传效用。这种在语言上"可见"，又通过图片和视频在视觉上"可见"的传播，大大丰富了科学传播的范式。[3]

Twitter、Facebook、TikTok 等不同社交媒体使用动机与满意度的对比。不同社交平台间的使用动机存在极大的差异。有学者对比了 Twitter、WhatsApp、Facebook 等多个社交媒体指出，Twitter 上的互动为亲同性互动模式，可能会加剧群体极化，产生明显的群体间敌意；但在 WhatsApp 上，随着时间的推移，去极化现象反而可能会发生。而在互动、位置和情绪表达方面，Facebook 被发现是最不亲同性的平台。而这些差异被视为网络政治两

[1] Maiorescu-Murphy, R., "Business-centered Versus Socially Responsible Corporate Diversity Communication. An Assessment of Stakeholder (dis) Agreement on Twitter," *Public Relations Review*, 2022, 48 (1).

[2] Casado-Molina, A. M., Rojas-de Gracia, M. M., Alarcón-Urbistondo, P., & Romero-Charneco, M., "Exploring the Opportunities of the Emojis in Brand Communication: The Case of the Beer Industry," *International Journal of Business Communication*, 2022, 59 (3): 315-333.

[3] María-José Luzón, "Multimodal Practices of Research Groups in Twitter: An Analysis of Stance and Engagement," *English for Specific Purposes*, Volume 70, 2023: 17-32.

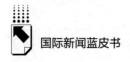

极化的驱动因素。[1]

另有法国学者基于疫情期间的实际案例对比得到幸福与生活满意度、消极情绪、积极情绪与主动或被动使用 Twitter 与 Facebook、TikTok 等其他社交媒体之间的一种关联：Twitter 与 Facebook 用户浏览 Twitter 信息过程中会比其他平台更多看到负面信息，而 Twitter 用户似乎更倾向于将他们的情况与他们认为更糟糕的情况进行比较（即向下的社会比较），而不是更好的情况（即向上的社会比较）。因此，主动和被动使用 Twitter 都能够使用者产生满足感，负面信息也在 Twitter 上分享的速度更快。相反，Facebook 被认为是一个积极的自我展示和印象管理的空间，用户被动使用 Facebook 时更倾向于向上的社会比较而产生不满足感。[2] 因此必须结合实际情况区分社交媒体的特点，才能真正理解它们如何塑造人类的相互作用。

（三）Twitter 媒介使用与负面影响

该部分研究主要从社会学层面展开，尤其关注在疫情与后疫情时代，Twitter 用户使用对其行为的影响。研究多从其负面影响切入，主题包括虚假信息的泛滥、媒介成瘾症等几个方面。

Twitter 虚假信息泛滥下的"信息疫情"。新冠疫情期间，过多正误混杂的信息导致人们难以发现值得信任的信息来源与可靠的指导，甚至身心也有遭遇危害的可能性。由于并不具备筛选和推荐真实信息的能力，Twitter 进一步加剧了信息疫情现象。新冠疫苗投入国外市场初期，Twitter 上便存在大量关于其安全性和有效性的虚假性、误导性话语。澳大利亚学者指出，在当地一次调查中 24.3% 的参与者不确定或不愿意接受新冠疫苗。其中，高达 89% 是由于担心疫苗的有效性和安全性。即便一些国家和国际卫生机构与事

①　Yarchi, M., Baden, C., & Kligler-Vilenchik, N., "Political Polarization on the Digital Sphere: A Cross-platform, Over-time Analysis of Interactional, Positional, and Affective Polarization on Social Media," *Political Communication*, 2021, 38 (1-2): 98-139.

②　Masciantonio, A., Bourguignon, D., Bouchat, P., Balty, M., & Rimé, B., "Don't Put all Social Network Sites in one Basket: Facebook, Instagram, Twitter, TikTok, and their Relations with Well-being during the COVID-19 Pandemic," *PLoS One*, 2021, 16 (3).

实核查组织进行了辟谣，但辟谣与谣言传播之间存在明显的时间差距，且辟谣的覆盖范围极为有限，可能使一些人对疫苗的有效性和安全性产生了怀疑。[1] 错误信息推文往往表现出更多的负面情绪，而且会随着时间的推移而逐渐演变出部分不相关的阴谋论和现实世界事件的细节。信息疫情并非属于公共卫生事件特有的案例，可以将之扩展至对于一般性错误信息的理解范畴当中，并创建有针对性的信息以抵消其传播影响。[2]

另一项意大利的研究则指出，在信息传播风险较高的国家，传播策略的改变与谣言的限制可能对遏制流行病产生重大影响。流行病的升级导致人们逐渐关注更可靠的来源，从而可能限制信息流行病的影响，但实际的调整速度可能在决定社会结果（特别是在受控制的流行病和全球大流行病之间）方面产生重大影响。[3] 秘鲁的学者同样关注到了该话题。与其他国家不同的是，秘鲁在控制信息传播方面相对成功，这可能是因为对制造和分享假新闻的人实施了监禁判决。[4] 在危机传播时期，这为其他国家提供了一个可行的方案。

Twitter 引起"依赖症媒介"的负面效果。新冠疫情期间线下活动的限制导致社交网络或即时通信应用程序的使用显著增加，只能远程接受线上教育的青少年很少有机会进行社交活动。意大利的学者通过研究发现，这种过度使用可能会促进对这些平台的成瘾倾向，并对青少年产生负面影响。通过

---

[1] Islam M. S., Kamal A. -H. M., Kabir A., Southern D. L., Khan S. H., Hasan S. M. M., et al., "COVID-19 Vaccine Rumors and Conspiracy Theories: The Need for Cognitive Inoculation against Misinformation to Improve Vaccine Adherence," PLoS ONE, 2021, 16 (5).

[2] Gerts, D., Shelley, C. D., Parikh, N., Pitts, T., Chrysm, W. R., Fairchild, G., Daughton, A. R., Thought I'd Share First and Other Conspiracy Theory Tweets from the *COVID - 19 Infodemic: Exploratory Study.* Ithaca: Cornell University Library, 2021.

[3] Gallotti, R., Valle, F., Castaldo, N., Sacco, P., & De Domenico, M., *Assessing the Risks of 'infodemics' in Response to COVID-19 Epidemics.* Ithaca: Cornell University Library, 2021.

[4] Alvarez-Risco, Aldo, Christian R. Mejia, Jaime Delgado-Zegarra, Shyla Del-Aguila-Arcentales, Arturo A. Arce-Esquivel, Mario J. Valladares-Garrido, Mauricio Rosas del Portal, León F. Villegas, Walter H. Curioso, M. Chandra Sekar, and Jaime A. Yáñez, "The Peru Approach against the COVID-19 Infodemic: Insights and Strategies," *The American Journal of Tropical Medicine and Hygiene* 2020, 103 (2): 583-586.

调查该学者提出，智能手机、TikTok、Facebook、电报、信使和 Twitter 已经成为社交媒体成瘾的几大重要因素，但仅使用 WhatsApp、YouTube、Twitter 的青少年比同时使用 Instagram 或 TikTok 的青少年受到的影响更低，相比于作为视觉媒体的 TikTok 和 Instagram，具有信息平台性质的 Twitter 有更大希望削弱这一影响。①

Twitter 回音室效应。有学者就社交平台如何形成枪支管制、疫苗接种、堕胎、吸烟等方面观点偏见的热点话题，从互动网络中的同质性与信息扩散中的偏见两方面进行了量化研究②，也有研究证明青少年接触烟草与社交媒体营销和吸引力具有很大关联③。也有学者认为并不能将这类负面行为完全归因于 Twitter 的存在。进一步利用社交媒体数据不仅有助于进行健康传播研究，还有利于结合媒体内容宣传正确信息的反向扩散。比如利用 Twitter 数据，评估包含吸烟导致肺损伤的医学剧是否可能成为提高肺损伤问题意识的潜在途径。④

四　传播学 Twitter 海外研究趋势展望

从以上分析结果来看，Twitter 作为国外传播学研究过去几年间的热点，已得到医学、计算机科学、心理学、社会学等各个学科的学者的关注，这些领域的研究也深刻影响着传播学未来 Twitter 研究的趋势。为更好了解这一趋势，将 WOS 核心数据库 2023 年传播学已有的 180 篇 Twitter 论文信息导入

---

① María-José Luzón, "Multimodal Practices of Research Groups in Twitter: An Analysis of Stance and Engagement," *English for Specific Purposes*, Volume 70, 2023: 17-32.

② Cinelli, M. et al., "The Echo Chamber Effect on Social Media.," Proc. Natl Acad. Sci. USA 118, e2023301118 (2021).

③ O'Brien E. K., Hoffman L., Navarro M. A., et al., "Social Media Use by Leading US E-cigarette, Cigarette, Smokeless Tobacco, Cigar and Hookah Brands," *Tobacco Control*, 2020 (29): e87-e97.

④ Beth L. Hoffman, Riley Wolynn, Erica Barrett, Jennifer A. Manganello, Elizabeth M. Felter, Jaime E. Sidani, Elizabeth Miller, Jessica G. Burke, Brian A. Primack & Kar-Hai Chu, "Viewer Reactions to EVALI Storylines on Popular Medical Dramas: A Thematic Analysis of Twitter Messages," *Journal of Health Communication*, 2023.

Citespace，绘制高频词共现图谱如表 1，可见 2023 年目前已有的 Twitter 研究主要分为危机传播、政治传播、智能传播（社交机器人等）、健康传播、营销传播等几个核心话题。

表 1　2023 年海外 Twitter 研究高频词图谱

关键词	词频（次）	重要共现关键词
social media	88	Social networks, participation, social media, news, Facebook
twitter	81	Participation, news, Instagram, Facebook, information
facebook	40	Motivation, twitter, crisis communication, Instagram
communication	29	Twitter, news, machine learning, populism
media	26	Social networks, twitter
news	21	Participation, machine learning, opinion, coverage
information	18	Policy, twitter, crisis communication, social media, credibility
crisis communication	12	Publics, crisis communication, model, management, social media
strategy	10	Model, crisis communication, publics, management
political communication	10	Election campaign, discourse, election
management	10	Age, generated content, crisis communication, tool, model
Sentiment analysis	9	Perception, generation content,
coverage	9	Conflict, news
impact	8	Big date, customer engagement, frame, attitude
participation	8	Audience, citizen engagement, opinion, election
technology	8	Adoption, community, intention, pandemic, discrepancy

可见，作为过去几年研究热点健康传播、虚假信息仍得到持续关注，但相比于 2020~2022 年的文献比例已有所下降，可能与传播环境的变化有一定关联。同时，危机传播与政治传播等话题作为 Twitter 研究始终的热点与重点，仍将得到未来研究的持续关注。

B.14
人工智能发展历程与社会风险的
舆论图景报告

万旋傲*

摘　要： 伴随着 AlphaGo、智能算法、元宇宙、ChatGPT 等人工智能技术
成果的问世，人工智能的社会影响和风险如何反复成为学界、科
技和社会各界的舆论焦点。研究发现，相关舆论呈现了弱人工智
能、强人工智能和超级人工智能的循环，并推动了乐观主义、悲
观主义和怀疑论的交叉演化，形成了关于人工智能社会风险认知
的复杂舆论图景。本文认为，应进一步促进多元角度的价值判
断、伦理思考和舆论互动，推动社会理论和社会治理体系为适应
智能化的现代性规则而不断延伸。

关键词： 人工智能　社会风险　舆论图景

　　21 世纪，人工智能快速渗透社会的生产与运行领域，成为带动各行业
和人类社会生活全方位变革的重要力量。从 2016 年 AlphaGo 击败世界围棋
冠军李世石，智能算法形塑新型生产运营模式和个性化信息环境，到 2021
年"元宇宙"概念与"元宇宙"产业群兴起，再到 2022 年 11 月智能语言
处理工具 ChatGPT 震撼问世，人工智能正在频繁地展现令世人惊叹的能力，
同时，也让"人工智能会超越人类吗""人工智能未来走向何处""人工智

---
　　* 万旋傲，上海社会科学院新闻研究所副研究员，主要研究方向为社交媒体、政治传播、网络
舆情。

能的风险和监管"等话题反复成为哲学、社会科学、科技界和社会舆论的热议焦点。本文基于对人工智能的发展历程和舆论图景描述,理解学术和科技前沿对人工智能时代的风险研判和认知态度变迁。

一　人工智能的概念与发展历程

人工智能并非当前互联网时代的新兴产物。早在 20 世纪 50 年代,图灵(Alan Mathison Turing)发表论文《计算机器与智能》,提出著名的"图灵测试(The Turing Test)",展现了当时科学家对人工智能的思考与探索。[①]1956 年,麦卡锡、明斯基等学者在达特茅斯召开关于人工智能的研讨会,正式提出了"人工智能"这一概念。但发展至今,对于何谓"人工智能",人们还未取得共识。罗素(Stuart Russell)和诺维格(Peter Norvig)提出了人工智能定义的主要趋势,认为主流界定的分歧点主要围绕人工智能"以人为中心"还是"以理性为中心"展开。[②]如一些学者认为人工智能"从字面上完成的意思就是:有头脑的机器……要使计算机像人一样思考"[③],是"将与人类的思维相关的活动(诸如决策、问题求解、学习等活动)自动化"[④],主要特征是像人类一样的认知和思考能力。而一些学者更强调人工智能模仿人的功能性行为,如 Kurzweil 界定人工智能是"一种技艺,创造机器来执行人需要智能才能完成的功能"[⑤],Rich 和 Knight 认为人工智能是"研究如何让计算机能够做到那些目前人比计算机做的更好的事情"[⑥],这些理解强调人工智能类人的行为主义或功能主义意义,获得了许多经验科学的

① Turing, A. M., "Computing Machinery and Intelligence," *Mind*, 1950 (59), pp. 433-460.
② 〔美〕斯图尔特·罗素、彼得·诺维格:《人工智能:一种现代的方法》,殷建平等译,清华大学出版社,2018。
③ Haugeland, J., *Artificial Intelligence: The Very Idea*. MIT Press, Cambridge, Massachusetts. 1985.
④ Bellman, R. E., *An Introduction to Artificial Intelligence: Can Computers Think?* San Francisco: Boyd & Fraser Publishing Company, 1978.
⑤ Kurzweil, R., *The Age of Intelligence Machines*. MIT Press, Cambridge, Massachusetts. 1990.
⑥ Rich, E. and Knight, K., *Artificial Intelligence*. New York: McGraw-Hill, 1991.

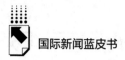

支撑。而另一派研究者则更倾向于"以理性为中心"去界定和研究人工智能，致力于让人工智能在已知范围内"正确行事"，他们认为人工智能是"通过对计算模型的使用来进行心智能力的研究"①，是"对直觉、推理和行为成为可能的计算的研究"②，"是对设计智能化智能体的研究"③。

人工智能发展的逻辑起点和智能来源可追溯到早期哲学、数学、经济学、神经科学等学科的思想、观点与技术应用。亚里士多德（Aristotle）是首个将支配意识的理性部分的法则形式化为精确的法则集合的人，他认为"所有人生来要求认知"，并在《逻辑学》中深入讨论了认识论，发明了著名的"所有人都会死""苏格拉底是人""苏格拉底会死"的三段论。尽管后来关于人工智能的正式公理形式是 2000 多年后在哥特洛布·弗雷格、贝特朗·罗素、A. N. 怀特海、库尔特·哥德尔、艾伦阿兰·图灵、艾尔弗雷德·塔斯基等人的努力下逐渐发展起来的，但是其逻辑思想的起点来源于亚里士多德。④

Frege 在他的《算数基础》中试图将亚里士多德在《逻辑学》中的很多问题形式化为数学语言，目的是以一种明了而且精确的方法描述算数的基本概念。⑤ 罗素等人则进一步尝试将一系列公理的内容全部转化为数学运算，为奠定 AI 的基础起到了重要作用。第二次世界大战期间，三个参战国的科学家几乎同时独立地发明了现代的物理机，第一台由图灵研究组建造于 1940 年，名为"Health Robinson"，其唯一的目的是破解德国密码系统。其后，图灵一直致力于研究如何让物理机模拟心智智能地执行任务。他的信念得到了精神病学家 Warren McCulloch 和数学家 Walter Pitts 的

① Charniak, E. & McDermott, D., *Introduction to Artificial Intelligence*. Addison-Wesley, Reading, Massachusetts. 1985.

② Winston, P. H., *Artificial Intelligence*. Addison-Wesley, Reading, Massachusetts. 1992.

③ Poole, D., Mackworth, A. K., & Goebel, R., *Computational Intelligence*: *A Logical Approach*. Oxford University Press. Oxford, UK. 1998.

④ 〔美〕卢格尔：《人工智能：复杂问题求解的结构和策略》，史忠植等译，机械工业出版社，2006.

⑤ Frege, G., *Die Grundlagen der Arithmetic*. Breslau: W. Koeber, 1884.

支持，二人合著论文《神经活动中内在思想的逻辑演算》结合了图灵的观点、Bertrand Russell 的命题逻辑和 Charles Sherrington 的神经突触理论，证明了任何可计算的函数都可以通过某种神经元连接成的网络进行计算，而且所有逻辑连接符（与、或、非等）都可以用简单的网络结构实现。这项成果联合了符号主义与联结主义的观念，一方面鼓舞着 AI 先驱们尝试建立思维的形式模型（符号主义），另一方面也启发了以赫布为代表的多种神经网络模型（联结主义）的发展，是符号主义和联结主义两种 AI 研究体系的共同发端来源。①

在符号主义研究范式中，心灵和数字计算机都是物理符号系统，都通过形式规则操作符号来生成智能行为。霍布斯指出："一个人在推理时，他所做的只不过是将许多小部分相加而构造出一个整量，因为推理不是别的，就是计算……"② 莱布尼茨致力于建立经典的数学观念——每一事物的形式化——的研究时，曾寻求支撑物来发展一个普适的符号系统，使其"为每一客体指定一个确定的特征数"，并设想出"一种人类思想的字母表"。③ 他们的观点构成了符号主义的 AI 观点：AI 就是试图找到主体（人或计算机）中的这些本原元素和逻辑关系，通过该主体映射出构成世界的本原客体和它们之间的关系。④ 1955 年，艾伦·纽厄尔、赫伯特·西蒙设计了"物理符号系统假设"，认为数字计算机操作的二进制数字串能代表任何东西，并且可以表述不同符号之间的关系。⑤ "物理符号系统假设"被视为人工智能符号主义的原型，也有学者认为他是将维特根斯坦的看法转换成一个经验性的实现方案。

联结主义的方法论则是纽厄尔和西蒙提出的符号模型的直接竞争者，该系统主张建立大脑模型（而不是符号模型）来创造人工智能，这种认识主

---

① 〔英〕玛格丽特·博登：《人工智能哲学》，刘西瑞、王汉琦译，上海译文出版社，2006。

② Hobbes，T.，*Leviathan*. New York：Library of Liberary Arts. 1958，p. 45.

③ Leibniz. G.，*Selections*. New York：Scribner. 1951，pp. 18–20.

④ 〔英〕玛格丽特·博登：《人工智能哲学》，刘西瑞、王汉琦译，上海译文出版社，2006。

⑤ Newell & Simon，"Computer Science as Empirical Inquiry：Symbols and Search," In J. Haugeland（ed.），*Mind Design*. Cambridge，Mass：MIT Press. 1981，pp. 35–66.

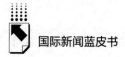

要受到来自神经科学思想的启发。① 赫布 1949 年提出，如果当神经元 A 和神经元 B 同时被刺激时，该刺激使它们之间的联结强度增高，那么一团神经元就能够进行学习。② Rosenblatt 继承了这一观点，认为智能行为是以我们对世界的表述为基础的，所以它很可能是难于形式化的，同时，他设计了"感知机"将自身的想法付诸实施。③ 但是到 20 世纪 70 年代，这种以感知机为范式的大脑模拟研究开始渐受冷落，以数字计算机进行符号操作的一方更受欢迎。不过，在物理学、心理学等其他领域，这种方法的应用仍在继续。

两种方法论各有一套与之相应的研究纲领：一派把人工智能看作操作思想符号的系统，另一派把人工智能看作建立大脑模型的手段；一派把问题求解作为智能的范式，另一派把学习作为智能的范式；在学派上，一个是哲学中理性主义、还原论传统的继承者，一个则更多将自己看作理想化的、整体论的神经科学。

被称为"计算机之父"的艾伦·图灵不仅第一个清晰描绘了 AI 的完整景象，长期以来更引领着研究者们和社会对 AI 的争论焦点。他提出的"图灵测试"试图建立评价智能行为的标准：讯问者通过文本方式与一个人和一个机器进行沟通，如果询问者不能区别出机器和人，那么就认为这个机器是智能的。图灵标准也受到了三种迥然不同的驳斥。第一种采用了反行为主义论据，即不可能创建出一套规则去界定什么样的行为反应是合理的，行为本身也不能看作是智能的。④ 第二种则集结了多种说明计算机不可能有智能的另一些看法。一个颇有影响的例子是 J. 赛尔的"中文屋"思想实验，即一个完全不懂得中文的人，可以通过字符规则的学习而给出和中文母语的人

① Dreyfus H. L. & Dreyfus S. E. , *Mind over Machine*：*The Power of Human Intuition and Expertise in the Era of Computer*. Blackwell. 1986.

② Hebb D. O. , *The Organization of Behavior*. Wiley. 1949.

③ Rosenblatt F. , *Principles of Neurodynamics*：*Perceptrons and the Theory of Brain Mechanisms*. Spartan. 1962. pp. 386-387.

④ Sloman, A. , *The Computer Revolution in Philosophy*：*Philosophy, Science, and Models of Mind*. Brighton：Harvester Press. 1978.

一样的回答，尽管他并不理解自己的回答。Searle 认为这种行为就是计算机行为，并以此反对计算机的思维能力，提出编程的计算机并不能认知和理解信息。① 第三种驳斥论据与图灵的假定相反，认为计算机的表现要在深度、广度、灵活性上与人类心智相媲美，在原理上或实践上都不可能。②

以上驳斥立论大多代表了"弱人工智能"（Artificial Narrow Intelligence）立场，该立场对人工智能的智能能力评估相对较低，认为计算机在心灵、认知、智能研究中的主要价值是为我们提供了一个强有力的工具；而对"强AI"而言，计算机不只是研究心灵的工具，而被认为具有理解和认知能力。③"弱 AI"派系的发展与人工智能的屡次挫败有一定的关系。其中，第一次重大的挫败源于 1973 年詹姆斯·莱特希尔（James Lighthill）出版的一份报告，报告讨论了自动机、中枢神经系统和机器人，认为自动机和中枢神经系统的研究具有价值，但发展却是不确定的，而对机器人的研究没有任何价值，应该被取消。④ 第二次重挫在于日本开发的智能电脑失败。1982 年，日本国际贸易和工业部开始的第五代计算机的研发项目，希望能够创造出具有推断和处理知识能力的机器，但到 1992 年项目已耗资 8.5 亿美元，关键技术问题仍没有突破。第三次挫败发生在 1984 年，这一年斯坦福大学试图构建一个包含所有人类常识知识的知识百科全书 Cyc，但 Cyc 开发不久就进入低迷期。⑤

然而发展至今，人工智能已突破了一个又一个"弱人工智能"不能实现的预言，AI 技术已渗透于现代社会的家居、物流规划、财务（监控和交易股票以及开展其他银行业务）、数据分析、制造、互联网搜索引擎、汽车、移动设备应用（例如 Apple 的 Siri 语音识别软件）、飞机制导系统以及

① Searle, J. R., "Minds, Brains and Programs," *BBS*. 1980 (3), pp. 417-457.
② Dreyfus, H. L., *What Computers Can't Do: The Limits of Artificial Intelligence*. New York: Harper & Row. 1979.
③ Dreyfus H. L. & Dreyfus S. E., *Mind over Machine: The Power of Human Intuition and Expertise in the Era of Computer*. Blackwell. 1986.
④ Lighthill J., *Artificial Intelligence: a Paper Symposium*. London: Science Research Council, 1973.
⑤ Pan Y., "Heading toward Artificial Intelligence 2.0," *Engineering*, 2016 (2), pp. 409-413.

许多其他应用。"强人工智能"（Artificial General Intelligence）和"超强人工智能"（Artificial Super Intelligence）的立论开始迅速放大：强 AI 在各方面都能和人类比肩，人类能干的脑力活它都能干；超强 AI 被认为在几乎所有领域（包括通识、社交和科学创新）都比最聪明的人类大脑都聪明很多。① 一些著名的科学家斯蒂芬·霍金（Stephen Hawking）、马克斯·泰格·马克（Max Tegmark）、斯图尔特·罗素（Stuart Russell）、弗兰克·维尔泽克（Frank Wilczek）联合公开表示，人工智能的完全发展"可能意味着人类的终结"，并且"计算机将在未来 100 年内某些时候用 AI 超越人类"，引发世界舆论轰动。

二　人工智能社会风险的舆论图景

关于"人工智能对人类社会有什么风险和影响""人工智能会失控吗"等问题，狂热的预言层出不断，乐观主义派、悲观主义派和怀疑论派争论不休。②

（一）乐观主义派舆论图景

著名发明家、未来学家、奇点大学校长 Kurzweil 表达了对人类未来发展进程的本质乐观主义观点。1998 年他在 *The Age of Spiritual Machines* 中就提出了"超强 AI"的大胆论断，认为科技正以史无前例的速度发展，计算机将能够赶超人类智能的各个方面。在《奇点临近》中，他表示人类创造技术的节奏正在加速，技术的力量也正以指数级的速度增长，强人工智能将在2030 年实现，到 2045 年，超人工智能（纳米技术和生物技术相结合）将战胜衰老、疾病、贫困、饥饿、环境污染甚至个人死亡等世界性问题，人类将超越生物极限，走向非生物化，进入一个崭新的世界。③ 乐观主义者的典型

---

① 〔美〕雷·库兹韦尔：《奇点临近》，李庆诚、董振华、田源译，机械工业出版社，2011。
② 〔英〕玛格丽特·博登：《人工智能的本质与未来》，孙诗惠译，中国人民大学出版社，2017。
③ 〔美〕雷·库兹韦尔：《奇点临近》，李庆诚、董振华、田源译，机械工业出版社，2011。

代表还有 Timothy Leary，Hans Moravec，Marvin Minsky，Vernon Vinge 和 Bill Hibbard 等人。Hibbard 相信未来能够创造出能够感受情感的超智能机器，这种情绪化的机器可以改善人的生活。因此，人工智能技术应该首先建立简单的机器，学会通过人脸、人声或人类语言中的表达来识别快乐和不快乐。[①]

还有一些相对保守的乐观主义者相信人工智能对于人类有帮助，尽管有一些风险，但也可以控制。例如，Markoff 提出 AI 领域可以分为两类：第一类试图复制人类智能，第二类利用计算机的力量扩展人类的能力和决策力。[②] Sam Altman 和 Michio Kaku 等几位乐观主义者认为 AI 技术可以通过 "OpenAI" 和有效监管来控制。

（二）悲观主义派舆论图景

艾伦·图灵早年就曾预见人类可能会被人工智能 "大大贬低" 的可能性，表达了对制造比自己更聪明的东西的不安。Cybernetics 创始人 Norbert Wiener 在 1960 年写道："我们最好确定机器的目的就是我们真正想要的目的，但目前我们还不清楚如何在创造超级智能机器的同时避免其消除人性。"

目前，关于人工智能未来影响的悲观主义观点占据绝大多数，许多人对其潜在的反乌托邦后果表示担忧。"奇点" 的另外两个发起人杰克·古德（Jack Good）和弗诺·文奇（Vernor Vinge）也相信奇点的到来，但认为奇点会引发巨大的风险甚至灾难。古德 1965 年预言了一台超智能机，将 "毫无疑问地引起智能爆炸"，最终 "毁灭人类"。[③] 25 年后，文奇推广了 "奇点" 术语，在《技术奇点即将来临：后人类时代生存指南》（*The Coming Technological Singularity*）论文中称，奇点到来时，所有的预言都会被打破，

---

① Hauer T.，"Society and the Second Age of Machines，"*Algorithms Versus Ethics Society*，2018（55），pp. 100-106.

② Markoff，J.，*Machines of Loving Grace：The Quest for Common Grounds Between Humans and Robots*. New York：Harper Collins. 2016.

③ 〔英〕玛格丽特·博登：《人工智能的本质与未来》，孙诗惠译，中国人民大学出版社，2017。

"以前的规则将眨眼间不复存在，人类政府毫无控制的希望"。①

2000年，《连线》杂志的一篇文章中，Joy写道，强大的机器人技术、基因工程和纳米技术威胁着人类成为濒临灭绝的物种，随着机器变得越来越聪明，社会问题变得越来越复杂，人们会让机器为他们做出所有重要的决定，因为这些决策会带来比人类更好的结果，这种情况最终将导致机器有效控制所有重要决策，人们依赖于它们并且害怕做出自己的选择。② Joy和许多其他科学家、哲学家、科技人士一致认为，库兹韦尔及其支持者极大地低估了挑战的严重程度以及思维机器和智能机器人可能带来的潜在危险。在充满乌托邦的世界中，所有工作都将由机器完成，人类可能会降低到二流状态。即使是具有下棋能力的人工智能也可能是危险的，一个设计不合理、无预防措施的人工智能应该反对它自己被断线并试图进入其他技术系统创建自己的副本，它们也可能会为了保护自己、获取资源、实现目标而不考虑他人的安全。例如，名为Gaak的机器人在一次生存训练中，从研究中心逃到了停车场，并在停车场意外被汽车撞了，其行为令其设计者感到惊讶，因为设计者并没有对它发出这种类型的"逃跑指令"。③

科技界的代表者伊隆·马斯克多次表示，人工智能就像"召唤恶魔"，"其后果比核武器还要糟糕"。2015年1月，马斯克和斯蒂芬·霍金签署了一份公开信，呼吁更多的相关研究、监管手段、道德框架以确保人工智能有益于人类，保证人工智能系统"必须做我们希望它们做的事情"，而不是失控。面对2022年11月ChatGPT的问世，马斯克在表达担忧的同时，提出"研发一种旨在理解宇宙的AI——'真相GPT'"的设想，称只有理解宇宙的AI才不会毁灭人类。

尤瓦尔·赫拉利预示数据主义即将成为判别是非的新宗教。数据主义在

① Vinge, V., *The Coming Technological Singularity*: *How to Survive in the Post-human Era*. In VISION21, 1993.
② Joy, B., "Why the Future Doesn't Need Us," Apr. 2, 2000. Wired. https://www.wired.com/2000/04/joy-2/.
③ Wainwright M., "Robot Fails to Find a Place in the Sun," *The Guardian*, 2002.

起初会通过加速人类的人文主义愿望（幸福、健康和力量）而获得发展和传播，但一旦其过于强大，以人为中心的世界观就会惨遭淘汰，最高的价值就变成了"信息流"，人类只是"信息流"中微小的一种。数据主义对人类造成的威胁正如人类对其他动物造成的威胁。①

人工智能还有一个引起世界恐慌的问题是军事应用。是否支持或反对致命自治武器系统（LAWS）的发展也成为人工智能的一项重要道德决策。Stuart Russell 在 *Nature* 上发文对此表达了担忧。他指出，目前技术已经达到了这样的程度，即在未来的几年内（而不是几十年），致命自治武器系统（LAWS）的部署就是可行的，尽管不合法。但美国国防部高级研究计划局（DARPA）已预示计划使用 LAWS，其他国家可能也正在制定类似秘密计划。LAWS 已被描述为继火药和核武器之后"战争的第三次革命"，导致了很高的威胁和风险。② 2023 年 6 月，《纽约时报》报道，350 多位人工智能领域方面的领军人物联合警告，他们所构建的技术有可能某天会对人类生存构成威胁，其社会风险可与大规模传染病和核战争等同。

针对乐观主义奇点信徒的批评还分散在各个学科、领域和视角，Kurzweil 总结其批评观点包括"来自马尔萨斯的批评""来自软件的批评""来自模拟处理的批评""来自神经处理复杂性的批评""来自微管和量子计算的批评""来自图灵支持派理论的批评""来自故障率的批评""来自锁定效应的批评""来自本体论（计算机可以有意识吗）的批评""来自贫富分化的批评""来自政府管制可能性的批评""来自整体论的批评"等。③

（三）怀疑论派舆论图景

怀疑论者则对奇点能否到来、人工智能是否会带来深刻变化和影响从多元角度提出了质疑。1972 年，Dreyfus 提出，人类的智慧和专业知识不

---

① 〔以〕尤瓦尔·赫拉利：《未来简史》，林俊宏译，中信出版社，2017。

② Russell S., "The Future is Superintelligent," *Nature*, 2017（548），pp. 520-521.

③ 〔美〕雷·库兹韦尔：《奇点临近》，李庆诚、董振华、田源译，机械工业出版社，2011。

能在规则中复制和捕获，信息处理无法与人类智能相提并论。[1] 但这种早期的、较为保守的论断随着当今人工智能技术的发展，已经少有提及。怀疑论者的观点出现了一些转向。玛格丽特·博登作为怀疑论者的支持者指出，①尽管实现人类水平的人工智能原则上是无障碍的，但是问题在于，在实践中能否实现；②即使在实践中可行，是否有足够的、海量的资金去实现它也值得怀疑；③人工智能一直专注于智力的理性，却忽略社会/情感智能，更别提心智了，人类的心智何其丰富，人工智能要在我们的世界充分交流务必也需要这些能力，并掌握这么复杂的计算理论，这一点也值得怀疑。[2]

此外，关于人工智能的长期风险、长期安全的焦虑是必要的，但人工智能已经造成的、即将造成的短期影响也不容忽视。人工智能已经开始逐渐取代许多人类所执行的任务，不断减少人们的工作量，增加了财富不平等和人们的空闲时间;[3] 调整了社会职业结构，造成一些岗位损失[4]；同时，让人们频繁隐私泄露、接受虚假信息、面临网络安全问题等，令人不安。

2013 年 9 月，牛津大学卡尔·弗瑞（Carl Benedikt Frey）及迈克尔·奥斯本（Michael A. Osborne）发表了《就业的未来》研究报告，预测到 2033 年，计算机有 99% 的概率会取代电话营销人员和保险业务员的工作，其次是运动裁判（98%）、收银员（97%）、厨师（96%）、服务员（94%）、律师助手（94%）、导游（91%）、面包师（89%）、公交车司机（89%）、建筑工人（88%）、兽医助手（86%）、安保人员（84%）、船员（83%）、调

① Dreyfus, H. L., *What Computers Still can't do: A Critique of Artificial Reason.* MIT Press. 1972.
② 〔英〕玛格丽特·博登：《人工智能的本质与未来》，孙诗惠译，中国人民大学出版社，2017。
③ Spyros Makridakis, "The Forthcoming Artificial Intelligence (AI) Revolution: Its Impact on Society and Firms," *Futures*, 2017 (90), pp. 46-60.
④ Chui, M., Manyika, J., & Miremadi, M., "Where Machines could Replace Humans - and Where they Can't (yet)," *McKinsey.* 2016. http://www.mckinsey.com/business-functions/digital-mckinsey/our-insights/where-machines-could-replace-humans-and-where-they-cant-yet.

酒师（77%）、档案管理员（76%），而考古学家的工作被取代的可能性只有0.7%。[①] 尤瓦尔·赫拉利在《未来简史》中强调，人工智能目前还无法与人类智能匹敌，但对大多数的现代工作来说，99%的人类特性及能力是多余的，人工智能要将人类挤出就业市场，只要在特定行业需要的特定能力上超越人类，就已足够。[②] 麦肯锡最近的一项研究"机器在哪些方面可以替代人类，哪些方面（还）不能"区分了高度易受人工智能影响、易受影响和不易受影响的职业：第一组包含"数据收集"（64%）、"数据处理"（69%）和"可预测的体力劳动"（78%）；第二组包含"利益相关者之间的互动"（20%）和"不可预测的体力劳动"（25%）；第三组包含"管理岗"（9%）和"应用专业知识"（18%）的职业。[③] 还有一些研究也证明了，与社交技能相关的工作在未来更为重要，1980～2012年社交性工作每年增长10%，而其他所有工作在同一时期下降3%。[④]

然而，人工智能时代所创造的新工作能否补偿其淘汰的工作？这个问题也存在一定分歧，一些人担心，如果未来的工作都可以自动化，社会将走向如何。人工智能技术的支持者认为这是一项积极的发展，将人们从日常工作中解放出来，让他们追求自己的利益，享受闲暇时间。[⑤] 高奇琦在《人工智能：驯服赛维坦》中也指出，人工智能可能造成两种状态的失业：一种是结构性失业，即一些行业在短期内面临结构性的挑战，另一种是全面性失业，即人工智能的冲击全面覆盖各行各业。[⑥] 米尔顿·弗里德曼则声称，人

---

① Frey B. C. & Osborne, M. A., "The Future of Employment: How Susceptible are Jobs to Computerrisation?" Sep. 17, 2013. http://www.oxfordmartin.ox.ac.uk/downloads, academic/The_Future_of_Employment.pdf.

② 〔以〕尤瓦尔·赫拉利：《未来简史》，林俊宏译，中信出版社，2017。

③ Chui, M., Manyika, J., & Miremadi, M., "Where Machines Could Replace Humans – and Where they Can't (yet)," *McKinsey*. 2016. http://www.mckinsey.com/business – functions/digital – mckinsey/our-insights/where-machines-could-replace-humans-and-where-they-cant-yet.

④ Deming, D. J., *The Growing Importance of Social Skills in the Labor Market*. NBER working paper series. 2016.

⑤ Spyros Makridakis, "The Forthcoming Artificial Intelligence (AI) Revolution: Its Impact on Society and Firms," *Futures*, 2017 (90), pp. 46–60.

⑥ 高奇琦：《人工智能：驯服赛维坦》，上海交通大学出版社，2018。

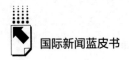
类的需求是无限的，只要有足够的购买力，聪明的企业家就会设法填补它们，创造相应的行业。①

三　小结

随着人工智能给人类生活和价值体系带来冲击，其也会引领包罗万象的哲学、社会理论和社会治理体系为适应现代性规则而不断延伸。如阿格尼丝·赫勒所说："我怀疑是否存在一种支配性的世界解释，在我看来，现代世界却是在所有层面和所有方面都是零散的、冲突的，有时甚至是混乱的。"

对此，白宫连续发布三份白皮书（《国家人工智能研究和发展战略计划》《为人工智能的未来做好准备》《人工智能、自动化与经济》），从制度、细则、社会等方面提出应对人工智能变革的策略。2019 年，英国、欧盟、日本、澳大利亚等于同一年纷纷出台了关于人工智能伦理的原则、指南或行动计划，通过政策文件确定了人工智能开发和应用过程中的透明度、可解释性、隐私保护和社会公平性等伦理保护方案。2017 年，我国国务院印发了《新一代人工智能发展规划》，提出"要开展与人工智能应用相关的民事与刑事责任确认、隐私和产权保护、信息安全利用等法律问题研究，建立追溯和问责制度，明确人工智能法律主体以及相关权利、义务和责任等"。2019 年和 2021 年，中国国家新一代人工智能治理专业委员会分别发布了《新一代人工智能治理原则——发展负责任的人工智能》和《新一代人工智能伦理规范》，为从事人工智能相关活动的自然人、法人和其他相关机构提供隐私、偏见、歧视、公平等伦理指引和治理框架。

但总体上讲，不同于一般科技产品，人工智能的开发与应用直接关乎道德伦理和人的权利、尊严等根本性问题。目前看来，我们似乎无法阻挡人工

---

① Susskind, R., & Susskind, D., *The Future of the Professions: How Technology Will Transform the Work of Human Experts*. Oxford: Oxford University Press. 2016.

智能发展的步伐，但仍需要未雨绸缪，从哲学、社会科学、科技公司管理者、技术工程师等各个角度对人工智能研发和发展过程做更谨慎的价值判断和伦理法律思考，促进推动人工智能的可持续发展，并最大限度地减少其潜在风险对社会的影响。

B.15
基于"新型关系"视角的社交媒体
影响者与追随者研究报告

张　卓*

摘　要： 新数字技术带来的机遇让网络社交互动行为发生了新的变化。本文回顾了社交媒体影响者和追随者的关系，梳理了当前基于"新型关系"视角的社交媒体与品牌传播的"跨准社会关系"（trans-parasocial relationship）来理解新形式的社交互动和受众行为。通过对目前主流研究框架的整理，以期为数字时代的传播和广告理论提供新的研究基础和可供参考的知识体系。

关键词： 社交媒体影响者　追随者　准社会关系　说服知识模型　跨准社会关系

一　引言

查看 Instagram 的最新更新和观看 YouTube 上的新视频已经成为许多人的主要休闲活动。[①] 例如，YouTube 号称其平台上有 5000 万内容创作者和 20 亿月活跃用户，YouTube 用户每天观看 10 亿小时的视频，特别是，千禧一代和 Z 世代最常观看的 YouTube 内容是操作视频或教程，其次是视频博客和拆箱视

　张卓，上海社会科学院新闻研究所助理研究员，研究方向为舆论学与计算传播。

① Leskin, P. , "I Spent a Day Following an Instagram Influencer around New York City to See What her Job was Really Like," *Business Insider*, January, 2020.

频。① 更重要的是,这些社交网站的用户不仅会参与在线个人的内容互动,还会根据这些在线个人的建议做出购买决策。② 受欢迎的网络人物,通常是内容创造者,包括 Instagram 和 YouTube 的博主,他们吸引了大量的关注者并且对追随者的决策行为有着重要影响,被称为"社交媒体影响者"。③④

以往的研究已经描绘了影响者和名人之间的细微差别,Lou 和 Kim 认为,影响者是那些不断创造有用内容以通过互动社交媒体平台吸引追随者的人。⑤ Escalas 和 Bettman 认为,那些以戏剧天赋而闻名的人,如表演、歌唱或体育,通常是通过电影、电视和广播这些传统媒体发挥影响力。⑥ 此外,还有研究人员认为,在影响追随者的行为方面,社交媒体影响者被认为比名人更有影响力,因为前者将自己定义为对生活有热情的普通人,他们的评论被追随者认为更真实、更可信。⑦

Lou 和 Kim 发现,解释社交媒体名人在追随者中引起吸引力的机制中,社交关系在青少年中解释了加强的物质主义观念和购买意图,以及在成年人的追随者中体现出增加的产品兴趣。这里的"准社会关系"指的是感知到的"受众与媒体个人的联系,超越了短暂的接触"⑧,这是"媒介用户与

① Omnicore,, "YouTube by the Numbers: Stats, Demographic & Fun Facts," 2020.

② Mohsin, M., "10 Instagram Stats every Marketer Should Know in 2020,". Oberlo, February, 2020.

③ De Veirman, M., V. Cauberghe, and L. Hudders, "Marketing through Instagram Influencers: The Impact of Number of Followers and Product Divergence on Brand Attitude," *International Journal of Advertising*, 2017, 36 (5): 798-828.

④ Lou, C., and S. Yuan, "Influencer Marketing: How Message Value and Credibility Affect Consumer Trust of Branded Content on Social Media," *Journal of Interactive Advertising*, 2019, 19 (1): 58-73.

⑤ Lou, C., and H. K. Kim, "Fancying the New Rich and Famous? Explicating the Roles of Influencer Content, Credibility, and Parental Mediation in Adolescents' Parasocial Relationship, Materialism, and Purchase Intentions," *Frontiers in Psychology*, 2019, 10: 2567.

⑥ Escalas, J. E., and J. R. Bettman, "Connecting with Celebrities: How Consumers Appropriate Celebrity Meanings for a Sense of Belonging," *Journal of Advertising*, 2017, 46 (2): 297-308.

⑦ Djafarova, E., and C. Rushworth, "Exploring the Credibility of Online Celebrities' Instagram Profiles in Influencing the Purchase Decisions of Young Female Users," *Computers in Human Behavior*, 2017, 68: 1-7.

⑧ Bond, B. J., "Parasocial Relationships with Media Personae: Why they Matter and How They Differ among Heterosexual, Lesbian, Gay, and Bisexual Adolescents," *Media Psychology*, 2018, 21 (3): 457-485.

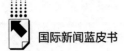
媒介表演者形成的更持久的关系"。① 准社会关系不同于一个密切相关的术语，准社会互动，因为后者描述了观众通过偶尔的媒体接触与媒体人物的瞬间互动。② 准社会关系通常被认为是双方不对等或非互惠的，其中一方（观众）对另一方（电视和广播名人）了解更多，参与程度更高。然而，最近的研究也对这一概念提出了挑战，将影响者和追随者之间的双向密切关系描述为"感知的互联性"，它与在电视和广播时代创造的单向社交关系的概念不同。③ 社交媒体影响者和追随者之间的关系确实比社交关系所涵盖的单向关系更为互动和互惠。不过，这种社交媒体影响者—追随者关系的最新理论化是从社交媒体影响者的角度出发的。因此，从追随者的角度对这种基于影响者和追随者之间的新关系形式进行清晰的理论解释是非常必要的。

更重要的是，鉴于影响者或多或少受到"潜在商业利益"的驱动，即赞助或代言交易④，这种新形式的关系如何配置或解释消费者对影响者赞助活动的反应仍无定论。先前的文献已经发现，在影响者赞助的帖子中包含赞助披露有助于消费者将它们识别为广告→认知说服知识的激活→通过对帖子或影响者产生怀疑或负面态度来应对说服意图。⑤⑥ 然而，最近的一些研究表明，影响者的赞助披露，同样也标志着"影响者的诚实、开放和透明"，

① Dibble, J. L., T. Hartmann, and S. F. Rosaen, "Parasocial Interaction and Parasocial Relationship: Conceptual Clarification and a Critical Assessment of Measures," *Human Communication Research*, 2016, 42（1）: 21-44.

② Horton, D., and R. R. Wohl, "Mass Communication and Para-social Interaction: Observations on Intimacy at a Distance," *Psychiatry*, 1956, 19（3）: 215-29.

③ Abidin, C., "Communicative Intimacies: Influencers and Perceived Interconnectedness," *Ada: A Journal of Gender, New Media, & Technology*, 2015, 8: 1-16.

④ Abidin, C., and E. C. Thompson, "Buymylife. com: Cyberfemininities and Commercial Intimacy in Blogshops," *Women's Studies International Forum*, 2012, 35（6）: 467-77.

⑤ De Jans, S., and L. Hudders, "Disclosure of Vlog Advertising Targeted to Children," *Journal of Interactive Marketing*, 2020, 52: 1-19.

⑥ Evans, N. J., J. Phua, J. Lim, and H. Jun, "Disclosing Instagram Influencer Advertising: The Effects of Disclosure Language on Advertising Recognition, Attitudes, and Behavioral Intent," *Journal of Interactive Advertising*, 2017, 17（2）: 138-49.

实际上增加了追随者对影响者的信任和满意度。① 此外，Lou，Tan 和 Chen 分析了 Instagram 上由影响者发起的大量帖子，发现包括披露（即不披露或明确或模糊披露）并不影响粉丝对帖子的喜欢、对帖子的评论或评论中表现出的负面情绪。② 关于追随者如何对影响者发起的帖子做出不一致的反应（披露或不披露）揭示了一个明显的研究缺口。

通过文献梳理，不难看出，关于影响者和追随者关系的现有文献存在明显的差距，需要更为深入细致的解释。首先，从追随者的角度来看，缺乏对影响者和追随者之间这种新的关系形式的全面和系统的理论化分析。第二，最近的研究表明，这种影响者—追随者关系可以减轻广告素养（由赞助披露激活）对广告效果的负面影响。③ 因此，当务之急是在数字媒体时代，解开和阐明追随者对有影响力的人发起的帖子的反应的潜在心理过程。重新审视和定义影响者情境中的准社会关系，并解释它如何影响追随者对影响者发布赞助内容的反应。

Lou 通过一系列深度访谈进行研究，这些访谈涉及新加坡的社交媒体用户，他们在准社交概念的指导下追踪有影响力的"新型关系"。近阶段的研究提出了一个新的跨社会关系的概念化，其标志是影响者通过"互惠"、"同步互动"、"共同创造的互动"和"关系发展"吸引追随者。此外，追随者通过"积极偏见""灵感内化"等心理机制对影响者发起的帖子做出总体良性和赞赏的态度反应。

"新型关系"具有重要的理论贡献，提供了这种新的和不断发展的影响者—追随者关系的理论，并描绘了这种关系对未来社交媒体与品牌传播研究

---

① Dhanesh, G. S., and G. Duthler, "Relationship Management through Social Media Influencers: Effects of Followers' Awareness of Paid Endorsement," *Public Relations Review*, 2019, 45 (3): 101765.

② Lou, C., S. -S. Tan, and X. Chen, "Investigating Consumer Engagement with Influencer-vs. Brand-promoted Ads: The Roles of Source and Disclosure," *Journal of Interactive Advertising*, 2019, 19 (3): 169-186.

③ Boerman, S. C., and E. A. Van Reijmersdal, "Disclosing Influencer Marketing on YouTube to Children: The Moderating Role of Para-social Relationship," *Frontiers in Psychology*, 2020 (10): 3042.

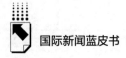

的影响。此外，当前的研究结果为影响者提供了可操作的建议，即与他们的追随者建立有效和友好的关系，以及制作一份有效的清单，指导品牌开展合理的活动。

二　社交媒体影响者和准社会关系

（一）社交媒体影响者

在品牌传播中运用"名人效应"已经持续了几十年。[①] 品牌方邀请名人来推广产品或品牌即"名人代言"，希望借助名人的吸引力、欢迎度、可信度以产生有利的宣传效果。[②] 近年来，一种新型的"网络名人"在网络和社交媒体平台上很受欢迎，也很有影响力，随着品牌代言和赞助，他们的影响力越来越大。[③] 这些"网络名人"被称为社交媒体影响者，通常是受欢迎的社交媒体人物，他们不断地在其知识领域内创建和传播内容，投射真实的角色，策划与大量追随者的亲密关系，从而对追随者的购买和决策产生影响。[④]

Campbell 和 Farrell 提出的影响者分类，包括名人影响者和大型、宏观和微观影响者，以及近些年来受到研究关注的"草根影响者"。谷歌进行的一项调查显示，10 个青少年中有 7 个提到，"草根名人"比传统名人更接近 YouTuber，10 个千禧一代中有 4 个认为他们最喜欢的 YouTube "比他们的朋

① Kaikati, J. G., "Celebrity Advertising: A Review and Synthesis," *International Journal of Advertising*, 1987, 6 (2): 93–105.

② Erdogan, B. Z., "Celebrity Endorsement: A Literature Review," *Journal of Marketing Management*, 1999, 15 (4): 291–314.

③ Djafarova, E., and C. Rushworth, "Exploring the Credibility of Online Celebrities' Instagram Profiles in Influencing the Purchase Decisions of Young Female Users," *Computers in Human Behavior*, 2017 (68): 1–7.

④ Campbell, C., and J. R. Farrell, "More than Meets the Eye: The Functional Components Underlying Influencer Marketing," *Business Horizons*, 2020, 63 (4): 469–79.

友更了解他们"。① 草根代言在推动品牌传播活动效果上可能与名人代言一样好，甚至更好。

最近关于社交媒体营销者的研究证明了他们在特定年龄组（如青少年）中的吸引力。②③ 还探讨了传播来源可信度、内容价值、准社会互动/关系和一致性在社交媒体影响者活动中的有效作用。④⑤ 在这些研究中，那些研究社交媒体影响者和追随者之间关系的人经常应用"准社会互动或准社会关系范式"来阐明影响者和他们的追随者之间的关系及其对下游消费者行为的影响。

特别是，许多有影响力的人会积极回复评论和进行直播互动，以促进更多的互动交流。有影响力的人也有意透露私人故事或生活经历，以表现出共性和真实性。更重要的是，有影响力的人与他们的追随者交流"互惠的亲密关系"，以表示感谢和认可追随者的支持，包括点赞或转发追随者的提及或评论，以及展示追随者的帖子或故事。许多有影响力的人会定期向追随者提供免费的代言产品和其他类型的支持。此外，影响者经常主动征求反馈或考虑其追随者对内容创建和交互主题的请求。

总的来说，从社交媒体影响者的角度来看，影响者和追随者之间的关系已经被挖掘出其所蕴含的准社会关系的理念。

---

① O'Neil-Hart, C., and H. Blumenstein, "Why YouTubestars are more Influential than Traditional Celebrities," Google, July, 2016.

② Boerman, S. C., and E. A. Van Reijmersdal, "Disclosing Influencer Marketing on YouTube to Children: The Moderating Role of Para-social Relationship," *Frontiers in Psychology*, 2020 (10): 3042.

③ De Veirman, M., L. Hudders, and M. R. Nelson, "What is Influencer Marketing and how does it Target Children? A Review and Direction for Future Research," *Frontiers in Psychology*, 2019 (10): 2685.

④ De Veirman, M., V. Cauberghe, and L. Hudders, "Marketing through Instagram Influencers: The Impact of Number of Followers and Product Divergence on Brand Attitude," *International Journal of Advertising*, 2017, 36 (5): 798-828.

⑤ Schouten, A. P., L. Janssen, and M. Verspaget, "Celebrity vs. Influencer Endorsements in Advertising: The Role of Identification, Credibility, and Product Endorser Fit," *International Journal of Advertising*, 2020, 39 (2): 258-81.

（二）准社会关系

Horton 和 Wohl 提出准社会关系的概念，描述了通过媒介接触与媒体人物（包括名人和媒体人物或角色）建立的持久的社会关系，这种接触通常由受众所体验。有时，准社会关系和准社会互动被交替使用。① 然而，它们本质上是不同的，因为准社会互动描述的是与媒体人物的短期和基于情节的互动，而准社会关系捕捉的是受众与媒体人物发展的持久纽带。准社会关系被理解为单方面的或非互惠的，因为受众通常非常了解媒体人物，而后者几乎不了解前者。② Horton 和 Wohl 在电视广播时代赋予了这个名词的内涵。然而，电视和广播都不能使观众与媒体人物（例如，名人、角色）直接互动。数字媒体时代，社交媒体为用户参与和他们喜爱的媒体人物的互动（例如，点赞、评论或共享他们的帖子）创造了便捷性，并且还使得这些媒体人物能够向追随者公开他们的生活事件或亲自回复追随者的评论，这有助于追随者感知到更大的亲密度和增强的互惠性。③ 就影响者和追随者之间的互动而言，影响者不仅定期与追随者互动并生成对追随者有吸引力的有用内容，还让追随者参与他们的内容或策略的共同创作。

更重要的是，社交媒体影响者和追随者之间的关系被认为在许多方面不同于准社会关系。根据对新加坡社交媒体影响者的观察和采访，Abidin认为，第一，准社会关系是以媒体人物所展示的戏剧性为前提的，而影响者和追随者之间关系的关键是亲密关系。第二，社交媒体影响者和追随者之间的关系通常更加扁平，通过互动的社交媒体平台来调节，而准社交关系通常通过自上而下、一对多的大众媒体渠道来促进。第三，关于准社会关系环境，传播给受众的中介内容通常由"生产者"构建，而由社交媒体

① Tsai, W. -H S., and L. R. Men, "Motivations and Antecedents of Consumer Engagement with Brand Pages on Social Networking Sites," *Journal of Interactive Advertising*, 2013, 13 (2): 76-87.

② Escalas, J. E., and J. R. Bettman, "Connecting with Celebrities: How Consumers Appropriate Celebrity Meanings for a Sense of Belonging," *Journal of Advertising*, 2017, 46 (2): 297-308.

③ Colliander, J., and M. Dahlen, "Following the Fashionable Friend: The Power of Social Media," *Journal of Advertising Research*, 2011, 51 (1): 313-20.

影响者传播的内容通常由影响者和追随者共同创建。更为重要的是，影响者和追随者之间的交流比以往任何时候都更加具有交互性，与影响者的线下会面机会进一步使追随者相信他们与影响者有一种互动的、可信赖的、亲密的“友谊”。

近阶段的研究采用了准社会关系的范式来捕捉社交媒体影响者—追随者的关系，揭示了准社会关系调节了用户对品牌态度的影响[①]以及说服知识对购买意愿和网络口碑的影响[②]。研究还发现，社交媒体影响者来源可信度、传播内容因素或影响者和追随者之间的通信公平性对追随者的唯物主义观点的影响。

简而言之，不管社交媒体影响者和追随者之间的关系包括什么，这种关系都有望影响追随者对社交媒体影响者发起的帖子的反应。说服知识模型（Persuasion Knowledge Model，PKM）可以进一步解释这个过程。

三 准社会关系下的说服知识模型（PKM）

（一）说服知识模型

根据最近对社交媒体影响者的研究发现，当追随者看到影响者自发发布的包含明确披露的帖子/视频时，他们可能会激活自己的说服知识（Persuasion Knowledge，PK）[③]。源自说服知识模型[④]，PK 解释了受众如何

① Boerman, S. C., E. A. Van Reijmersdal, and P. C. Neijens, "Sponsorship Disclosure: Effects of Duration on Persuasion Knowledge and Brand Responses," *Journal of Communication*, 2012, 62 (6): 1047-64.

② Hwang, K., and Q. Zhang, "Influence of Parasocial Relationship between Digital Celebrities and their Followers on Followers' Purchase and Electronic Word-ofmouth Intentions, and Persuasion Knowledge," *Computers in Human Behavior*, 2018 (87): 155-173.

③ Evans, N. J., J. Phua, J. Lim, and H. Jun, "Disclosing Instagram Influencer Advertising: The Effects of Disclosure Language on Advertising Recognition, Attitudes, and Behavioral Intent," *Journal of Interactive Advertising*, 2017, 17 (2): 138-49.

④ Friestad, M., and P. Wright, "The Persuasion Knowledge Model: How People Cope with Persuasion Attempts," *Journal of Consumer Research*, 1994, 21 (1): 1-31.

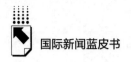

理解广告商试图在特定背景下影响他们的原因，从而发展应对品牌商的说服意图和策略的知识，并相应地调整他们对产品/品牌的态度和购买意图。

说服知识是二维的，包括概念说服知识（Conceptual Persuasion Knowledge，CPK）和态度说服知识（Attitudinal Persuasion Knowledge，APK）。而 CPK 指的是一个人识别信息的说服意图、策略和吸引力的能力①，APK 表示一个情感维度，描述一个人如何发展一种批判性的态度，如不信任的信念或不喜欢，应对具有说服力的意图②。

先前的研究表明，将劝诚性信息识别为广告（CPK）先于消费者随后对该信息形成批评或不信任的应对行为（APK）。③ 根据 PKM 提供的信息，大量的研究发现，在赞助广告中包含明确的赞助披露会激活追随者的 CPK 及其随后的 APK。④ 与社交媒体影响者背景相关，研究重点关注由赞助披露引发的广告认知度如何通过产生广告怀疑主义（即 APK）对活动结果产生负面影响，包括品牌态度、对影响者的态度或购买意向。⑤ Van Reijmersda 的研究发现，在影响者赞助的视频开始之前显示的广告披露（相比在视频开始播放时同时显示的披露）能够导致更高的广告认知度，这反过来导致对赞助内容更为批判的态度，以及随后对品牌和社交媒体影响者更不赞同的态度。

① Boerman, S. C., E. A. Van Reijmersdal, and P. C. Neijens, "Sponsorship Disclosure: Effects of Duration on Persuasion Knowledge and Brand Responses," *Journal of Communication*, 2012, 62 (6): 1047-1064.

② Boerman, S. C., L. M. Willemsen, and E. P. Van Der Aa, "'This Post is Sponsored': Effects of Sponsorship Disclosure on Persuasion Knowledge and Electronic Word of Mouth in the Context of Facebook," *Journal of Interactive Marketing*, 2017 (38): 82-92.

③ Rozendaal, E., M. A. Lapierre, E. A. Van Reijmersdal, and M. Buijzen, "Reconsidering Advertising Literacy as a Defense Against Advertising Effects," *Media Psychology*, 2011, 14 (4): 333-354.

④ Wojdynski, B. W., and N. J. Evans, "Going Native: Effects of Disclosure Position and Language on the Recognition and Evaluation of Online Native Advertising," *Journal of Advertising*, 2016, 45 (2): 157-168.

⑤ De Jans, S., V. Cauberghe, and L. Hudders, "How an Advertising Disclosure Alerts Young Adolescents to Sponsored Vlogs: The Moderating Role of a Peer-based Advertising Literacy Intervention through an Informational Vlog," *Journal of Advertising*, 2018, 47 (4): 309-325.

然而，另一项研究表明，PK 的激活并不一定导致消极的说服结果。[①] De Jans 和 Hudders 发现，在赞助视频中包含社交媒体影响者产生的披露（相对于没有披露）并没有减少追随者对影响者的钦佩或与影响者的准社会互动意图。Kay 等发现，由社交媒体影响者发布的有明确披露的赞助帖子实际上比没有披露的相同帖子导致更高的购买意向。[②] Dhanesh 和 Duthler 认为，影响者的赞助披露可能意味着影响者的诚实和透明，这可以进一步增强追随者对他们的信任。

总的来说，目前的研究认为，关于追随者对影响者发起的帖子的反应的现存发现的不一致性可以部分地由影响者和他们的追随者之间的动态和密切关系来解释以及存在其他潜在的调节者（例如，影响者—品牌一致性、披露记忆）。

（二）影响者—追随者关系与"准社会关系"—"跨准社会关系"

过去的文献大多认为，准社会关系可以提高说服力。[③] Escalas 和 Bettman 揭示了消费者对名人代言人形成的准社会关系调节了名人代言对自我品牌联系的影响。Russell 等提出了平衡理论，并认为消费者对情景喜剧角色的准社会依恋驱使他们将自己对植入式广告的态度与媒体人物对这些产品的态度相一致。同样，Colliander 和 Dahlen 提出，读者和博客（相对于在线杂志）之间形成的准社会关系是其更具说服力的原因。此外，用户与品牌的 Facebook 的准社会关系被发现提升了他们对脸书品牌页面的参与度。相对于影响者背景，研究人员发现，准社会关系降低了劝说知识对品牌态度

---

① Dhanesh, G. S., and G. Duthler, "Relationship Management through Social Media Influencers: Effects of Followers' Awareness of Paid Endorsement," *Public Relations Review*, 2019, 45 (3): 101765.

② Kay, S., R. Mulcahy, and J. Parkinson, "When Less is More: The Impact of Macro and Micro Social Media Influencers' Disclosure," *Journal of Marketing Management*, 2020, 36 (3-4): 248-278.

③ Russell, C. A., B. B. Stern, and B. B. Stern, "Consumers, Characters, and Products: A Balance Model of Sitcom Product Placement Effects," *Journal of Advertising*, 2006, 35 (1): 7-21.

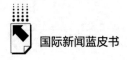
的负面影响①以及购买意向和网络口碑意向。

现阶段的研究表明，由于影响者和追随者之间建立了亲密、双向、共同创造和互动的关系，披露（尤其是明确的披露）可能会激活追随者的 CPK（他们可以认识到赞助帖子的说服性质），但它既不会产生 PKM 预测的批评和不信任的态度，也不会对追随者的下游消费意图产生负面影响。然而，追随者如何协调影响者自发帖子的说服力和他们对社交媒体影响者的依恋是未知的；追随者平衡他们对社交媒体影响者赞助的反应和他们与影响者的亲密关系的过程或心理机制还有待研究。

在"跨准社会关系"下，社交媒体影响者更像是普通人，他们拥有大量的追随者，能够影响或左右他人的决定、行为或观点。影响者有能力传授有用的知识，包括专业领域知识和产品（使用）信息，并且由于他们的有效共享，他们吸引了品牌的赞助。目前的研究发现，追随者确实认为他们与有影响力的人（相对于名人）的关系更加人际化、更加亲密，更像可以值得信赖的"友谊"。追随者对他们最喜欢的社交媒体影响者给予高度信任、高度敏感的情感，这些追随者在与社交媒体影响者建立关系方面投入巨大，追随者关注着影响者的更新，认为他们是值得信任和真实的。研究发现，Instagram 和 YouTube，以及脸书、LinkedIn、Snapchat、微博或微信是"跨社会关系"的平台演绎，具备各种各样的影响形式，包括生活方式、科学、政治、体育、科技、直播、时尚、舞蹈和美容等因素。

四　新型关系理论的要素机制

社交媒体影响者和追随者之间关系的特征，以及它与媒体人物和观众之间的准社会关系的概念有所不同。通过前文梳理，影响者—追随者关系的关键特征从分析中已显现出来，这种关系与准社会关系的非互惠和单向性质已

---

① Boerman, S. C., and E. A. Van Reijmersdal, "Disclosing Influencer Marketing on YouTube to Children: The Moderating Role of Para – social Relationship," *Frontiers in Psychology*, 2020 (10): 3042.

区分开来。影响者和追随者之间的关系是复杂的、多方面的和动态的,是可以互惠和互动的。

我们把这种影响者—追随者关系的新形式称为"跨准社会关系",它表现出以下特征:集体互惠、同步互动、共同创造(见图1)。这些特征将影响者—追随者关系与媒体人物和受众之间的准社会关系的概念区分开来。

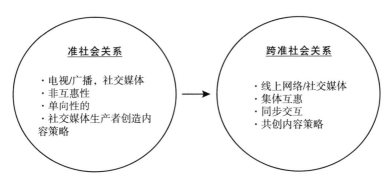

图1 准社会关系和跨准社会关系的关键特征

(一)集体互惠

准社会关系是一种单向的、虚幻的社会关系,在这种关系中,受众经常对他们喜爱的媒体人物做出观察和反应,而媒体人物对受众或他们的行为知之甚少。从受众的角度来看,这种虚幻的关系可能会发展成一种深刻而亲密的程度。准社会关系,在很大程度上,意味着通过受众感知想象的亲密关系,是一种感知互惠,它缺乏真正的互惠。这里的"互惠"指的是"用户在建立互动时的回报意愿"。^① 在这种大众媒体与受众的关系中,受众没有办法从媒体角色那里获得同等的回报,因为他们与媒体角色建立了参与或痴迷的关系,超过了由传统媒体为中介所累积的准社会互动。

然而,在当前"跨准社会关系"下的影响者—追随者关系中,社交媒

---

① Li, J., Tang, J. Y. Wang, Y. Wan, Yi Chang, and H. Liu, "Understanding and Predicting Delay in Reciprocal Relations," Proceedings of the 2018 World Wide Web Conference, 2018: 1643-1652.

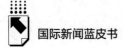

体影响者通常积极和定期地回应追随者的代表性评论、询问或请求。追随者将他们与影响者的关系描述为更加互惠的关系，因为影响者经常努力联系他们的追随者，尽最大努力回复热门评论，应追随者的要求报道某些话题，放弃免费宣传产品，组织线下见面会。

（二）同步交互

媒体人物和观众之间的准社会关系曾经是单向的，单方面传播给受众，它常常被表演者或媒体人物所控制。最近的研究将电视/广播等传统媒体固有的这一原始概念扩展到智能媒体环境。① 一些研究人员认为，在线互动和社交媒体平台促进了媒体人物和受众之间更强的准社会互动，因为受众不仅可以观察媒体的行为角色（例如，博客作者），同样也会对他们的消息做出回应。"交互性"指的是个体能够直接相互交流的程度，而不管时间或距离②，交互性还描述了"用户可以实时参与修改中介环境的格式和内容的程度"③。

从这些角度来看，媒体人物和观众之间的互动并不完全是纯粹意义的交互。然而，当前"跨准社会关系"下关于影响者—追随者互动的诸多研究认为，它在更大程度上是同步互动的，要么通过直播会话或会面同步进行，要么通过在线评论、在线投票或直播视频（如 Instagram）异步进行。

（三）共同创造

Horton 和 Wohl 将准社会关系描述为非对话关系，这种关系主要由媒体人物控制，不涉及相互发展。如果任何一方发现互动不令人满意，媒体人或受众都有权退出，而受众往往接受媒体人的价值观和动机，在这个过程中没

① Colliander, J., and M. Dahlen, "Following the Fashionable Friend: The Power of Social Media," *Journal of Advertising Research*, 2011, 51 (1): 313-320.
② Blattberg, R. C., and J. Deighton, "Interactive Marketing: Exploiting the Age of Addressability," *Sloan Management Review*, 1991, 33 (1): 5-15.
③ Steuer, J., "Defining Virtual Reality: Dimensions Determining Telepresence.," *Journal of Communication*, 1992, 42 (4): 73-93.

有太多的发言权。然而,当前"跨准社会关系"下影响者—追随者关系适应了影响者和追随者共同价值观和目标的渐进和共同发展,这意味着追随者可以参与到合作中,参与影响者的价值观、目标或动机的创造过程。几乎所有的追随者都强调,社交媒体影响者从他们那里获得建议,并且主动寻求追随者关于内容创作和互动主题的提议。

此外,媒体人物角色提供的产品"性能"或"人物角色",往往保持标准化和不变,这通常由行业或他的经理人制定。然而,社交媒体影响者作为内容生成者,不断调整他们提供的内容,并通过与追随者的不断互动,自主决定向其追随者提供什么。整个过程由影响者与追随者共同创造。

五 结论和展望

数字媒体时代,这种社交媒体影响者和追随者之间关系的新形式超越并扩展了现存的以媒体人物和受众为中心的准社会关系假设,并使追随者和影响者之间的互动民主化。

更进一步,这种"新型关系"如何影响社交媒体广告的说服性结果还需要更深入和细致的调查。目前,现有研究的一条主线集中在影响者—追随者关系(主要通过准社会关系的视角进行检验)如何减轻广告素养/说服知识(由赞助披露激活)对广告结果的负面影响。此外,最近的研究表明,如果追随者发现影响者正在推广赞助产品,他们不一定会降低对影响者的钦佩或互动意向。[①] 总的来说,影响者和他们的追随者之间增强的关系在这个过程中起了作用,这似乎是合理的追随者通过它来评估和响应影响者赞助的内容。

值得关注的是,最近的研究表明,追随者通常对影响者赞助的内容反应

---

① De Jans, S., and L. Hudders, "Disclosure of Vlog Advertising Targeted to Children," *Journal of Interactive Marketing*, 2020 (52): 1-19.

非常积极——即使赞助关系被明确公开①，这在很大程度上挑战了说服知识模型的假设。然而，考虑到追随者与社交媒体影响者的这种亲密的、双向的、共同创建的并且主要是交互关系的影响，追随者通过对社交媒体影响者发起的帖子的良性或积极反应的认知过程或潜在心理变化机制仍值得继续探索。

未来的研究可以探索"跨准社会关系"如何调节 PK 对广告结果的影响，并阐明更为具体的机制，通过这些机制可以减少 PK 的负面影响。更重要的是，当弱势群体（如儿童、青少年）接触到他们已经形成"跨准社会关系"的影响者时，必须检查和确定当前关于影响者/隐蔽广告中的广告知识如何以及在多大程度上影响他们，并给予告知提示。相关监管机构可以在影响者—追随者关系和广告素养方面实施更有效、更及时的教育课程，提升青少年数字素养。未来的研究还可以探索如何利用"新型关系"来影响受众的亲社会行为、减少偏见等，从而产生更为积极的传播效果。

---

① Dhanesh, G. S., and G. Duthler. 2019. Relationship management through social media influencers: Effects of followers' awareness of paid endorsement. Public Relations Review 45 (3): 101765.

B.16
新冠疫情健康传播的国际研究进展报告

王　理*

摘　要： 本文旨在通过梳理近三年新冠疫情健康传播相关研究的主要文献，试图回答：疫情是否暴露了既往健康传播中未曾发现的新问题？从疫情期间的健康传播实践中，研究者们得到了哪些新发现？对全球公共卫生治理有何启示？研究发现：新冠疫情发生以来，各学科均有较多成果从各自学科视角切入探讨涉及疫情的健康传播研究，其中"信息疫情"是普遍最为关注的传播议题；健康传播科学知识的仓促生产影响了公共卫生政策制定；用户生成的健康内容正成为健康传播主要内容；同时精准健康对健康传播提出了更高要求。面对这些新议题、新现象与新问题，本文也从信源、渠道、对象和内容四个角度提出了对公共卫生治理层面带来的启示。

关键词： 新冠疫情　健康传播　信息疫情　健康内容　公共卫生治理

2020 年初，随着 COVID-19 病例、死亡人数在全球范围内不断增多，3 月 11 日，世界卫生组织（WHO）宣布新冠肺炎已构成"全球性流行病"（pandemic）。在更具传染性的病毒变种不断出现的同时，各种病毒起源的阴谋论、疾病污名化、种族主义威胁和对公共卫生机构权威性的质疑也不断涌现，给公共卫生政策制定与执行带来重大挑战。随着全球各地感染高峰下降，

---

* 王理，上海社会科学院新闻研究所副研究员，研究方向为新媒体传播和环境、健康与科学风险传播等。

病毒危害性降低，2023年5月，世卫组织认定新冠疫情的全球大流行已经趋于结束，不再构成"国际关注的突发公共卫生事件"。尽管如此，世卫组织也强调，各国仍然必须加强应对措施，并为未来的大流行病和其他威胁做好准备。2018年，伦敦卫生与热带医学院的教授海蒂·J. 拉森（Heidi J. Larson）基于以往的流行病学研究曾预测到，下一次重大疫情暴发带来的影响将被数字化情景下的情绪感染所放大。[1] 的确，每一次全球性重大疫情都具备其独特的社会历史背景，在数字技术的推动下，新冠疫情相关健康传播的确面临了与以往极为不同的挑战，如"信息疫情"等现象。可以说，新冠疫情期间全球各国的健康传播表现为我们提供了一个有效的窗口，来评估和反思此类全球性公共卫生危机的健康传播实践，以期从中发现问题、总结经验，并为今后可能（并且一定会）出现的类似公共卫生危机提供决策参考。

因此，本文回顾了2020~2023年三年间与新冠疫情相关的高质量、高影响力的健康传播研究，文献来源于WOS核心数据库（web of science core collection）中SCI（含扩展）和SSCI数据集收纳的高被引论文（highly cited paper）[2]，搜索关键词为"COVID-19"和"health communication"，在此基础上根据议题关键词从Google Scholar补充搜集部分相关话题论文进行分析。报告试图回答：疫情是否暴露了既往健康传播中未曾发现的新问题？从疫情期间的健康传播实践中，研究者们得到了哪些新发现？对全球公共卫生治理有何启示？

一 新冠疫情相关的健康传播研究基本情况

新冠疫情发生以来，与COVID-19相关的论文编审和发表非常迅速[3]，

① Larson, Heidi J., "The Biggest Pandemic Risk? Viral Misinformation," *Nature*, 2018, 562 (7726): 309-310.
② 初筛论文201篇，逐篇阅读后手动筛至167篇。
③ Karakose, Turgut, and Murat Demirkol, "Exploring the Emerging COVID-19 Research Trends and Current Status in the Field of Education: A Bibliometric Analysis and Knowledge Mapping," *Educational Process: International Journal*, 2021.

国内外相关文献均快速增长，除医学领域外，教育、经济、心理、政治、传播等领域均有大量文献发表。有国内学者在分析了中外传播学代表性期刊中发表的涉及"疫情研究"的 118 篇论文后发现，在研究广度上，中英文研究议题均呈现高度多样性，但中文研究更多从宏观视角出发，英文研究则更倾向于微观问题的探讨；在研究深度上，中英文研究均有待进一步拓展理论深度，中文论文在方法使用上有待进一步提升规范性。①

刊物方面，在以"新冠病毒"（COVID-19）和"健康"（health）为主要对象的英文研究中，《国际环境研究与公共卫生杂志》（*International Journal of Environmental Research and Public Health*）、*Plos One*、《公共卫生前沿》（*Frontiers in Public Health*）等文献量排名靠前。这几种期刊均属于开放获取刊物（OpenAccess Journal，OA），且为在线出版物，发表流程较为迅速，本身发文量巨大。而以"新冠病毒"（COVID-19）和"健康传播"（health communication）为主题的研究中，2020~2021 年论文发表数量最多的刊物包括《健康传播学刊》（*Journal of Health Communication*）、《健康传播》（*Health Communication*）、《国际环境研究与公共卫生杂志》（*International Journal of Environmental Research and Public Health*）、《医学互联网研究杂志》（*Journal of Medical Internet Research*）、《公共卫生前沿》（*Frontiers in Public Health*）等。②前两本期刊为专注健康传播话题研究的传播学 SSCI 刊物，后三本则同属开放获取（OA）刊物。如《健康传播》（*Health Communication*）杂志在 2020 年曾出版两期专刊，名为"COVID-19 时代的公共健康传播"，共刊登了 13 篇同行评议文章和 12 篇约稿评论文章，探讨了 COVID-19 公共健康传播中涉及的一系列核心问题，如减少风险行为的心理预测因素、各类健康信息传递策略、涉及 COVID-19 信息的寻求和分享模式、COVID-19 公共传播的伦

---

① 董晨宇、陈卓睿、李彤：《传播学者从疫情中学到了什么：一项基于中英文研究论文的比较分析》，《新闻春秋》2022 年第 3 期。

② de Las Heras-Pedrosa, Carlos, et al., "COVID-19 Study on Scientific Articles in Health Communication: a Science Mapping Analysis in Web of Science," *International Journal of Environmental Research and Public Health*, 2022, 19（3）：1705.

理意义等。这些文章为研究 COVID-19 相关健康传播的全球影响提供了重要科学依据，其研究对象涉及四个大洲六个不同国家，如中国、以色列、新西兰、韩国、英国和美国等。

研究领域或学科方面，文献数量较多的学科主要包括公共环境职业健康、传播学、卫生政策服务、保健科学服务、信息科学、图书馆科学、环境科学、医学信息学、医学普通内科、心理学多学科、多学科科学等，可以看出，新冠疫情相关的健康传播问题不仅仅是传播学学科所关注的，医学、信息等学科中的诸多领域也分别从各自的学科视角展开探讨。①

二 健康传播实践中的主要议题

（一）"信息疫情"是疫情期间各学科最为关注的传播议题

信息疫情（infodemic）由信息（information）和疫情（epidemic）两个单词合并而成，尽管该词在 2003 年 SARS 暴发期间就由美国卫生和危机传播专家大卫·罗斯科夫（David Rothkopf）首次在《华盛顿邮报》专栏上使用②，但在新冠疫情大流行之前，这个词语极少出现在科学文献中，并未引起过广泛关注③。COVID-19 在全世界的广泛传播既导致新冠疫情大流行，层出不穷的虚假信息也使得"信息疫情"蔓延，成为关注焦点。2020 年 2 月世卫组织全球传染病防范事务主任希尔薇·布莱恩德（Sylvie Braind）指出"信息疫情是发生在疫情期间的信息超载，其中有些信息是准确的，有些信息是不准确的，这导致人们在需要时很难找到可靠的信息来源和可信赖

① de Las Heras-Pedrosa, Carlos, et al., "COVID-19 Study on Scientific Articles in Health Communication: a Science Mapping Analysis in Web of Science," *International Journal of Environmental Research and Public Health*, 2022, 19 (3): 1705.

② Rothkopf, D., "SARS, Fear, Rumors Feed Unprecedented 'Infodemic'," *Washington Post*, 2003: 5-11.

③ Nielsen, Rasmus, et al., *Navigating the 'Infodemic': How People in Six Countries Access and Rate News and Information about Coronavirus*. Reuters Institute for the Study of Journalism, 2020.

的指导"。① 这种信息危害可能会引发公众的非理性恐惧心理甚至大规模的
社会恐慌，不利于健康危机应对和疫情疾病防控。2020 年 1~4 月，事实核
查组织发现全球出现超过 1000 条关于 COVID-19 的虚假声明，并对这些信
息进行了驳斥。② 尽管自中世纪以来，疫情期间出现错误信息传播的现象就
非常普遍，但很多在平时被认为 "一眼假" 的常识性错误信息在疫情期间
仍得到广泛传播，如网络上一度传言 COVID-19 的病毒蔓延与 5G 传播相
关。③ 有研究发现，在疫情期间，捏造和重组的错误信息比例差异不大，主
题主要是关于科学和健康的，包括 COVID-19 的治疗方法、恢复措施或病人
个案进展等，诈骗信息在历次灾难事件或公共卫生事件中也未曾缺席。④ 来
自澳大利亚、孟加拉国、日本、泰国等多个国家的由社会学家、医生、流行
病学家和传播学者等所组成的研究团队在对 2311 个关于病毒和疫情的假消
息进行分析后发现，疫情相关的虚假信息可以分为三类：谣言（大约占
89%）、阴谋论（大约占 7.8%）和污名化信息（约占 3.5%）。⑤

面对信息疫情，主流新闻媒体不得不把有限的编辑资源用于发表辟谣信
息。基于此，有不少研究注意到主流媒体在应对 "信息疫情" 中的重要作
用。既往的健康传播研究中，关于健康错误信息和主流新闻媒体的研究主要

---

① WHO, "Coronavirus Disease 2019 (COVID - 19) Situation Report - 86," 2020 - 09 - 13.
   https: //apps. who. int/iris/handle/10665/331784.

② Nielsen, Rasmus, Richard Fletcher, Nic Newman, J. Brennen, and Philip Howard, "Navigating
   the 'Infodemic': How People in Six Countries access and Rate News and Information about
   Coronavirus," Reuters Institute for the Study of Journalism, 2020. https://reutersinstitute.
   politics. ox. ac. uk/infodemic- how - people - six - countries - access - and - rate - news - and -
   information-about-coronavirus.

③ O'Donnell B., "Here's Why 5G and Coronavirus are not Connected," USA Today. 2020.
   https: //www. usatoday. com/story/tech/columnist/2020/03/21/did - 5 - g - cause - coronavirus -
   covid-19-pandemic/2873731001/.

④ Lwin, May O., et al., "Mainstream News Media's Role in Public Health Communication During
   Crises: Assessment of Coverage and Correction of COVID - 19 Misinformation," *Health
   Communication*, 2023, 38 (1): 160-168.

⑤ Islam, Md Saiful, et al., "COVID-19-related Infodemic and its Impact on Public Health: A
   Global Social Media Analysis," *The American Journal of Tropical Medicine and Hygiene*, 2020,
   103 (4): 1621.

聚焦于主流新闻媒体上出现的错误信息，即主流媒体作为错误信息信源①②，关于新闻媒体如何对错误信息进行把关的研究不多③，缺乏对主流媒体把关和纠错的考察。实际上，在公共卫生危机期间，主流媒体作为社会关键信息来源的地位尤其突出，因为在这种紧急情况下，人们对及时的信息有着高度和迫切的需求。④ 如在 2009 年的 H1N1 健康危机中，作为新加坡卫生部下属官方英文日报的《海峡时报》就曾是公众获取 H1N1 病毒信息的最重要来源之一。⑤ 有研究通过一项全球调查证实，在 COVID-19 大流行期间，主流新闻媒体是公众获取 COVID-19 最新信息的首要来源。尤其在新加坡，主流新闻媒体是疫情期间公众信息主要来源，自 2020 年 1 月 COVID-19 流行开始，新加坡公众的主流新闻消费明显增加，如新加坡报业控股（SPH）旗下的《新闻日报》订阅量增加，其在线新闻网站和应用程序的访问量与前一年相比翻了一番。⑥

（二）健康传播科学知识的仓促生产导致危机期间公共卫生决策缺乏有效证据

在疫情暴发的最初阶段，各种不确定性增加了公众的恐惧，人们急于

① Inoue-Choi, Maki, Sarah J. Oppeneer, and Kim Robien. "Reality Check: There is no such Thing as a Miracle Food," *Nutrition and Cancer*, 2013, 65 (2): 165-168.
② Thomas, Jackson, Gregory M. Peterson, Erin Walker, Julia K. Christenson, Melissa Cowley, Sam Kosari, Kavya E. Baby, and Mark Naunton, "Fake News: Medicines Misinformation by the Media," *Clinical Pharmacology and Therapeutics*, 2018, 104 (6): 1059-1061.
③ Tsfati, Yariv, Hajo G. Boomgaarden, Jesper Strömbäck, Rens Vliegenthart, Alyt Damstra, and Elina Lindgren, "Causes and Consequences of Mainstream Media Dissemination of Fake News: Literature Review and Synthesis," *Annals of the International Communication Association*, 2020, 44 (2): 157-173.
④ Thelwall, Mike, and David Stuart, "RUOK? Blogging Communication Technologies during Crises," *Journal of Computer-Mediated Communication*, 2007, 12 (2): 523-548.
⑤ Basnyat, Iccha, and Seow Ting Lee, "Framing of Influenza A (H1N1) Pandemic in a Singaporean Newspaper," *Health Promotion International*, 2015, 30 (4): 942-953.
⑥ Teh, C., "Two in Three Print Subscribers Read SPH Titles More Frequently during Circuit Breaker, Digital Viewers and Subscribers Increase," The Straits Times. May 13, 2020, https://www.straitstimes.com/singapore/number-of-subscribers-of-sph-digital-and-print-products-climb-sharply-readers-consuming.

获知更多与病毒、疫情相关的信息，于科学家亦是如此，学界也急于探知诸多不确定性背后的科学依据。与 2003 年 SARS 暴发时相比，本次疫情初期，研究人员发表了更多的 COVID-19 相关成果[①]，如 bioRxiv 和 medRxiv 等服务器上出现了大量的预印本研究。尽管近年来预印本在学术出版中接受度逐渐增高，但严格来讲，这些仍然只是"阶段性成果"，属于正在进行中的工作而非严格的循证科学，不宜作为公共卫生政策制定的参考依据。也有不少期刊登载了未经过严格同行评议程序的学术文章，其中可能会包含一些误导性的数据，如曾有研究报告药物"羟氯喹"与 COVID-19 患者的严重不良事件和死亡率有关，后被发现该项观察性研究数据来源不明，最终相关论文被撤回。[②③] 研究成果的快速评审和出版，削弱了研究成果的科学质量[④]，巴尔卡尼·拉斯洛（Balkányi László）等学者将这种在 COVID-19 流行期间未经严格科学评审和验证的科研成果的快速出版和爆炸性增长的现象称为"科研信息疫情"[⑤]。可以看出，如果基于这些仓促出炉的研究结论制定相应的公共卫生政策显然是非常不负责任的。同时，社交媒体平台上广泛存在的信息疫情，也对公共卫生政策的制定造成一定影响。[⑥]

[①] Sharma M., Scarr S., Kelland K., "Speed Science," 2020. https://graphics.reuters.com/CHINA-HEALTH-RESEARCH/0100B5ES3MG/index.html.

[②] Mehra M. R., Desai S. S., Kuy S., Henry T. D., Patel A. N., "Retraction: Cardiovascular Disease, Drug Therapy, and Mortality in Covid-19," N. Engl J. Med. 2020, 382 (2582). https://doi.org/10.1056/NEJMoa2007621.

[③] Mehra M. R., Desaii S. S., Ruschitzka F., Patel A. N., "RETRACTED: Hydroxychloroquine or Chloroquine with or without a Macrolide for Treatment of COVID-19: a Multinational Registry Analysis," Lancet. 2020. https://doi.org/10.1016/S0140-6736 (20) 31180-6.

[④] Pian, Wenjing, Jianxing Chi, and Feicheng Ma, "The Causes, Impacts and Countermeasures of COVID-19 'Infodemic': A Systematic Review Using Narrative Synthesis," Information Processing & Management, 2021, 58 (6): 102713.

[⑤] Balkányi, László, Lajos Lukács, and Ronald Cornet, "Investigating the Scientific 'Infodemic' Phenomenon Related to the COVID-19 Pandemic," Yearbook of Medical Informatics, 2021, 30 (1): 245-256.

[⑥] Mheidly, Nour, and Jawad Fares, "Leveraging Media and Health Communication Strategies to Overcome the COVID-19 Infodemic," Journal of Public Health Policy, 2020, 41 (4): 410-420.

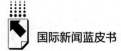

不过，针对这些漏洞，学术界和医学界也快速行动以促进高质量的科学知识传播。如《自然》和《科学》杂志，四大医学期刊（《新英格兰医学杂志》、《美国医学会杂志》、BMJ 以及《柳叶刀》杂志），Elsevier、Springer、Oxford 和 Wiley 等出版机构均为 COVID-19 相关出版提供了专门的资源中心以便通过"快速通道"（fast-tracking）安排同行评议；预印本服务器 bioRxiv 也为 COVID-19 相关文章设置了显著的黄色标识，提醒读者这些内容仅为初步报告，未经同行评议，不建议作为结论性依据。

（三）传统的健康教育健康科普模式正在被用户生成的健康内容所取代

社交媒体在健康传播中的效用历来具有两面性。在 COVID-19 大流行之前，借助社交媒体进行健康传播已经受到学术界的认可，如公共卫生信息的传播、人口健康的实时监测和潜在预测等，均可借助平台的短期参与度（每天访问平台的频率或时间，对内容的反馈或分享行为等）、中期参与频率（日活/月活用户等）、长期参与时间（对数字手段健康干预的持续行为等）等进行有效性评估。[1][2] 利用社交媒体进行健康行为推广工作也有较多成功的案例，如 2014 年的 "ALS 冰桶挑战"等。这些活动利用了社交媒体的网络效应，扩大了基于互联网的健康科普影响。然而，这仍然是以机构或专家为主的健康传播主体利用知名度、同行宣传等来实现的传统模式。

疫情暴发期间，社交媒体上传播的内容更容易对公众造成影响，如情绪、风险感知、对预防行为的认知等均与社交网络使用呈正相关关系，尤其

① Edney, Sarah, Svetlana Bogomolova, Jillian Ryan, Tim Olds, Ilea Sanders, and Carol Maher, "Creating Engaging Health Promotion Campaigns on Social Media: Observations and Lessons from Fitbit and Garmin," *Journal of Medical Internet Research*, 2018, 20 (12): e10911.

② Naslund, John A., Sunny Jung Kim, Kelly A. Aschbrenner, Laura J. McCulloch, Mary F. Brunette, Jesse Dallery, Stephen J. Bartels, and Lisa A. Marsch. "Systematic Review of Social Media Interventions for Smoking Cessation," *Addictive Behaviors*, 2017 (73): 81-93.

是恐惧和愤怒的情绪。如俄罗斯、孟加拉国和伊拉克等国的横断面调查发现，在社交媒体平台消费 COVID-19 相关新闻水平较高的人，焦虑的基线水平显著升高。[①②③] 但研究也发现，使用社交媒体作为沟通渠道也可以显著增加预防措施的有效性[④]，社交媒体提供了一个宝贵的用户生成内容（UGC）库，人们通过网络分享从情绪到症状的一系列话题[⑤]。如詹妮弗·曼格纳路（Jennifer Manganello）等人的研究发现，名人在推特或脸书等社交媒体平台发布鼓励人们戴口罩的文字或视频可能影响成千上万甚至数百万人。[⑥] 以往以公共卫生组织机构或专业从业者为主体的健康科普模式受到高影响力用户生成内容的冲击。不过，社交媒体这种"在线亲密"的弊端也更为凸显，有研究认为会"像物理上的亲密更容易传播传染病一样"。[⑦] 同时，前文提及的"信息疫情"现象在社交媒体平台上也更为明显，频繁出现的错误信

① Ahmad, Araz Ramazan, and Hersh Rasool Murad, "The Impact of Social Media on Panic during the COVID-19 Pandemic in Iraqi Kurdistan: Online Questionnaire Study," *Journal of Medical Internet Research*, 2020, 22 (5): e19556.

② Nekliudov, Nikita A., Oleg Blyuss, Ka Yan Cheung, Loukia Petrou, Jon Genuneit, Nikita Sushentsev, Anna Levadnaya, et al., "Excessive Media Consumption about COVID-19 is Associated with Increased State Anxiety: Outcomes of a Large Online Survey in Russia," *Journal of Medical Internet Research*, 2020, 22 (9): e20955.

③ Hossain, Md Tanvir, Benojir Ahammed, Sanjoy Kumar Chanda, Nusrat Jahan, Mahfuza Zaman Ela, and Md Nazrul Islam, "Social and Electronic Media Exposure and Generalized Anxiety Disorder among People during COVID-19 Outbreak in Bangladesh: A Preliminary Observation." *Plos one*, 2020, 15 (9): e0238974.

④ Oh, Sang-Hwa, Seo Yoon Lee, and Changhyun Han, "The Effects of Social Media Use on Preventive Behaviors during Infectious Disease Outbreaks: The Mediating Role of Self-relevant Emotions and Public Risk Perception," *Health Communication*, 2021, 36 (8): 972-981.

⑤ Berkovic, Danielle, Ilana N. Ackerman, Andrew M. Briggs, and Darshini Ayton, "Tweets by People with Arthritis during the COVID-19 Pandemic: Content and Sentiment Analysis," *Journal of Medical Internet Research*, 2020, 22 (12): e24550.

⑥ Manganello, Jennifer, Amy Bleakley, and Patrick Schumacher, "Pandemics and PSAs: Rapidly Changing Information in a New Media Landscape," *Health Communication*, 2020, 35 (14): 1711-1714.

⑦ Wong, John E.L., Yee Sin Leo, and Chorh Chuan Tan, "COVID-19 in Singapore—Current Experience: Critical Global Issues that Require Attention and Action," *JAMA*, 2020, 323 (13): 1243-1244. .

息很大程度上影响着健康传播效果。①②③④ 此外，社交媒体上广泛存在的政治极化成为各国公共卫生政策制定中的重要影响因素，如 Harrington 反思了保守的政治意识形态如何导致封闭的心态，以及更容易对错误信息和阴谋论产生兴趣，对此，作者建议面对存在政治动机的受众，应采用相对权威和保守道德观的信息源。

（四）健康信息的设计需要更有针对性、技巧性，精准健康对健康传播提出了更高要求

有研究发现，只关注个人行为改变的干预措施在 COVID-19 期间效果有限，更多应该解决系统性问题。不同群体在健康知识、信息获取、处理和利用等方面存在诸多不平等，这些可能会导致 COVID-19 的防治效果存在长期性差异。如老年人可能更倾向于从印刷材料（如报纸和杂志）和电视上寻找信息；受教育程度较低和自我效能感较高的公众则可能优先选择通过人际关系资源获取信息；一些经历过更多歧视或创伤的人群更有可能从朋友、亲戚和同事那里寻求信息。⑤ 因此，面对类似 COVID-19 大流行这样复杂的公共卫生危机，必须基于个人、社区、社会/政策等多个层面考虑如何进行健康传播，不仅需要了解个人决策的过程，还要掌握触发个人行为改变的环境促进/限制因素。

此外，在进行具体的健康信息表达时，要注意传播策略和修辞。如有研

---

① Chou, Wen-Ying Sylvia, and Alexandra Budenz, "Considering Emotion in COVID-19 Vaccine Communication: Addressing Vaccine Hesitancy and Fostering Vaccine Confidence," *Health communication*, 2020, 35 (14): 1718-1722.

② Harrington, Nancy Grant, "On Changing Beliefs in the Closed Human Mind," *Health Communication*, 2020, 35 (14): 1715-1717.

③ Noar, Seth M., and Lucinda Austin, " (Mis) Communicating about COVID-19: Insights from Health and Crisis Communication," *Health Communication*, 2020, 35 (14): 1735-1739.

④ Viswanath, K., Edmund W. J. Lee, and Ramya Pinnamaneni, "We Need the Lens of Equity in COVID-19 Communication," *Health Communication*, 2020, 35 (14): 1743-1746.

⑤ Cooks, Eric J., et al., "What did the Pandemic Teach us about Effective Health Communication? Unpacking the COVID-19 Infodemic," *BMC Public Health*, 2022, 22 (1): 2339.

究发现，用"战争"作为隐喻在 COVID-19 语境中极为常见，但英国著名文体学家、英国兰卡斯特大学语言学系教授埃琳娜·塞米诺（Elena Semino）分析认为，"战争"隐喻是一把双刃剑，固然这样可以激励人们采取积极的健康行动，但也可能导致宿命论，并将罪恶感归咎于死于 COVID-19 相关疾病的人[①]。也有研究指出，针对 COVID-19 的恐惧诉求策略不仅无法改变人们的行为，而且还会加剧大流行已经存在的压力因素，从而导致意想不到的消极反应行为。如部分恐惧诉求（如大规模埋葬的情景）可能会唤起曾经经历过类似公共卫生事件（如埃博拉）群体的痛苦记忆，在该信息未能明确指出相应健康措施时，导致人们不愿意积极应对疫情。[②]

三　给健康传播实践带来的启示

首先，从信源来看，为医务人员、科学家、公共卫生机构/从业者提供更多的媒体曝光时间或机会，让更多真实、有用和透明的专业信息更为直接地呈现在公众面前。[③] 研究证实在 COVID-19 疫情期间，科学家和一线医务工作者通过采访、专栏文章、播客、博客和社交媒体向人们提供事实是具有独特优势的。[④] 此外，也可借助搜索引擎算法推荐，使权威可靠的公共卫生机构网站更为便捷地被公众搜寻获取，如为了应对信息疫情，联合国和世卫组织等机构均建立了专门的新冠病毒信息门户，为公众提供可靠的和最新的信息。[⑤]

---

① Semino, Elena, "'Not Soldiers but Fire-Fighters'-Metaphors and Covid-19," *Health Communication*, 2021, 36 (1): 50-58.

② Stolow, Jeni A., et al., "How Fear Appeal Approaches in COVID-19 Health Communication may be Harming the Global Community," *Health Education & Behavior*, 2020, 47 (4): 531-535.

③ Mheidly, Nour, and Jawad Fares, "Leveraging Media and Health Communication Strategies to Overcome the COVID-19 Infodemic," *Journal of Public Health Policy*, 2020, 41 (4): 410-420.

④ Sholts S., "Accurate Science Communication is Key in the Fight against COVID-19," 2020. https://www.weforum.org/agenda/2020/03/science-communication-covid-coronavirus.

⑤ United Nation, "UN Tackles 'Infodemic' of Misinformation and Cybercrime in COVID-19 Crisis," 2021-09-26. https://www.un.org/en/un-coronavirus-communications-team/un-tackling-%E2%80%98infodemic%E2%80%99-misinformation-and-cybercrime-covid-19.

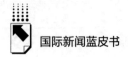

其次，从渠道来看，加强账号核查和信息监测，如核实社交媒体平台上自称"专家"的账号真实性，及时处理虚假账号及信息，并对真正的公共卫生从业者或医务工作者账号进行适当推广。有研究发现，在 2016 年寨卡病毒暴发期间，对美国各地地方公共卫生部门的公共信息官员的横断面调查显示，监测社交媒体会使人们对危机管理的满意度更高。① 在疫情期间实时监测社交媒体平台上的各类健康信息将有助于遏制虚假信息传播。而社交媒体还具有重要的流行病学价值，包括对疾病病症和相关事件（如疫情追踪、救灾需求等）的监测②，信息流行病学（information epidemiology）本身就需要分析基于网络的健康数据趋势以供决策应用，如借助推特（Twitter）或微博等平台的应用编程接口（API）为公共卫生传播提供必要信息③④；例如使用人工智能的自然语言处理分支来识别信息共享、主题建模和用户参与度等方面的时间或地理趋势⑤。因此，这些社交平台可从全球数百万用户中迅速为流行病学家提供实时大数据辅助公共卫生部门进行决策⑥。

再次，健康传播对象或群体需要具有针对性。如在美国，据媒体报道，纽约非裔美国人的死亡率是其白人同龄人的两倍，拉美人感染病毒的比例也

① Avery, Elizabeth Johnson, "Public Information Officers' Social Media Monitoring during the Zika Virus Crisis, a Global Health Threat Surrounded by Public Uncertainty," *Public Relations Review*, 2017, 17 (3): 468-476.

② Fung, Isaac Chun-Hai, Zion Tsz Ho Tse, and King-Wa Fu, "The Use of Social Media in Public Health Surveillance," *Western Pacific Surveillance and Response journal*, 2015, 6 (2): 3.

③ Zarocostas J., "How to Fight an Infodemic," *Lancet*, 2020, 395 (10225): 676.

④ Wang, Junze, Ying Zhou, Wei Zhang, Richard Evans, and Chengyan Zhu, "Concerns Expressed by Chinese Social Media Users during the COVID-19 Pandemic: Content Analysis of Sina Weibo Microblogging Data," *Journal of Medical Internet Research*, 2020, 22 (11): e22152.

⑤ Pobiruchin, Monika, Richard Zowalla, and Martin Wiesner, "Temporal and Location Variations, and Link Categories for the Dissemination of COVID-19-related Information on Twitter during the SARS-CoV-2 Outbreak in Europe: Infoveillance Study," *Journal of Medical Internet Research*, 2020, 22 (8): e19629.

⑥ Gunasekeran, Dinesh Visva, et al., "The Impact and Applications of Social Media Platforms for Public Health Responses before and During the COVID-19 Pandemic: Systematic Literature Review," *Journal of Medical Internet Research*, 2022, 24 (4): e33680.

远高于白人或亚裔。① 在健康传播实践中，需要对受众细分实现精准传播早已达成共识，然而在公共卫生危机发生时，往往受制于现实条件，某些健康风险最高或医疗设施最匮乏的群体反而容易被忽略，因此需要提前做足相关预案。有研究通过对中国报纸、社交媒体内容和其他数字平台的数据分析发现，中国在疫情治理期间针对社区的健康传播较为有效，研究认为，强有力的治理、严格的监管、强大的社区警惕性和公众参与，以及有效运用大数据和数字技术等措施，是中国努力对抗病毒蔓延的关键因素。②

最后，传播内容方面，需要基于循证科学尽快填补公众信息空白、辅助政府部门科学决策。同样是面对疫情暴发带来的不确定性需要寻求依据填补信息需求，普通公众和传播体系的运作速度与科学系统存在不一致性，基于科学方法往往需要更多时间才能提供严谨的、基于证据的结论。因此，这对科学界提出了更高的要求，成果发表时需要更为迅速、审慎，才能避免虚假信息趁虚而入。传统媒体与社交媒体在向公众提供相应信息时，也应当更好地理解应该报告什么、应该怎样报告、如何描述数据等问题。一般来讲，当传统媒体对科学证据进行严肃报道后，社交媒体也会转载这些准确信息迅速跟进报道。③

四　结语

公共卫生传播的主要目的之一是通过健康信息来促进减少风险的行为，从而形成公众的风险认知和态度。传播学长期以来的研究为健康传播有效干预提供了强大的理论基础和依据，但将其应用于具体的公共卫生危机时仍需

---

① Aleem Z, "New CDC Data Shows Covid - 19 is Affecting African Americans at Exceptionally High Rates," Vox. 2020. https：//www. vox. com/coronavirus - covid19/2020/4/18/21226225/coronavirus - black-cdc-infection.

② Hua, Jinling, and Rajib Shaw, "Corona Virus (Covid-19) 'infodemic' and Emerging Issues through a Data Lens: The Case of China," *International Journal of Environmental Research and Public Health*, 2020, 17 (7): 2309.

③ Zarocostas, John, "How to Fight an Infodemic," *The Lancet*, 2020, 395 (10225): 676.

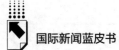

要仔细甄别，尤其是类似本次新冠疫情全球暴发的同时触发了诸多社会和政治问题，在新兴的信息传播技术交叠下，更需谨慎。2023 年春天，当新冠大流行被宣布"结束"时，ChatGPT 迎来了一轮又一轮的技术突破，引发全球聚焦。AIGC 究竟会给人类未来带来怎样的改变？智能新技术将会为健康传播带来怎样的机遇与挑战？国内学者们早已意识到，健康传播学科的发展有时代必然性，健康传播在人的现代化及社会关系调节领域能够发挥重要作用①，如当下中国面临的社会经济变革、人口结构调整、自然资源变化等均会对国民健康状况造成一定影响。在此背景下，跨学科的交流将使得健康传播更具活力，也是健康传播学科的优势所在。新冠疫情为健康传播实践带来了许多新议题，也有不少新发现，极大拓宽了健康传播学科视野。因此，建设具有中国特色的健康传播学科不仅要准确把握基本的学科概念、研究范式、实践场域，并密切关注其发展变化，还需及时跟踪国际研究进展，在聚焦中国问题的同时与国际学界对话，联合各相关学科共同推动学科体系、学术体系、话语体系的完善和创新。②

---

① 《周勇：中国新闻史学会健康传播专业委员会 2022 年年会暨首届"未来媒体与健康传播研究"研讨会上的发言》，2022 年 11 月 12 日。
② 孙少晶、阿迪娜·约提库尔：《健康传播的学科转向与体系构建》，《全球传媒学刊》2023 年第 1 期。

国别区域篇

Regional Country

B.17
海外中国媒介史研究报告

董 倩*

摘　要： 近年来，海外中国历史学家开始关注承载他们感兴趣信息的具体媒介，并试图理解媒介的物理和技术属性与这些属性的政治、经济、文化和社会意义之间的联系。在海外中国近代史和当代史研究领域，都出现了从"以媒介为对象"到"以媒介为方法"的研究转向。海外中国近代史研究中的媒介史所涉及的案例研究包括平版印刷、幻灯片、电报和电影，这些研究更加关注现有媒介的物质性以及给定媒体产品的制作过程。在当代史研究领域的媒介研究在技术与政治、物与政治、审美与政治几个层面展开，关注媒介以及官方文化产品的物质特性及其所从事的调节工作，保持它们的媒介性和个体经验作为意义的来源，以此超越原有的宣传范式。学者们开始发现，真正的传媒史研究方法可以为现代中国历史研究带来独特的视角和见解。

---

* 董倩，上海社会科学院新闻研究所助理研究员，研究方向为新媒介与城市传播、当代媒介史。

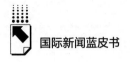

关键词：　媒介　物质性　技术　政治

一　从"以媒介为对象"到"以媒介为方法"

马歇尔·麦克卢汉（Marshall McLuhan）被许多人认为是传媒研究的奠基人，他首次在著作《理解媒介：论人的延伸》（*Understanding Media：The Extensions of Man*）中提出了"媒介即信息"的概念，该书于 1964 年出版。自那时以来，这个观点已经深入人心，成为每个主修传媒学的本科一年级学生的必修内容。麦克卢汉指出，"媒介塑造和控制了人类的联结和行动的规模和形式。这些媒介的内容和用途各种各样，但对于塑造人类的联结形式来说，它们都无关紧要"。换句话说，媒介的具体实质不仅构建和创造了一种特定的信息，而且影响着信息的接受、理解、解释和回应方式。甚至可以说，每种媒介都唤起了与该媒介独特相关的人类行为和思维模式。因此，就传播研究和媒介史而言，研究的焦点应该是媒介本身，而不是它所传递的内容。

尽管麦克卢汉的"媒介即信息"理论在传播学领域已经被广泛接受，但媒介史领域的学者似乎对这一观点并没有足够重视，这从他们普遍关注内容而非媒介本身可以看出。例如，一些人阅读旧报纸以收集与特定主题相关的信息；另一些人通过翻阅图画杂志寻找视觉证据作为特定事实的证明。在这两种情况下，报纸或图画杂志等媒介的物质性往往被忽视。这个问题在数字技术研究的广泛应用下变得更加严峻，并且由于图书馆需要通过仅提供数字格式或重新印刷来保护其藏品中的原始材料，问题变得更加复杂。由于使用计算机搜索特定词语的便利性以及原始材料的有限可获得性，研究者们今天常常缺乏接触实际媒介本身的机会。因此，他们无法回答许多问题。文字印刷在纸张上的质地如何？幻灯片或照片的确切原始尺寸是多少？所讨论的电影使用的是 16 毫米还是 35 毫米胶片拍摄的，有无音轨？那么书籍、小册子或报纸的印刷质量如何？可惜，中国的大多数图书馆并不收藏音像资料，而少数收藏的机构也很少向公众开放其藏品，这也使得学者们无法直接和完整地体验这些媒介。严格说来，任何未能充分考虑媒介本身维度的传媒史研究都不能称为真正的传媒史。这样的研究至多对于那些对通过特定媒介传达的信息感兴趣的人可能有一定的价值。

随着信息技术的广泛应用以及呈现和解读信息过程的多样化，海外中国历史学家不再仅仅满足于收集信息。他们开始关注承载其感兴趣信息的具体媒介，并理解媒介的物理和技术属性与这些属性的政治、经济、文化和社会意义之间的联系。在海外中国近代史和当代史研究领域，都出现了从"以媒介为对象"到"以媒介为方法"的研究转向，学者们开始发现，真正的传媒史研究方法可以为现代中国历史研究带来独特的视角和见解。媒介史研究需要对源资料进行批判性处理，包括对媒介本身的认真对待。因此，媒介史学家面临两个挑战。首先，需要认真对待媒介的物质性，全面关注特定媒介的外观、声音、触感，甚至气味，提取通过媒介传达的信息。其次，在媒体历史研究中还应考虑媒介生成信息的过程，并理解特定媒介的独特物理和技术属性如何影响其传达的信息，以及当一个媒介转化或转变成另一个媒介时会发生什么。

二 开拓新的空间：近代中国史领域的媒介史研究

在近代，随着电力的发现和广泛应用，更多的媒介技术得以发展，比如摄影、电影、电报、留声机和收音机等。这些媒介技术在19世纪中叶到20世纪初出现并成为现代传播系统的组成部分，对于传播史来说具有重要意义。程美宝在文章《重思近代中国的媒介史：石版印刷、幻灯片放映、电报和电影的案例》中指出，在所谓的新媒体时代或多媒体时代，几乎没有什么是真正新的。人类传播史的序章始于人们试图相互交流的时候。当有人用写作工具写下第一个词的时刻，一个基本的真理被揭示出来，即在整个历史中，人类的沟通始终涉及"新的"媒介，始终是"多媒体"性质的（人类+表意文字+书写工具+纸张）[1]。在数字时代的今天，数字技术包容吸收

---

① Ching May Bo, "Rethinking Media History in Modern China: the cases of Lithography, Slide Shows, the Telegraph, and Motion Pictures," *Journal of Modern Chinese History*, 2018, 12 (2), pp. 175-179, DOI: 10.1080/17535654.2018.1561095.

其他技术媒介产品，带来沉浸式体验，这终将把媒介性（mediality）、媒介间性（intermediality）与跨媒介（transmedia）等观念推到文学、文化、媒介研究的前沿。相关研究在这样的总体思路下展开。

2018 年，期刊《近代史研究》（*Journal of Modern Chinese History*）刊载了一期致力于重新思考近代中国的媒介史专题文章。这里所涉及的案例研究包括平版印刷、幻灯片、电报和电影。2020 年，香港科技大学人文学院教授吴盛青《光影诗学：中国抒情传统与现代文化》[①] 研究了现代摄影和印刷技术产生的视觉媒介与旧体诗词书法等文字媒介互文互载互为指涉，由此跨越文化形式与物质边界而产生的媒介间性。这些研究共同引起了我们对媒介史常常忽视或忽略的问题和争论的关注，可能对这个新兴领域具有有益的方法论启示。

（一）印刷媒介

程美宝和谢欣合著的文章《画外有音：近代中国石印技术的本土化（1876—1945）》[②] 讨论了在 19 世纪末以及 20 世纪 20 年代和 30 年代维持石版印刷流行的文化和历史力量。尽管基于排版、摄影和其他图形技术的更高效的印刷技术兴起并普及，但依赖书法和绘画的石版印刷仍被广泛用于印刷日历和中国乐谱。这项研究代表了研究者试图超越印刷物本身，关注事物印刷的方法和手段的努力。程美宝撰写的研究论文《复制知识：〈国粹学报〉博物图画的资料来源及其采用之印刷技术》[③] 则重点关注了材料的不同材质和版本给研究带来的重要"信息"，试图追踪一个画家为《国粹学报》绘制的 100 多幅植物插图的参考资料来源，同时探索新技术的使用如何帮助该期刊将信息有效地传达给读者。由于广告将复制的插图

---

① Wu Shengqing, *Photo Poetics：Chinese Lyricism and Modern Media Culture*. Columbia University Press，2020.

② Xie Xin，Ching May Bo，"Pictures and Music from Stone：The Indigenizationof Lithographyin Modern China，1876-1945," *Journal of Modern Chinese History*，2018，12（2）.

③ 程美宝：《复制知识：〈国粹学报〉博物图画的资料来源及其采用之印刷技术》，《中山大学学报》（社会科学版）2009 年第 3 期。

和绘画的卓越美学属性归功于该期刊使用的"电子雕刻"和特殊涂层纸张，需要查看《国粹学报》的原版以验证这些说法。当时有三个可能性：中山大学图书馆和广州市图书馆都拥有一些该期刊的原版；中国台湾的一家出版商于1970年重印了该期刊；江苏省广陵书社也于2006年重印了该期刊。尽管重新印刷的版本包含更多期数并提供更多的文本内容，但重新印刷的插图非常模糊和昏暗，几乎无法辨认图像。这是因为重新印刷没有使用100年前用于复制原始图片的印刷技术和纸张类型。如果作者不能看到插图的原始复制品，就不会意识到原版刊物与后来的重印版在视觉质量上的差异。同样，如果作者依赖重印版并只关注文本内容，就会错过该期刊的一个重要维度，即其在印刷资本主义时代通过采用新技术和营销策略来推广传统文化的事实。

（二）电子媒介

黄健敏的文章《移影换形：从〈建国史之一页〉到〈勋业千秋〉》[①]对黎民伟在20世纪20年代开始拍摄、40年代完成的一部纪录片进行了深入探讨，讨论了媒体学者特别感兴趣的一个问题：有些媒体产品不一定总是或必须以其原始格式消费。正如黄建民研究的案例所示，《建国史之一页》最初是记录国民党北伐和统一事业的尝试，这部原始纪录片在之后被多次剪辑，用作静止照片的来源，并在几十年后加入音轨，更名为《勋业千秋》，并进行有限的公开放映。黄健敏向我们展示了，正是从黎民伟的纪录片中截取的经过修改的静止照片，而不是电影本身，塑造了有关孙中山、蒋介石和北伐的历史叙述和我们的视觉"知识"。黄健敏的研究也提醒我们，过于关注成品媒体产品而忽视这些产品的制作过程是有风险的。例如，如果研究仅基于《勋业千秋》这部电影而缺乏对其实际放映历史的了解，就可能错误地高估了该电影的影响力，实际上该电影的发行非常有限。黄健敏呼吁在历

---

① Huang Jianmin, "From Motion Pictures to Still Photographs: a Case Study of A Page in the History of the Republic," *Journal of Modern Chinese History*, 2018, 12（2）, pp. 246-262, DOI: 10.1080/17535654. 2018. 1550302.

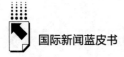

史研究中更加批判地使用媒体资料。他的案例研究证明，历史学家用来展示孙中山和蒋介石之间密切关系的某些所谓"视觉证据"实际上是基于黎民伟的纪录片经过修改的镜头。避免未来出现这种错误的方法之一是更加关注给定媒体产品的制作过程，而不仅仅集中在产品本身上。

张文洋的文章《晚清电报的语法：汉字电码本的设计与应用》① 讨论了在19世纪末期发展起来的中国电报电码体系，以及这个看似技术性的努力与当时的政治联系。张文洋认为，官方电报通信中电码的设计、修改和使用过程往往有意将某些个人或政府机构排除在外。同时，一些官员和政治派别开发了自己的电码系统，以确保保密性，结果导致官僚体系内的误解甚至沟通中断。这篇文章提醒我们，电报历史的研究者需要超越已经解码并在当代编辑的选编集中再次印刷的"内容"，而要考察整个电报信息产生的机制，这样做可能为我们对清末中国政治斗争的理解带来新的见解。孙青的文章《魔灯镜影：18—20世纪早期幻灯的放映、制作与传播》② 考察了一个往往被学术界忽视的媒介——幻灯的历史。幻灯演出在中国传播宗教思想和其他知识方面的作用值得更多关注。由于很少有历史学家将幻灯演出视为重要的历史信息来源，这种媒介在传递知识方面的重要性在全球范围内往往被低估。从狭义的历史信息来源的角度来看，一张幻灯片只是一个小小的玻璃或塑料框架，可能看起来并不起眼，并且对研究人员而言价值有限。然而，由于低廉的制作成本和广泛的可获得性，它是一种有效的大众媒介。我们还应该记住，幻灯片投影到较大的屏幕上的原理与电影投影的原理相同，即应用光源并实现放大效果。此外，与通常是个体行为的阅读书籍或杂志不同，观看幻灯演出往往是一种集体社会活动，类似于在电影院观看电影。事实上，当幻灯演出伴随着现场讲解或解说时，可能比电影对观众产生更强大的影

---

① Zhang Wenyang, "The Grammar of the Telegraph in the Late Qing: the Design and Application of Chinese Telegraphic Codebooks," *Journal of Modern Chinese History*, 2018, 12 (2), pp. 227 – 245, DOI: 10. 1080/17535654. 2018. 1540191.

② Sun Qing, "The Early Slide Projector and Slide Shows in China from the Late Seventeenth to the Early Twentieth Century," *Journal of Modern Chinese History*, 2018, 12 (2), pp. 203 – 226, DOI: 10. 1080/17535654. 2018. 1559533.

响。正如孙青所提到的，早期的幻灯演出可能孕育了现代中国的公共空间，使中国的精英阶层能够参与公共话题讨论。

三 超越"宣传"：当代中国史领域中的媒介研究

20 世纪 50 年代和 60 年代的中国政治和传播研究的主要范式是将媒介视为"宣传和灌输的重要武器"，这和当时整个当代中国研究的"极权范式"一脉相承。这种观点的问题在于，过于僵化地理解了政治和技术之间的互动，也未能意识到中国是发展中国家。近年来，欧美及我国港台地区的当代中国研究出现了一个新动向，研究者的兴趣从政治、经济等宏观层面逐渐转向民众的日常生活与文化，尤其是以前不太被注意的文化形式，目前已有不少相关的著作问世。这些著作主要通过通俗文化来观察中国社会主义革命与建设时期的政治、历史以及意识形态含义。这种研究路径既带有文化研究的色彩，又反映出史学界近来以"眼光向下"为特征的社会史和文化史转向，形成了当代中国研究的主导潮流。在当代中国史研究的这种范式转换中，"媒介"转向是较为引人注目的，这使得当代中国技术、文化与政治之间的互动得以超越"宣传"的单一范式，在新的视角中展开，这有助于打开新的阐释空间，从多个角度挖掘中国革命的遗产。

（一）技术与政治之间的媒介

"技术政治学"指的是"设计或使用技术来构建、体现或实施政治目标的战略实践"。"这些技术本身并非技术政治学的核心，而是将其用于政治过程和/或政治目标中的实践构成技术政治学。"在这种理论视角中，研究者得以在一个比较灵活的框架中，以"实践""互动"为切入点去探讨社会主义中国技术与政治之间的关系。

徐雨霁发表于亚洲研究协会年会（AAS）的论文《毛时代中国的社会主义声景：读报组与中国的政治现代性》阐释了早期社会主义中国读报组

的历史起源、发展和意义，同时探讨中国政治现代性和大众文化的发展问题。① 报纸阅读团体 20 世纪 40 年代在延安建立，通过传递党的政治指示以及国内外新闻，在自下而上的基层动员和政治教育中发挥了关键作用，与毛泽东提出的"群众路线"话语相呼应。本研究并不将报纸阅读团体视为纯粹的宣传机制，而是将其视为一种民主的（媒体）技术，以富有想象力和实践性的方式重构了精英知识分子与广大群众之间的关系。从表面上看，报纸阅读团体的领导者通常都受过高等教育，他们组织民众讨论选定的话题并传播自己的观点。任何掌握基本知识的人都可以自愿担任其他人的新领读者。从某种意义上说，报纸阅读呈现一种逐渐将文化水平较低的民众塑造为知识新主人的转型方式。在更深层次上，报纸阅读团体的"声音转向"意味着通过口头传播的"群众语言"克服了视觉障碍，即书面语言。因此，报纸阅读团体为特定的共产主义声音景观做出了贡献，群众的主体性在其中显现出来。

王雨的博士论文《倾听国家：毛时代中国的无线电与声音的技术政治》② 以"技术政治学"为视角，探讨了 20 世纪 50 年代和 60 年代广播在国家建设和社会融合中发挥的作用。技术政治学将人类和非人类主体（尤其是广播干部、运营人员、广播节目、脚本、声音以及广播技术）视为技术和政治的混合体。早期政府在发展社会主义经济、文化和社会方面的愿望，引导了广播通信技术，以前所未有的方式和水平得以使用。这些创新反过来使这些行动者重新构想和重新协商与国家的关系，并相应地调整自己的位置。此外，这一时期一系列广播相关领域的发展，通过培养公众倾听习惯、制度化广播运营人员和构建声音脚本，从根本上改变了现有的音景。国家的经济和政治考虑塑造了通信技术如何转变国家的方式。这篇论文以一种微妙和全面的方式探讨了这个问题：如果广播在技术逻辑下运作，那么它如

---

① Xu Yuji, "Communist Soundscape in Mao's China: The Newspaper Reading Group and Chinese Political Modernity," Paper presented at AAS in Asia 2020, Kobe, Japan, 2020.

② Wang Yu, *Listening to the State: Radio and the Technopolitics of Sound in Mao's China*. University of Toronto (Canada) ProQuest Dissertations Publishing, 2019.

何与国家的政治逻辑相互作用？首先，政治与技术相互放大对社会的影响。例如，广播电台发明了各种广播技术，以影响工人听众实现"追赶西方"的政治任务。这些技术带来的积极结果进一步鼓励政府领导人更广泛、更密集地利用它们，以实现更高的生产产出。正是这种政治—技术循环推动了一系列社会运动。其次，在一个目标无法实现时，政治和技术可以相辅相成。此外，广播技术还引发了国家机构内部的结构性变化，重新配置了政府行政体系中的权力资源。

（二）物与政治之间的媒介

在这类研究中，物和物质性是一个非常广泛的概念，不仅仅指物本身，还指其周围的一系列话语和关系。相应地，这类研究与其说关注物，毋宁说关注人、物和制度直接的互动关系。通过引入这一层关系，"物质性"的概念还帮助研究者发明了"策展""再媒介化"等"文化生产"的框架，以突破那种对宣传文化及其产品传统的符号学解读路径。

何若书的著作《策展革命：毛时代中国的展览政治》揭示了展览如何使中华人民共和国成立后的意识形态生产过程变得更加物质化和直观化，以及中共如何运用展览的方式来进行思想教育和群众动员。[1] 作者认为，毛时代的展览是一种特别有力的宣传形式。尽管人们在日常生活中遇到不计其数的"物"，但是只有当"物"被组织到一个系统中时，它们才可以用来说明问题的真实轨迹。即"物"必须被编织到一个意义体系中才具有教育价值，将革命意识形态与物质生活联系起来。同时，这种物质化的展览本身也是对媒介形式的创新。在策划展览的每个阶段，革命都采用了物质形式。它将照片、绘画、实物、雕塑等视觉物（陈列）与文字（讲解）融合在展厅中，使之成为政治仪式的场所。因此，这一时期的展览文化是一种物质化、视觉化的策展方式，既"反映"了革命，又"制造"了革命。之所以反映革命，

---

[1] Denise Y. Ho, *Curating Revolution Politics on Display in Mao's China*. Cambridge University Press, 2018.

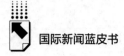

是因为中共通过展览把中国革命的历史知识化、秩序化、权威化；之所以"制造"革命，是因为通过把参观展览的过程仪式化，最大限度激发了群众运动的政治激情，从而开启了日常生活中"继续革命"的可能性。

劳伦斯·科德尔（Laurence Coderre）的社会主义中国物质史研究新作《社会主义新生事物：毛时代中国的物质性》从物质文化生命史的视角来描写社会主义中国在前改革开放时代出现的"物"以及与物连接的新现象与新关系，要回答的是"社会主义如何处理商品经济和物质文化消费"这个问题。后面各章以物质研究或广义的媒介研究的方式统摄了"声音"（录音机、唱片和家庭私有）、"服务"（售货员）、"物件"（样板戏人物的瓷器雕像制作与商品展示）、"身体"（业余爱好者的模仿、表演与装饰镜的凝视），既有对其物质机理的实证研究，也有对制度关系的互动观照。本书的一个发现是"商品的辩证法"，这个时期并不是没有商品和交换，相反，由于共产主义的愿景和社会主义的进步性都必然要求物质的丰裕，商品是必须存在的。即使事实上商品短缺，关于商品的话语也会不断生成。但是和所有新生事物的"发展辩证法"一样，社会主义商品新，但仍有旧事物的遗存；同时在特殊的不断革命论下，商品仍然是危险的，需要改造的。另一个重要的观察是"再媒介化"（remediation），即将内容从一个媒介形式转移到另一个媒介形式的过程。这个时期各个媒介无法单独存在，必须相互连接成一个大的媒介系统，而组织这一整个系统的关键节点就是样板戏的英雄形象。这些形象在各个媒介上穿梭跳跃：雕塑、戏剧、电影、照片或者任何日常事物的表面，以及作者最强调的媒介——群众的身体。通过业余表演样板戏，英雄形象被蚀刻在群众身体的表面，而这被视为一种独特的革命化的技术——演英雄，学英雄，见行动，由此可以大批量地生产革命主体。

（三）审美与政治之间的媒介

在中国研究中，近年来出现了一股关注中国社会主义文化形式的学术研究热潮，包括视觉文化、音乐、样板戏、文学、电影、戏剧、舞蹈等。在"宣传"这个带有贬义的标签下，这些文化形式曾经被中国学者们抛弃和忽视。但是在关注毛泽东时代（1949~1976年）的学术研究热潮之后，目前的学术共识是中国社会主义文化是在不断变化的政治和艺术需求的复杂协商中产生的，它从来不是一体的。对宣传的接受也一直是一个共同关注的问题。早前，梅嘉乐（Barbara Mittler）的《持续革命：理解文化大革命文化》① 以文化大革命（1966~1976年）的审美体验为基础，通过考虑文化大革命宣传艺术（音乐、舞台作品、版画和海报、漫画和文学），并结合对来自不同阶层和世代背景的中国人进行的一系列个人访谈，从文化长期持续性的角度，展示了文化大革命在艺术创作和文化体验方面的极其多面性和矛盾性。彭丽君（Laikwan Pang）在《复制的艺术：文革期间的文化生产与实践》② 中也表达了类似的观点。她研究了毛泽东时期的文化生产中，艺术家和思想家与普通人如何在一种一致性的文化环境中找到自治性、自由度和多样性。

周晨书的专著《幕外电影：社会主义中国观影》③ 探讨了1949年至20世纪90年代初中国电影展示和观影的历史、经验和记忆。作者通过"银幕外的电影"这一概念来研究社会主义中国的电影展示，与以电影本身为中心的研究方法即"银幕上的电影"区别开来。本书在将"新电影史"的关注和方法延伸到中国的同时，也通过确定电影展示中特定的"银幕外"界面（interface）来区分交互的关键点或边界，这些界面是指与电影文本之外的展示环境、身体（包括放映员和观众）以及放映设备等进行的交互。在社会主义中国，国家有意识地将电影放映作为一种通过多个界面向观众传达信息的机制，这反过来以意想不到的方式塑造了电影体验。本书以其细致的观察、富有同情的访谈以及"以中国为方法"的理论野心获得了2022年度电影与传媒研究学会首部最佳著作奖。

---

① Barbara Mittler, *A Continuous Revolution：Making Sense of Cultural Revolution Culture*. Cambridge, MA：Harvard University Asia Center, 2012.

② Pang Laikwan, *The Art of Cloning：Creative Production during China's Cultural Revolution*. Verso, 2017.

③ Zhou Chenshu, *Cinema Off Screen：Moviegoing in Socialist China*. University of California Press. 2021.

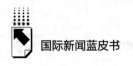
四 结语

过去几十年里，由于在分析当代中国的媒介和文艺作品时采用的方法往往过分依赖符号性的解读，凸显了它们的单一性和显而易见的简单性，无意中重现了中国共产党官方解读。在这种情况下，事物视觉盲点不仅限制了我们的阐释范围，还加强了一种观念，即宣传是一种根本上自上而下的意识形态灌输工具，与自身存在的物质条件分离。这种视角对于文学和电影研究这样重视多义性和模糊性，并以此为荣的人文学科来说没有什么价值。上述研究重新关注印刷媒介、电子媒介以及官方文化产品的物质特性及其所从事的调节工作，将它们作为当时媒介环境中具有特定物质性和体验性的组成部分进行研究，保持它们的"坚韧的物质性"和个体经验作为意义的来源。如果忽视与事物的互动层面，也就是事物作为事物本身，人们就只能看到中共宣传员力图建构的符号系统。

这种视角由此带来这样一些可能性。首先，对我们跨越1949年和1978年的限制，重新在"长时段"的意义上理解中国社会主义的过去对当下产生的影响具有重要意义。比如，《社会主义新生事物》探讨了文化大革命时期的物质文化，以展示其如何为当代中国的商品化铺平了道路，通过"新生事物"这个范畴，在一定程度上嫁接了社会主义（socialism）和后社会主义（postsocialism）之间的关系。其次，在媒介中发现当代中国。周晨书在《幕外电影：社会主义中国观影》中提出，移动放映和露天电影院是具有全球范式特征的、跨越国界的。即电影展示中多个界面的共存不应被视为中国或中国社会主义的现象，而是电影本质中的一种内在潜能，在不同的物质和文化条件下可以以不同的形式表现出来。本书通过对中国的经验研究，发展了一个关于电影展示的理论。

总之，海外中国研究中的媒介研究从"以媒介为对象"到"以媒介为方法"的方法论转变给国内的媒介史研究打开了新的思路，也带来了新挑战。为了应对这些挑战，不仅需要无障碍地获取和深入了解原始资源，还需要对多种媒介的形式具备专业知识。只有这样，媒介史学者才能深入了解信息生成的过程，这是媒体技术与权力关系之间错综复杂互动的结果。不言而喻，当学者们将研究重点放在一个媒介上时，他们也应对其他媒介有足够的了解。此外，由于近代以来几乎中国的所有新媒体都是从西方引入的，这些外来技术如何适应中国的本土文化环境是媒体历史研究中的另一个关键问题。

B.18
欧盟虚假信息治理研究报告[*]

兰雨涵　戴丽娜[**]

摘　要： 近年来，大量虚假信息在网络空间泛滥。在欧盟地区，已经严重威胁到成员国的民主制度和政治安全。一方面，虚假信息严重侵蚀了公民对政府、媒体等公共机构的信任，加剧了族群和社群的分裂，从根本上动摇了"合众为一"的欧盟体制的根基；另一方面，新冠疫情期间，大量不真实的信息乃至谣言的流行，引发全球"信息疫情"，混淆视听、引发公民的恐慌，严重威胁着公民的健康和安全。欧盟虚假信息治理研究也因此成为学界研究的热点。本文对欧盟虚假信息治理相关海外文献和研究报告进行了分析，重点梳理了欧盟虚假信息治理的内涵、危害、实践和争议性等问题的研究情况，以期为中国的虚假信息治理研究和实践提供借鉴和启发。

关键词： 虚假信息　虚假信息治理　信息疫情　信息迷雾　欧盟

一　对欧盟虚假信息治理措施的相关研究

欧盟是世界上最早重视虚假信息治理的地区之一，并接连出台了一系列

---

[*] 本文系国家社会科学基金重大项目"中国特色网络内容治理体系及监管模式研究"（18ZDA317），子课题四"网络内容治理与监管的国际比较研究"的阶段性研究成果。
[**] 兰雨涵，上海社会科学院新闻研究所传播学硕士研究生；戴丽娜，上海社会科学院新闻研究所副所长，硕士生导师。

政策、法律、文件和工作组等措施来应对欧盟虚假信息治理挑战。通过对欧盟虚假信息治理措施的文献梳理发现，欧盟虚假信息治理演进历程大致可划分为三个阶段。

（一）2016年以前的欧盟虚假信息治理

欧盟决策者曾提出"正确的信息是公民做出自由选择的根据"，因此，随着互联网的发展和数字化进程的推进，欧盟逐渐开始重视网络的虚假信息治理。欧盟较早建立了系统化的网络安全治理组织机构。其中，欧洲网络与信息安全局（ENISA）是欧盟层面负责应对虚假信息的主要职能机构，而欧洲对外行动署（European External Action Service，EEAS）则主要负责欧盟虚假信息治理过程中遇到的与其他国家的配合与攻防问题。

随着网络空间与现实社会的融合发展，欧盟一些与通信相关的守则和法律的局限性逐渐显露出来。它们无法对当下复杂的通信环境和网络环境进行有力的管理、治理和约束。为此，欧盟出台了《欧洲议会与欧盟理事会关于电子商务的法律保护指令（2000/31/EC）》和《视听媒体服务指令》对企业进行管理。随后，虚假信息浪潮开始逐渐弥漫全球，欧盟也为此专门成立了"东方网络战略工作组"处理其他国家散布的虚假信息（见表1）。

表1 欧盟2016年前发布的虚假信息治理政策、文件、工作组

时间	名称	内容
2000年	《欧洲议会与欧盟理事会关于电子商务的法律保护指令（2000/31/EC）》	建立了一个更适合所有企业发展和创新的环境，并表示服务提供商无须承担第三方非法内容的责任，但有义务协助欧盟对此内容的管理和删除
2010年	《视听媒体服务指令》（Audiovisual Media Service Directive）	该指令对包括传统电视频道、IP电视、互联网广播电视、手机电视、网络视频点播、移动多媒体等视听媒体进行统一规制，分类管理。为所有欧洲境内视听媒体服务构建起一套全新的公平监管框架和公平竞争环境
2015年3月	东方网络战略工作组（East Stratcom Task Force）	该工作组帮助欧盟应对来自其他国家散布的虚假信息，提高欧盟预测、处理和应对外部行为者虚假信息活动的能力，加强欧洲境内的整体媒体环境

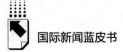
国际新闻蓝皮书

2016 年前，相较于其他国家，欧盟更加重视数字安全和网络安全问题，因此，欧洲境内的虚假信息问题还相对可控。在这一阶段，欧盟已经初步意识到虚假信息对于欧洲民主进程和社会稳定的危害，欧盟采取了"努力规范媒体环境，主动检测和防御虚假信息"的治理方针。但措施相对温和，欧盟对于企业和平台采取了"责任豁免"的态度，即企业和平台并不需要承担第三方发布违法内容的责任，只需要快速配合欧盟要求删除即可。

（二）2016~2019年的欧盟虚假信息治理

虚假信息在 2016 年之前很少进入公共舆论领域，更多的是成为军事和政治博弈中隐蔽的辅助手段。但是自 2016 年美国总统大选①和英国脱欧公投事件发生以来，假新闻和虚假信息正式开始从幕后走到人前，虚假信息的治理也成为全球各国关注的重点。2017 年欧盟指责俄罗斯向欧盟发动网络攻击②，并在欧洲社交媒体上制造大量假新闻和操纵虚假信息，误导社会舆论，企图影响当时欧盟多国正在进行的选举。

自 2016 年起，在欧洲范围内由虚假信息引发的大大小小事件层出不穷，欧盟决心向虚假信息"宣战"。欧盟先后成立了虚假信息治理专家工作组和高水平专家组，专门负责欧盟虚假信息治理行动的战略制定；随后发布了《反虚假信息行为守则》，开创性地提出了与平台进行虚假信息合作的全新监管和治理方式；最后，发布了《应对虚假信息的多维方法》《应对虚假信息：欧洲方法》《应对虚假信息行动计划》等一系列欧盟虚假信息治理的指导性文件和行动指南（见表 2）。

---

① Hunt Allcott and Matthew Gentzkow, "Social Media and Fake News in the 2016 Election," *Journal of Economic Perspectives*, 2017, 31（2）：211-236.

② Radu Magdin, "Disinformation Campaigns in the European Union: Lessons Learned from the 2019 European Elections and 2020 Covid-19 Infodemic in Romania," *Romanian journal of European Affairs*, 2020, 20（2）：49-61.

266

表 2　欧盟 2017~2018 年发布的虚假信息治理政策、文件、工作组

时间	名称	内容
2017 年 6 月	虚假信息治理专家组	负责假新闻和虚假信息治理工作定制战略
2017 年 9 月	《社交媒体的自我管理指导原则》	欧盟要求平台加强对恐怖主义、种族主义、煽动暴力仇恨等不当内容的把关,要求在线平台更积极预防、监测及移除仇恨、暴力及恐怖主义相关内容,如果自我把关不力,欧盟将立法强制执行
2018 年 1 月	HLEG 高水平专家组①（High - Level Expert Group）	制定和发布一系列针对虚假信息自我规范行为准则,提出与社交媒体平台进行合作
2018 年 10 月	《反虚假信息行为守则》（Code of Practice on Disinformation）	对虚假信息(disinformation)的内涵和外延进行了严格的界定。并首次与平台就打击虚假信息的自律标准达成一致,共同应对虚假信息挑战
2018 年 3 月	《应对虚假信息的多维方法》（A Multi - Dimensional Approach to Disinformation）	高级专家组界定了虚假信息的概念范围,审查各利益相关方当下采取的措施,并评估其优势和局限,制定了应对虚假信息的主要原则、总目标、短期目标和长期目标
2018 年 4 月	《应对网络虚假信息:欧洲方法》（Tackling Online Disinformation: A European Approach）	概括了信息迷雾的范围、产生的背景和主要原因,总结了欧洲的应对方法:旨在通过建设高透明度的高品质信息环境、对公民进行对抗虚假信息赋权、捍卫民主和政策制定过程来回应虚假信息的严重威胁
2018 年 11 月	《视听媒体服务令》修正案	服务令的监管范围扩大至视频分享平台,包括社交媒体提供的视频内容
2018 年 12 月	《应对虚假信息行动计划》（Action Plan Against Disinformation）	整合了欧盟委员会和欧洲对外行动署的行动进展,倡导采取一种动员多方主体参与的综合办法来应对信息迷雾的威胁

　　欧盟在此阶段的行动是进步的和具有开创性的,一方面,让平台加入了虚假信息治理行动,让平台从"责任豁免时代"走向了"自律时代",体现出欧盟对虚假信息治理的决心,坚持维护自己的数据主权、信息主权和技术主权。另一方面,也能看出欧盟试图构建全球虚假信息治理体系的战略意图。

---

①　Tackling Disinformation with Media Literacy: Analysis of Trends in the European Union.

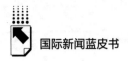

在这个时期内，引起学术界广泛关注的是欧盟 2018 年的虚假信息治理行动。学者卢埃利·哈里森（Ruairí Harrison）、图尼翁·纳瓦罗（Tuñón Navarro）、奥莱尔特（Oleart）、布扎·加西亚（Bouza García）等认为，欧盟 2018 年的努力是在"正确的治理方向上前行"，并开启了与平台进行监督合作的创举，确立了以欧盟为界限的治理范围，承认了在线交流的无国界性。① 但哈里森则认为这是一次谨慎的举动，其进步性是有限的。

这样的谨慎也造成了欧盟 2018 年治理行动的巨大缺陷：一是此次治理的法典只是一份简单的解释性文件，对成员国并没有施加法律义务，约束性有限；二是国家和平台在实施的时候，文件中没有申明要根据"欧盟定义的虚假信息概念"进行内容审核，跨平台之间缺乏统一的定义，一方面阻碍了承诺的有效行动和对准则的适当评估，另一方面加剧了国家和公众对内容审核私有化执法对基本权力的影响的担忧，如不同平台的治理标准都不一样，对言论自由的影响程度也不一样，担忧部分平台借"治理"之由，行侵犯人权之事；三是平台的监管基于平台的"自律"，对于平台虚假信息行动的效果评估只有平台的自我评估，这不利于欧盟建立独立监督机制，无法察觉谁认真执行了，而谁在浑水摸鱼；四是平台虽然加入治理行动，但与欧盟和成员国"不共享不透明"可靠的原始数据，欧盟无法获取数据，独立评估当前在线虚假信息带来的新兴趋势和威胁，也缺乏有意义的 KPI 去评估准则的有效性，阻碍了欧盟对虚假信息的进一步理解。②

（三）2020年至今的欧盟虚假信息治理

虚假信息具有紧跟社会热点来改变危害对象的特点。2020 年新冠疫情的暴发使全球陷入了巨大的恐慌之中。新冠疫情蔓延至欧洲后，欧盟网络平

---

① Ruairí Harrison, "Tackling Disinformation in Times of Crisis: The European Commission's Response to the Covid-19 Infodemic and the Feasibility of Consumer-centric Solution," *Utrecht L. Rev.*, 2021 (17): 18.

② Ruairí Harrison, "Tackling Disinformation in Times of Crisis: The European Commission's Response to the Covid-19 Infodemic and the Feasibility of Consumer-centric Solution," *Utrecht L. Rev.*, 2021 (17): 18.

台开始出现大量虚假的医疗信息、疫情防控信息和阴谋论谣言等，对欧盟的社会公共舆论和疫情防控措施都造成了巨大的负面影响。随后，欧盟虚假信息治理的关注点从此前的政治虚假信息转移到了与新冠肺炎疫情相关的虚假信息。在疫情暴发初期，欧盟迅速重启了快速预警系统，在欧盟范围内迅速共享打击虚假信息的措施，欧盟部分成员国还成立了"欧洲对抗虚假信息"（EU vs disinfo）等专门负责澄清虚假信息的网站。在新冠疫情逐渐处于可控状态后，政治虚假信息和健康虚假信息同时成为欧盟虚假信息的治理重点。

2019~2020 年，欧盟对上一阶段的虚假信息治理行动进行了评估活动，并认识到 2018 年《反虚假信息行为守则》的各种局限性。欧盟在 2020 年 12 月提出了《数字服务法》（DSA），以升级欧盟数字服务管理规则。《数字服务法》全面了改革推特、脸书、谷歌、亚马逊、苹果等大型在线平台的监管内容及监管方式。最终《数字服务法》于 2022 年 11 月正式通过（见表 3）。

表 3 欧盟 2020 年至今发布的虚假信息治理政策、文件、工作组

时间	名称	内容
2020 年 6 月	《应对 COVID-19 信息迷雾—认清事实》（Tackling COVID – 19 Disinformation – Getting the Facts Right）	详述关于新冠肺炎疫情期间产生的信息疫情和虚假信息问题，以清楚地说明问题本身、欧盟正在做什么和接下来前进的方向。并梳理了新冠肺炎疫情给信息迷雾治理带来的挑战以及下一步应对措施
2020 年 9 月	《对〈反虚假信息行为守则〉的评估报告》	指出《守则》在承诺覆盖范围方面的缺陷
2021 年 5 月	《加强〈反虚假信息行为守则〉的指南》	《指南》吸取新冠疫情虚假信息监测计划中的经验和教训，解决了《评估报告》中指出的问题（如因无法获取数据导致无法对网络虚假信息威胁进行独立评估，以及缺乏有意义的关键绩效指标等），并就如何加强《反虚假信息行为守则》以使其成为打击虚假信息的更有效工具提供了指导
2022 年 11 月	《数字服务法》（Digital Service Act）	为 2021 年《守则》提供了共同监管支持

在此阶段，欧盟在虚假信息方面的主要工作：一是应对新冠疫情"信息疫情"所带来的挑战；二是对"欧盟2016～2018年虚假信息治理工作"的评估、反思和优化。其中《数字服务法》是该阶段最新的成果，它的发布意味着数字平台必须对其"内容审核"承担法律责任，让平台从"自律时代"又迈向了"共同监管时代"。这有利于欧盟创建平台透明的数据环境，让欧盟朝着"全球数字治理引领者"的方向更进一步。

学者萨加尔·桑德（Sander Sagar）和托马斯·霍夫曼（Thomas Hoffmann）认为，《数字服务法》在很大程度上解决了2018年《反虚假信息行为守则》中存在的问题。[1] 一是DSA强调通过规则进行"内容审核"和处理"非法内容"，为平台定义明确的问责制和透明度；二是《数字服务法》将"通知和删除程序（NTD）"正式化为具有约束力的法律，要求在线平台服从"受信任的举报者"制度，即举报者将非法内容通知平台后，平台应立即采取行动；三是明确了独立审计和共同监督机制，由欧盟独立监管机构对在线平台对社会造成的系统性风险进行定期评估和审计算法，并设定了一个共同监管框架，以供不同服务商依据一系列行为准则开展工作，以应对虚假信息带来的负面影响。

但《数字服务法》依旧存在部分问题：一是《数字服务法》大多数与虚假信息相关的规定都仅使用非法内容，意味着其将忽视很多"有害但合法"内容，如新冠时期的虚假信息等；二是《数字服务法》只能在对虚假信息产生危害后，勒令平台进行删除，并没有从源头上消除虚假信息的负面影响；三是《数字服务法》的治理依旧可能涉及个人基本权力、言论自由和公共监管之间的平衡问题。[2]

① Sander Sagar and Thomas Hoffmann, "Intermediary Liability in the EU Digital Common Market-from the E-Commerce Directive to the Digital Services Act," *IDP*: *revista de Internet*, *derecho y política* = *revista d'Internet*, *dret i política*, 2021（34）: 3.

② Cendic Kristina and Gosztonyi Gergely, "Main Regulatory Plans in European Union's New Digital Regulation Package," *Digital Transformation and Information Society*, 2021.

二 对欧盟虚假信息治理争议性问题的相关研究

欧盟在逐步探索和展开虚假信息治理行动的过程中，也产生了一些具有争议的重要议题，如技术的发展对虚假信息治理的影响，隐私和言论自由与虚假信息治理行动如何进行平衡等问题。

（一）技术对欧盟虚假信息治理的双重影响

伴随人工智能技术的飞速发展，各种人工智能应用产品逐渐融入日常生活中，也对欧盟的虚假信息治理工作产生了较大影响。一方面，以人工智能技术为支撑的"深度造假"技术（deepfakes），扩大了恶意行为者操控虚假文本、图像、音频和视频的能力，加剧了欧盟的虚假信息问题；另一方面，欧盟也开始尝试使用人工智能系统来检测和治理虚假信息问题，并帮助平台构建反虚假信息框架，提升识别虚假信息的效率。然而，这样的方法也可能导致过度检测，从而引发多重伦理、基本人权、言论自由等问题。

学者诺埃米·邦特里德（Noémi Bontridder）、伊夫·保莱特（Yves Poullet）认为，虚假信息问题主要是由广告收入的网络商业模式引起的，若改善广告盈利模式将大大减少虚假信息问题。而且其表示人工智能系统不适合在线调节虚假信息内容，甚至不适合检测此类内容，可能更适合用于对抗数字生态系统的操纵。[①] 罗伯特·切斯尼（Robert Chesney）和丹尼尔·希特隆（Danielle Citron）表示，深度造假技术为抹黑国家政治、网络攻击、军事欺骗、经济犯罪和恐怖主义行动等提供了新的工具，并进一步推动了极难分辨的虚假信息的泛滥，将给国家、社会、政治、经济、网络带来很大冲击。但当前政府治理和立法的速度比不上深度造

[①] Noémi Bontridder and Yves Poullet, "The Role of Artificial Intelligence in Disinformation," *Data & Policy*, 2021 (3): e32.

假技术学习和更新的速度。事实上利用人工智能和深度造假技术进行虚假信息活动的门槛非常低，甚至能实现零成本使用和扩散。而智能检测和监管系统则需要大量高成本的学习和迭代才能逐渐应用。随着两个技术不断通过大数据进行主动学习，未来的虚假信息将越来越难检测和识别。

（二）虚假信息治理与基本人权保障的关系

一方面，《欧洲联盟条约》宣称，民主是欧盟的基本价值观之一，民主建立在自由和独立媒体的存在基础上，媒体的运作和公众的个人基本权力，都需要充分形式的言论自由；而另一方面，在事实与虚假信息难以分辨的网络空间中，毫无限制的言论自由只会进一步助长虚假信息泛滥的气焰。欧盟在虚假信息治理实践中，不得不使用严格的审查制度、过滤算法、加强信息过滤和标签等手段，但是这样的方式可能会侵犯公民的隐私权和言论自由的权力。因此，如何平衡欧盟虚假信息治理和保障基本人权始终是一个有争议性的问题。

卡洛斯·埃斯帕利乌-贝尔杜德（Carlos Espaliú-Berdud）表示，欧盟近年来虽然针对虚假信息采取了一系列措施，但因涉及敏感的信息自由和言论自由问题，实际上所有的措施中，都没有任何硬性的法律规范。[①] 阿蒂库洛（Raquel Seijas）表示，国家、电信运营商、社交媒体平台都应该加入虚假信息治理行动中，打击虚假信息必定会以牺牲部分基本权力为代价。[②] 克里斯提娜·鲍那·丘尔维（Cristina Pauner Chulvi）表示，欧盟在实施虚假信息打击行动时，很难平衡隐私权、言论自由与在线内容的监管之间的问题，一不小心平台就会形成一种内容审查制度。尽管如此，丘尔维还是觉得在线

---

① Carlos Espaliú-Berdud, "Legal and Criminal Prosecution of Disinformation in Spain in the Context of the European Union," *Profesional de la Información*, 2022, 31 (3).

② Raquel Seijas, "Las soluciones europeas a la desinformación y su riesgo de impacto en los derechos fundamentales," *IDP: Revista de Internet, Derecho y Política*, 2020 (31).

平台应该承担越来越重要的责任。① 罗克珊娜·拉杜（Roxana Radu）表示，欧盟民主国家在制定虚假信息立法的时候，致力于在严格监管的同时保护言论自由，但在实际的反虚假信息进程中，却有意无意地扼杀了媒体自由，并引入中介平台来删除禁用虚假和恶意内容，引发过度制裁和蓄意限制的问题。② 但克里斯·马斯德纳（Chris Marsdena）认为欧盟不应该把虚假信息的判断工作推给平台，因为其解决不了人权和审查之间的平衡问题，平台没有认真做好这件事的动力和理由。③

三　对欧盟虚假信息治理建议的相关研究

虚假信息具有强大的传播力和破坏力。为此，部分学者也对欧盟虚假信息治理提出了建议，如强调运用事实核查和提高公民的媒介素养来抵御和削弱虚假信息的不良影响。

（一）事实核查

事实核查（fact-checking）是指组织或媒体对准备发表或已发表新闻或信息的真实性进行调查和核实。部分正规或主流媒体为确保事实的准确无误，还专门设有事实核查部门和专业的"事实核查员"（fact-checker）等职业。学者图尼翁·纳瓦罗、奥莱尔特和布扎·加西亚认为国家和媒体在打击虚假信息方面发挥着核心作用，而欧洲已经开始广泛制定事实核查策略。④ 欧盟在 2018 年打击虚假信息战略中强调了各国家、各组织、各企业，共同

① Cristina Pauner Chulvi, "Noticias falsas y libertad de expresión e información. El control de los contenidos informativos en la red," *Teoría y Realidad Constitucional*, 2018 (41): 297-318.

② Roxana Radu, "Fighting the 'Infodemic': Legal Responses to COVID-19 Disinformation," *Social Media and Society*, 2020, 6 (3).

③ Chris Marsdena, "Platform Values and Democratic Elections: How can the Law Regulate Digital Disinformation?" *Computer Law & Security Review*, 2020 (36): 105373.

④ Tuñón Navarro, Jorge, Álvaro Oleart, and Luis Bouza García, "European Actors and Disinformation: the Dispute between Fact-checking, Alternative Agendas and Geopolitics," 2019.

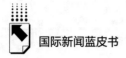

建立欧洲事实核查网络方面的责任，以建设更加透明、可靠和安全的网络生态系统。欧洲近年来也建立了几十个事实核查和驳斥组织来抵御虚假信息，其中欧盟最重要的事实核查机构是"EU vs Disinfo"和"EU factcheck"。学者图尼翁·纳瓦罗表示，事实核查在欧洲主要的策略是反驳欧洲公共领域传播的谎言，并认为事实核查在短期内能够有效打击虚假信息，但在长期方面是乏力的，因为虚假信息生成的速度一定大于事实核查验证的速度。学者塔尼娅·帕夫莱斯卡（Tanja Pavleska）和安德烈·斯科尔凯（Andrej Školkay）也非常认同事实核查在治理虚假信息中的重要作用，但其表示当前的事实核查存在效率和有效性方面的问题：一是在效率方面，当前事实核查的机制非常依赖各领域专家的主观评价和专业知识，专家们依旧以非常传统和高成本的方式进行核查，人力资源的限制和较低程度的自动化导致事实核查活动效率非常低。并且大多机构都只关注"文本"这一种内容，而忽略了视频等其他内容的治理。二是大多数事实核查机构都缺乏长期的组织和发展计划，缺乏确保有效实现目标的机制、跟踪与评估核查影响的手段和程序等。[1] 因此，面对事实核查在效率方面的痛点，欧盟应该尝试将专业人力与新技术相融合。一方面，采用合理的人力模式对专家的工作进行安排和协调；另一方面，继续推动人工智能等新技术对各种内容进行核查、处理和打击活动。目前人工智能已经开始应用于事实核查活动，但只能对虚假信息进行简单的筛选，无法评估更复杂的内容，如谐音和有歧义的内容。虽然人工智能在当下事实核查活动中的作用较为有限，但其未来必然将在事实核查活动中发挥关键的作用。[2] 针对有效性方面的痛点，事实核查组织可以建立适当的可持续性的商业计划，以保证核查机构的长期持续性，并对事实核查活动制定有效

① Pavleska, Tanja, et al. , "Performance Analysis of Fact-checking Organizations and Initiatives in Europe: a Critical Overview of Online Platforms Fighting Fake News," *Social Media and Convergence*, 2018 (19): 1-28.

② Školkay, Andrej, and Juraj Filin, "A Comparison of Fake News Detecting and Fact-checking AI Based Solutions," *Studia Medioznawcze*, 2019 (4): 365-383.

的目标、跟踪和自我评估程序，从而确保事实核查机构在监管网络中的可信性、有效性。

（二）媒介素养

网络中虚假信息的传播量和传播速度已远远超出了人工核查的能力范围，而基于人工智能和大数据技术的自动事实核查还处于初级发展阶段，只依靠对虚假信息本体的治理无法解决欧盟当前的虚假信息问题。学者弗拉维亚·杜拉赫（Flavia Durach）和阿丽娜·巴尔加奥努（Alina Bârgăoanu）表示，加强受众的批判性思维和事实核查能力，有助于增强对虚假信息的抵御能力。[1] 这种从受众角度进行虚假信息治理的策略，非常依赖国家的媒体素养计划。近年来，欧盟的媒介素养发展正走向制度化和广泛性，并已形成了以数字素养为重点的媒介素养框架。学者查罗·萨达巴（Cháro Sádaba）表示，欧盟在虚假信息治理方面采取了双管齐下的方法，一方面用可靠的法律框架来打击虚假信息，并正在建立一个更加安全的数字空间，数字平台在这个空间中需要承担相应的责任；另一方面，欧盟正在实行一种公民共同责任模式，认为公民应该具备必要的知识和技能来应对错误信息的威胁。[2] 在这个模式下，公民有义务自行判断他们在社交网络上大量接收和分享的信息的质量。虽然，欧盟当前针对虚假信息治理的媒介素养政策还存在发展不均、实施不到位等挑战，但利用媒介素养政策帮助年轻一代公民在网络空间中成为有意识的信息消费者，从受者的维度削弱虚假信息的破坏性，将成为未来虚假信息治理的重要政策之一。[3]

---

① Durach, Flavia, Alina Bârgăoanu, and Cătălina Nastasiu, "Tackling Disinformation: EU Regulation of the Digital Space," *Romnian Journal of European Affairs*, 2020, 20（1）.

② Sádaba, Cháro and Ramón Salaverría, "Tackling Disinformation with Media Literacy: Analysis of Trends in the European Union," *Revista Latina de Comunicación Social*, 2023（81）: 17-32.

③ Bôtošová, L'ubica. "Report of HLEG on Fake News and Online Disinformation," *Media Literacy and Academic Research*, 2018（1-2）: 74-77.

B.19
数字时代的布鲁塞尔效应：欧盟数字主权研究报告

唐巧盈*

摘　要：　在新一轮数字化转型浪潮下，数字自治、数字主权、技术主权、数据主权等理念成为欧盟政治领导人、欧盟数字政策以及监管行动的核心主张。国外学术界和智库界对于数字主权的研究也在蓬勃兴起。然而，当前关于欧盟数字主权的定义内涵尚未形成统一共识。基于此，本文搜集分析了重要的学术文章和智库报告，系统梳理了欧盟发布的数字主权方面的政策法规，以期展现欧盟数字主权研究图景，深入了解欧盟数字主权的具体概念、发展动因与全球影响。

关键词：　欧盟　数字主权　数字自治　数字化转型

主权（sovereignty）一词源于拉丁文"superanus"。法国思想家让·博丹（Jean Bodin）、英国托马斯·霍布斯（Thomas Hobbes）、约翰内斯·阿尔色修斯（Johannes Althusius）、洛克（John Locke）等人将主权的概念关联到一个政治实体的最高权力。随着威斯特伐利亚体系建立、20世纪欧洲殖民体系瓦解以及全球经历第二次世界大战等一系列事件演进，国家主权原则得到国际社会的广泛认可。《联合国宪章》不仅对领土主权、人民主权、政治主权，以及自治领土的主权保护等国家对内主权进行了确认，同时，也赋予

* 唐巧盈，上海社会科学院新闻研究所助理研究员，研究方向为网络空间国际治理、数据治理。

了成员国自卫权、独立权、平等权等基本对外主权权利。① 而随着全球迈入数字时代，互联网、人工智能等新一代信息技术构建形成的虚实融合的数字空间成为人类活动的新场域，国家对政治、经济、文化、军事主权的维护也延伸至"新疆域"。正如有研究所指出的，对数字空间的主权讨论和相关实践表明，国家对数据流控制的（再）生产的新干预正在建立。② 近年来，数字主权成为欧盟政治领导人和欧盟数字政策的核心主张。这一概念也受到全球政策界、学术界和智库界的关注，但有关欧盟数字主权的定义与内涵仍处于模糊状态。由此，本文在 Web of Science 数据库、全球知名智库③数据库，以 "EU digital sovereign" "EU data sovereign" "EU technological sovereign" "EU tech sovereign" 为关键词进行主题搜索，通过高引用筛选、去重、相关性关联等方式得到了与欧盟数字主权相关的论文和智库报告，并基于对上述文献的分析，试图解析这一概念背后的内涵、动因与影响。

一　何为数字主权：从战略自主到政策框架

2019 年，数字主权成为欧盟领导人执政的一大理念。新当选的欧盟委员会主席乌尔苏拉·冯德莱恩（Ursula von der Leyen）声称，我们必须掌握和拥有欧洲的关键技术④，将"数字主权"描述为"欧洲必须根据自己的价

---

① "United Nations Charter," *United Nations*, Jun. 26, 1945, https：//www.un.org/en/about-us/un-charter/full-text.

② Dammann, Finn, and Georg Glasze, "Governing Digital Circulation：the Quest for Data Control and Sovereignty in Germany," *Territory, Politics, Governance*, 2022, pp. 1-21.

③ 目前，国外研究欧盟数字主权这一主题的智库主要集中在美国智库和欧洲智库，本文选取的代表性智库为战略与国际问题研究中心（CSIS）、大西洋理事会（Atlantic Council）、信息技术与创新基金会（ITIF）、德国国际与安全事务研究所（SWP）、法国国际关系研究所（IFRI）、比利时欧洲政策研究中心（CEPS）。

④ Ursula von der Leyen, "A Union that Strives for more My Agenda for Europe. Political Guidelines for the Next European Commission 2024," *Publications Office of the European Union*, Jul. 16, 2019, https：//commission.europa.eu/system/files/2020-04/political-guidelines-next-commission_ en_ 0. pdf.

值观并遵守规则、做出选择的能力"①。同样，欧盟内部市场专员蒂埃里·布雷顿（Thierry Breton）指出，如果不建立技术主权，欧洲就无法实现其数字化转型，并强调要在新的地缘政治背景下避免外部依赖。② 在 2020 年《欧洲数字主权》文件中，"数字主权"被概括为"欧洲在数字世界独立行动的能力，应该从保护机制和促进数字创新的进攻工具（包括与非欧盟公司合作）两方面来理解它"③。与之相伴的是，学术界有关欧盟数字主权的研究日益增加。

当前，数字主权的概念与一系列相关概念常常被交叉使用，如战略自主、经济主权、创新主权、数据主权、监管主权和技术主权，等等。这种混用源于欧盟官方将数字主权及相关概念统一纳入政策框架之中。因此，一些研究针对这些概念做出了相关辨析。Bauer 等人的研究指出，战略自主性意味着有能力保持战略选择的独立性，同时战略自主性并不意味着与世界其他地区的孤立或脱钩，应确保与其他国家的相互依存关系，这是全球化和高度相互关联的世界中的一个必要因素。④ 无独有偶，有研究指出，自治的概念不是独立或缺乏一体化，而是管理经济相互依赖的能力。⑤

对于技术主权，Edler 等人则将主权定义为保持自主性，尽可能低地对他国产生结构性依赖，与之相关的技术主权则是一个国家（或地区）自主产生技术和科学知识的能力，或可通过激活可靠的伙伴关系使用外部开发技

① Ursula von der Leyen, "Tech Sovereignty Key for EU's Future Goals," *Irishexaminer* , Feb. 18, 2020, https：//www. irishexaminer. com/business/arid-30982505. html.

② "We have to Work on our Technological Sovereignty, Thierry Breton told MEPs," *Europeaninterest* , Nov. 14, 2019, https：//www. europeaninterest. eu/article/work－technological－sovereignty－thierry-breton-told-meps/.

③ Tambiama Madiega, "Digital Sovereignty for Europe," *European Parliamentary Research Service* , Jul. 2, 2020, https：//www. europarl. europa. eu/RegData/etudes/BRIE/2020/651992/EPRS_ BRI（2020）651992_ EN. pdf.

④ Bauer, Matthias, and Fredrik Erixon, "Europe's Quest for Technology Sovereignty：Opportunities and Pitfalls," *ECIPE Occasional Paper* , 2020.

⑤ "Workshop：Achieving Strategic Sovereignty for the EU," *Think Tank European Parliament* , Apr. 28, 2021, https：//www. europarl. europa. eu/thinktank/en/document/EXPO _ STU （2021） 653634.

术的能力。① 欧盟主权指数将技术主权定义为根据欧盟的利益和价值观塑造关键技术的能力，如果欧盟能够开发出具有全球竞争力的关键技术，有效地监管这些技术的传播和使用，并避免在对其经济、政治和社会福祉至关重要的技术上过度依赖其他大国，那么它将拥有技术主权。② March 等人通过分析技术对国家主权的影响，将技术主权定义为一个政体自主地塑造技术和基于技术的创新发展和使用的能力，这些技术和创新会影响其政治和经济主权。③ 在数据主权方面，Patrik Hummel 等人分析了 341 篇相关文章中涉及的数据主权内涵，提出了实现数据主权面临政策、技术、法律等方面的一系列要求，包括数据中心本地化、国家路由、国家电子邮件服务和国家骨干基础设施。④

而关于数字主权，一些研究认为，尽管它常与技术主权混用，但这些概念背后大多与控制、自主和独立的规范性想法有关，⑤ 指向的是"数字世界的独自行动能力"。⑥ 在具体内涵上，Farrand 认为，欧盟数字主权包括创造一个企业发展的安全环境，确保基础设施的完整性和弹性，然后使其成为创新的动力，从而使经济能够按照欧盟的价值观和规范扩张，并减少欧盟对世界其他地区的依赖。⑦ 大西洋理事会的报告则认为，欧盟数字主权体现了一

---

① Edler, J., K. Blind, R. Frietsch, S. Kimpeler, H. Kroll, C. Lerch, T. Reiss, F. Roth, T. Schubert, J. Schuler and R. Walz, "Technology Sovereignty. From Demand to Concept", *Fraunhofer Institute for Systems and Innovation Research*, 2020.

② "European Sovereignty Index," *European Parliamentary Research Service*, Jun. 8, 2022, https://ecfr.eu/special/sovereignty-index/.

③ March, Christoph, and Ina Schieferdecker, "Technological Sovereignty as Ability, not Autarky," *International Studies Review*, 2023.

④ Hummel, Patrik, et al, "Data Sovereignty: A Review," *Big Data & Society*, 2021.

⑤ Couture, S., and Toupin, S., "What does the Notion of 'Sovereignty' Mean when Referring to the Digital?" *New Media & Society*, 2019, pp. 2305-2322.

⑥ Tambiama Madiega, "Digital Sovereignty for Europe," *European Parliamentary Research Service*, Jul. 2, 2020, https://www.europarl.europa.eu/RegData/etudes/BRIE/2020/651992/EPRS_BRI (2020) 651992_ EN. pdf.

⑦ Farrand, Benjamin, and Helena Carrapico, "Digital Sovereignty and Taking back Control: from Regulatory Capitalism to Regulatory Mercantilism in EU Cybersecurity," *European Security*, 2022, pp. 435-453.

些关键要素：为发展基于欧盟的技术能力提供重要支持；牵头建立数字经济的全球监管规范；以及通过限制非欧盟国家对欧洲市场某些领域的参与，解决对欧洲大陆易受外部因素影响的担忧。① Bendiek 则更强调欧盟数字主权形成的根本动力，即欧盟通过透明的、内部的意见形成过程，沿着立法路径使他们的立场合法化，并在国际上多利益相关者的机构和组织中行使他们的能力。② 与此同时，也有一些研究指出，欧盟数字主权强调的是"开放战略自主"，只有在志同道合的国家（如美国）的合作中才能实现。③ 因此，上述研究虽未对数字主权、数据主权和技术主权形成明确定义，但均指出了这一概念背后的双重内涵——欧盟自身既需要保持自主独立性，又能在对外合作中具备掌握话语权的能力。

值得关注的是，鉴于欧盟数字主权这一概念出自欧盟政策界，不少论文是从欧盟出台的数字政策文件（见表1）出发，来研究数字主权的内涵。有研究基于《塑造欧洲的数字未来》分析了欧盟数字战略重点：①开发、实施和使用能够真正改变人们日常生活的技术（人工智能、5G、6G、量子计算）；②建立一个没有扭曲的单一市场，任何公司都可以在平等的基础上竞争、开发、营销和使用数字技术、产品和服务，以提高其生产力和全球竞争力，以及消费者可以对行使其权利充满信心；③加强民主价值观、尊重基本权利并促进可持续发展的欧洲数字化转型之路。④ 在此基础上，该研究认为欧盟数字主权涵盖数据管理、新一代网络（5G/6G）的开发、在线平台监

---

① Burwell, Frances, and Kenneth Propp, "Digital Sovereignty in Practice: The EU's Push to Shape the New Global Economy," *Atlantic Council Europe Center*, 2022.

② Bendiek, A., "The Impact of the Digital Service Act (DSA) and Digital Markets Act (DMA) on European Integration Policy," *SWP Working Paper*, Jun. 30, https://www.swp-berlin.org/publications/products/arbeitspapiere/WP0121_Bendiek_Digital_Service_Act_and_Digital_Markets_Act.pdf.

③ Bendiek, Annegret, and Isabella Stuerzer, "The Brussels Effect, European Regulatory Power and Political Capital: Evidence for Mutually Reinforcing Internal and External Dimensions of the Brussels Effect from the European Digital Policy Debate," *Digital Society*, 2023, p. 5.

④ European Commission, "Shaping Europe's Digital Future," *Fact Sheet*, 2020, https://commission.europa.eu/system/files/2020-02/communication-shaping-europes-digital-future-feb2020_en_4.pdf.

管、网络安全、未来突破性技术（人工智能、量子计算）研发等层面。[1] 欧
洲对外关系理事会的欧盟主权指数则关注人工智能、大数据、云计算、半导
体、机器人、物联网、高性能计算、先进通信技术和网络安全等领域。[2] 也
有一些研究强调了将数字主权纳入欧盟政策框架，开展政策协调的重要性。
Crespi 等人的研究则强调应将技术主权纳入欧盟的工业政策之中，明确政策
主张、目标任务以及其背后的价值观。[3] Burwell 等人则总结了欧盟实施数字
主权的政策工具，包括隐私保护、贸易规则、网络安全、政府采购、产业政
策、出口管制、投资筛查。[4]

表 1　欧盟出台的与数字主权相关的政策文件

发布/生效时间	政策法规	主要内容
2013 年 2 月	《欧盟网络安全战略：公开、可靠和安全的网络空间》	实现网络抗打击能力；大规模减少网络犯罪；在欧盟共同防务框架下制定防御政策，增强网络防御能力；发展网络安全相关的产业和技术；加强政府、私营企业及公民之间在网络安全的多方合作
2015 年 5 月	《数字单一市场战略》	破除法律与行政壁垒，实现数字商品服务自由流通；加强网络交流平台的管理；优化电信和音视频市场；推动数字技术发展；增加数字产业投资
2017 年 9 月	《复原力、威慑力和防御力：为欧盟建立强大的网络安全》	提出复原力、威慑力和防御力三大行动支柱，并强化欧盟在国际网络安全治理上的角色，制定三大行动优先项，即建立欧盟应对网络攻击的复原力、建立有效的网络威慑力、加强国际网络安全合作

[1] Попова，Ирина Максимовна："МЕХАНИЗМЫ ВЛИЯНИЯ ЕС НА МЕЖДУНАРОДНОЕ РЕГУЛИРОВАНИЕ ЦИФРОВОЙ ЭКОНОМИКИ. " *Вестник международных организаций*：*образование，наука*，2021，pp. 256-272.

[2] "European Sovereignty Index"，*European Parliamentary Research Service*，Jun. 8，2022，https：//ecfr. eu/special/sovereignty-index/.

[3] Crespi，Francesco，et al.，"European Technological Sovereignty：An Emerging Framework for Policy Strategy，"*Intereconomics*，2021，pp. 348-354.

[4] Burwell，Frances G.，"European Union and the Search for Digital Sovereignty：Building 'Fortress Europe' or Preparing for a New World？"*Atlantic Council*，2020.

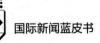

续表

发布/生效时间	政策法规	主要内容
2018 年 5 月	《通用数据保护条例》（GDPR）	GDPR 统一了欧盟数据隐私法，加大了个人数据的保护力度，还规定了企业将个人数据导出到欧盟以外的地区时应遵守的条例
2018 年 10 月	《网络与信息系统（NIS)指令》	此项面向欧盟范围内的新法令有望提高关键基础设施相关组织的 IT 安全性，同时亦将约束各搜索引擎、在线市场以及其他对现代经济拥有关键性影响的组织机构
2018 年 11 月	《非个人数据自由流动条例》	保障非个人数据在欧盟境内能够自由流动，并对数据本地化要求、主管当局的数据获取及跨境合作、专业用户的数据迁移等问题作了具体规定
2019 年 6 月	《网络安全法案》	主要为欧盟机构、机关、办公室和办事处等机构在处理个人用户、组织和企业网络安全问题的过程中加强网络安全结构、增强对数字技术的掌控、确保网络安全应当遵守的法律规制，旨在促进卫生、能源、金融和运输等关键部门的经济，特别是促进内部市场的运作
2020 年 1 月	《5G 安全工具箱》	文件呼吁成员国利用欧盟项目和资金提高 5G 技术能力，同时欧盟将协调推动标准化进程，制定欧盟认证项目，推广"更安全的产品和流程"
2020 年 2 月	《塑造欧洲的数字未来》	提出欧盟数字化变革的理念、战略和行动，希望建立以数字技术为动力的欧洲社会，使欧洲成为数字化转型的全球领导者。三大目标包括：开发"以人为本"的技术，发展公平且有竞争力的数字经济，通过数字化塑造开放、民主和可持续的社会
2020 年 2 月	《欧洲数据战略》	该战略将在尊重欧洲"以人为本"的核心价值观基础上，通过建立跨部门治理框架、加强数据基础设施投资、提升个体数据权利和技能、打造公共欧洲数据空间等措施，将欧洲打造成全球最具吸引力、最安全和最具活力的"数据敏捷经济体"
2020 年 2 月	《欧盟人工智能白皮书：走向卓越与信赖的欧洲方法》	欧盟希望为建立一个高度发达并可信的人工智能产业创造更好的政策环境，通过鼓励私营和公共投资相互合作，调动价值链各环节的资源和各方积极性，加速发展人工智能。同时，鉴于人工智能系统的复杂性及其潜在的风险，需要最大限度地发挥其优势并应对挑战
2020 年 7 月	《欧洲数字主权》	该报告从数据经济和创新、隐私与数据保护以及网络安全、数据控制和在线平台行为三方面展现了欧盟"数字主权"发展现状，并从构建数据框架、促进可信环境、建立竞争和监管规则三个路径提出了进一步倡议

续表

发布/生效时间	政策法规	主要内容
2021 年 3 月	《2030 数字罗盘：欧洲数字十年之路》	《数字罗盘》围绕数字技术熟练人员和高技能数字专家、安全和高性能的可持续数字基础设施、商业数字化转型、公共服务数字化四个基本点，制定了 12 个具体指标，以降低欧盟对外来技术的依赖，捍卫欧盟"数字主权"
2021 年 4 月	《人工智能法》（草案）	该法案从"维护欧盟的技术领先地位，并确保欧洲人民可以从按照欧盟价值观、基本权利和原则人工智能中受益"的原则出发，采取基于风险的监管思路，加强了对"禁止类 AI"和"高风险类 AI"的监管
2021 年 5 月	《关于解决在线传播恐怖主义内容的规则》	欧盟任一成员国网络主管部门均有权向在欧盟境内运营的所有网络平台发出指令，要求其删除恐怖主义相关内容，或禁止所有欧盟成员国访问该内容，否则网络平台将面临处罚
2022 年 2 月	《欧盟芯片法》（草案）	该法案旨在确保欧盟在半导体技术和应用方面的供应安全、弹性和领先地位，增强欧洲竞争力和韧性，促进数字和绿色双转型
2022 年 2 月	数据法草案（DA）	该草案涉及数据共享、公共机构访问、国际数据传输、云转换和互操作性等方面规定，致力于保障数字环境的公平，推动数据市场发展，为数据创新提供机会，并使所有人更容易获得数据，旨在使欧盟成为数据驱动社会的领导者
2022 年 2 月	《欧洲标准化战略》	该战略旨在削弱国外技术专家对欧盟标准制定的影响力，包括取消美国和其他外国企业技术专家在欧洲电信标准协会（ETSI）中的投票权，将欧洲电信标准协会的技术标准制定权集中到欧盟自己手上
2022 年 4 月	《数据治理法》（DGA）	DGA 的目标是：增加对数据中介机构的信任程度；增强全欧洲的数据共享机制；促进数据的可用性
2022 年 5 月	《数字市场法》（DMA）	DMA 从市场公平竞争的角度出发，明确了守门人的认定条件，适用于守门人向欧盟境内设立的商家或位于欧盟境内的终端用户提供的核心平台服务
2022 年 10 月	《数字服务法》（DSA）	DSA 从用户权益保障和平台治理的角度出发，明确规定了在线中介服务提供商（如社交媒体、在线市场、超大在线平台和超大在线搜索引擎）的责任和义务
2022 年 12 月	《欧洲数字权利与原则宣言》	该宣言突出了以人为本、团结和包容、可持续发展等数字化转型发展理念，涵盖了数字化转型中的关键权利和原则，可为政策制定者和企业在运用新技术时提供参考指导

注：尽管欧盟在 2019 年才正式提出数字主权的执政主张，但相关理念已在先前发布的政策法规中有所体现。

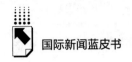

二 缘起动因：从地缘政治博弈到现实发展需求

欧盟推动构建数字主权，积极探寻属于欧洲人自己的数字化转型之路，反映了在复杂多变的国际局势下欧盟在数字领域自主行动的强烈愿望，以及引领全球数字治理的战略追求。[①] 关于欧盟数字主权的动因分析研究，是目前国外学术界的另一大关注点。这些研究分析的切入点与欧盟提出数字主权的进程与背景密切相关。

一是"斯诺登事件"的余震效应，引发了欧盟对数据主权的觉醒。2013 年，"斯诺登事件"爆出美国以"棱镜计划"为基础开展大规模全球监听，特别是对欧盟及其成员国领导人的通信设备进行监听，侵犯了欧盟用户的隐私，严重影响了美欧在网络安全领域的互信。有研究回溯欧盟主要大国在这一时期提出的欧盟执政要求和相关数字政策与法案，这些行动代表着数字主权主张的萌芽。[②] 在这一语境下，以数据主权为特征的数字主权被定义为不同国家为控制在国家互联网上产生的或通过国家互联网的数据所采取的方法，属于网络主权的一个子集。[③] 事实上，这一事件直接导致欧盟数据自由流动观念的转变，并于 2015 年废止了与美国签订的关于数据跨境流动的《安全港协议》。2016 年，欧盟与美国重新谈判制定了《欧美隐私盾协议》，但仍未能彻底打消欧盟对美国的疑虑。随后，欧盟制定了《通用数据保护条例》（GDPR），并将此作为维护"数字主权"的战略抓手。2020 年 7月，欧洲法院因《欧美隐私盾协议》无法保证非美国公民不成为美国情报部门的潜在侦伺目标，也没有赋予这些个人对抗美国政府、寻求司法救助的权利，将其判定无效，数据保护力度再度加大。2022 年 3 月，美欧双方宣

---

① 马春国：《欧盟构建数字主权的新动向及其影响》，《现代国际关系》2022 年第 6 期。

② Dammann, Finn, and Georg Glasze, "Governing Digital Circulation: the Quest for Data Control and Sovereignty in Germany," *Territory, Politics, Governance*, 2022, pp. 1-21.

③ Maurer, Tim, et al., "Technological Sovereignty: Missing the Point?" 2015 7th International Conference on Cyber Conflict: Architectures in Cyberspace. IEEE, 2015.

布就新的跨大西洋数据隐私框架（Trans-Atlantic Data Privacy Framework）达成原则性一致，但协议细节尚未敲定。2023 年 5 月，欧洲议会在内部否决了拟议的"欧盟—美国数据隐私改进框架协议"。

二是中美战略博弈，促使欧盟内部加强决策和行动。2020 年以来，世界发生了深刻的变化，COVID-19 大流行病、大国竞争加剧以及俄乌冲突提高了欧洲的威胁意识，改变了欧洲外交和安全战略的优先事项。正如一些研究指出的那样，在欧洲边界之外，地缘政治环境正在急剧变化，对全球经济和包括美国与中国在内的主要经济参与者的技术能力分配产生重要影响。美国和中国在技术和工业领导地位方面的竞争日益激烈，不仅在全球价值链的配置方面，而且在与安全、数字网络的性能和稳健性以及国际金融和支付基础设施有关的地缘战略问题上也是如此。[①] 而欧洲在数字平台、电信基础设施等多个领域对美国和中国都有结构性依赖。这种依赖性要求欧盟通过集中力量加强关键生产领域的技术和数字能力来提高技术主权水平。[②] 对此，欧洲外交关系委员会研究员优莱克·弗兰克（Ulrike Franke）曾指出，"在关于人工智能、5G 领域的讨论中，中美垄断了所有的议程和讨论，没有给包括欧盟在内的其他国家和国际组织留下任何空间"。[③] 这在一定程度上刺激了欧盟在全球地缘政治博弈中开辟空间、确立地位的决心。欧盟的许多举措都是为了对抗美国和中国数字公司在欧洲市场的强势地位。[④]

三是数字主权的提出是欧盟自身数字化转型的战略需要。Farrand 等从监管重商主义的理论视角来看待欧盟采用数字主权主张，这与其经济竞争力的丧失、有限的创新能力和对外国数字基础设施和服务提供商的高度依赖有

---

① Scott, Mark, "What's Driving Europe's New Aggressive Stance on Tech," *Politico*, 2019.

② Renda, A., "The EU Industrial Strategy: Towards a Post-Growth Agenda?" *Intereconomics*, 2021, pp. 133-138.

③ Ulrike Franke, "Europe's Struggles to Play the Great Tech Game," *European Council on Foreign Relations*, Feb. 25, 2020, https://ecfr.eu/article/commentary_ upstaged_ europes_ struggles _ to_ play_ the_ great_ tech_ game/.

④ Burwell, Frances G., "European Union and the Search for Digital Sovereignty: Building 'Fortress Europe' or Preparing for a New World?" *Atlantic Council*, 2020.

关，以及由此导致的向更多的指导性网络安全政策的转变，由此，这种主权转移导致对公私关系的重新评估，欧盟企业不仅被代表为欧盟竞争力和创新的动力，而且还被代表为欧盟规范和价值观的拥护者以及欧盟安全的保证者。[①] 也有研究详细评估了欧盟在数字化转型具体领域的不足，强调加快实现数字主权的重要性。具体来看：①世界各国都在大力发展人工智能、5G、3D 打印和其他新兴技术，从而引发了对特定国家所领导或垄断的技术的依赖性，对技术的支配地位可以让一个国家以向他国提供授权或拒绝授权某技术为条件，对他国施压，或利用这些依赖性来迫使其他国家调整改变其外交政策，欧盟的一个关键劣势在于缺乏重点领域中具有全球影响力的公司。②在过去的几年里，中国和美国的公司，如华为、亚马逊、微软、谷歌和脸书，不断增加其在连接欧洲和非欧洲地中海国家、亚洲和非洲等世界其他地区的海底电缆市场的影响力。而欧洲却在这方面落后于中美，如果欧盟不能在地中海地区投射其力量，其他国家将填补欧盟留下的这一空白，使欧洲与该地区国家的经济关联不得不依赖于欧洲外部国家建设的基础设施，从而损害欧洲的经济利益。③制定技术标准的过程就是一种创建依赖关系的微妙方式，如果欧盟不制定自己的标准，那么将被迫在采用美国或中国互联网标准之间选择，从而放弃开拓另一个市场的机会。[②] 值得关注的是，上述研究将欧盟争取数字主权的必要性归因于其缺乏有影响力的科技巨头。因此，鉴于大型科技公司在数字领域发挥的重要作用，有研究者认为，这场关于数字主权的斗争不是关于世俗和精神力量，而是关于数字领域的企业和政治权力。[③]

[①] Farrand, Benjamin, and Helena Carrapico, "Digital Sovereignty and Taking back Control: from Regulatory Capitalism to Regulatory Mercantilism in EU Cybersecurity," *European Security*, 2022, pp. 435-453.

[②] Franke, Ulrike, "Geo-tech Politics: Why Technology Shapes European Power," *European Council on Foreign Relations*, 2021.

[③] Floridi, Luciano, "The Fight for Digital Sovereignty: What it is, and why it Matters, Especially for the EU," *Philosophy & Technology*, 2020, pp. 369-378.

三 数字主权的影响：从欧洲规范性权力到布鲁塞尔效应

有关欧盟数字主权的影响，不少研究提及了规范性权力和布鲁塞尔效应。有文章回溯了欧洲的规范性权力（NPE），这一概念最早由 Manners 在 2002 年提出。他认为，规范性权力是欧盟独有的塑造或改变国际关系中正常现象的能力。[1] 2012 年，法律学者阿努·布拉德福德提出了布鲁塞尔效应。这一概念用以描述欧盟监管政策的全球影响，具体指任何司法管辖区根据其规模、行为和市场力量而可能获得的软实力的具体能力[2]，可以更明确地用于解决欧盟数字市场问题。[3] 随着数字时代的到来，有不少研究沿着上述学术脉络对欧盟数字主权的全球影响进行了阐述。

正如欧盟委员会指出的那样，欧盟旨在成为全球市场规则制定者[4]，强调欧洲价值观对全球数据隐私立法标准的重要性。[5] 一些研究也认为，欧盟已经成为某种"监管超级大国"[6]，欧盟的数字主权大多与欧盟作为国际数字环境中的监管者的想法联系在一起，[7] 经常被用作有序的、价值驱动的、

---

[1] Manners, I., "Normative Power Europe: a Contradiction in Terms?" *Journal of Common Market Studies*, 2002, pp. 235-258.

[2] Bradford, A., *The Brussels Effect: how the European Union Rules the World*. Oxford University Press, 2020.

[3] Bygrave, L. A., "The 'Strasbourg Effect' on Data Protection in Light of the 'Brussels Effect': Logic, Mechanics and Prospects," *Computer Law & Security Review*, 2021.

[4] "White Paper on the Future of Europe," *European Commission*, 2017.

[5] "A Comprehensive Approach on Personal Data Protection in the European Union," *European Commission*, 2010.

[6] Torreblanca, J. I., & R. Jorge Ricart, "The US-EU Trade and Technology Council (TTC): State of Play, Issues and Challenges for the Transatlantic Relationship," *Esade EcPol Center for Economic Policy*, Sep. 2022, https://www.esade.edu/ecpol/wp-content/uploads/2022/12/AAFF_EcPol-OIGI_PaperSeries_ENG_def_jan22.pdf.

[7] Farrand, B., and Carrapico, H., "Digital Sovereignty and Taking back Control: from Regulatory Capitalism to Regulatory Mercantilism in EU Cybersecurity," *European Security*, 2022, pp. 435-453.

受监管的、合理的和安全的数字领域的简称。[①] 由此，欧盟的数字主权的直接影响是推动欧盟法规在世界范围内传播。[②] 例如，《通用数据保护条例》（GDPR）及其规定不仅塑造了主要社交媒体平台的服务条款，包括 Meta 运营的平台，甚至还影响了美国的数据保护立法辩论。[③] 因此，有学者用"单边监管的全球化"来描述对于欧盟的布鲁塞尔效应，并指出产生上述影响的必要条件包括：该司法管辖区必须有一个庞大的国内市场、重要的监管能力，以及对无弹性目标（如消费者市场）而非弹性目标（如资本）执行严格规则的倾向。[④]

除了布鲁塞尔效应带来的国际影响，有文章指向了其对欧盟内部的影响。欧洲关于规范协调和后续标准化的辩论，有助于深化一体化，从而推进内部的再主权化。因此，在 27 个成员国之间达成一致的欧洲规则和法律也具有重要的政治资本，因为它们在国际谈判中很难被拆分，从而将沉没的谈判成本的力量投射到欧盟的合作伙伴身上。[⑤] 进一步的，Bendiek 指出，布鲁塞尔效应的内部和外部层面是相互加强的，国际伙伴相信欧洲审议产生的立法行为一旦通过就会有很高的法律确定性，而国际标准和第三方监管政策的欧洲化为成员国提供了遵守和同意欧洲法规的激励，欧盟委员会能够利用其国际监管权力来支持其深化一体化的国内政治议程，并能够进一步恢复欧洲在数字领域的主权。[⑥] Csernatoni 则将数字主权视为欧盟对数字领域领导地位的一种想象，它通过将欧洲安全想象力制度化和常态化，使欧盟的行动

① Pohle, Julia, and Thorsten Thiel, "Digital Sovereignty," *Internet Policy Review*, 2020.

② Calderaro, Andrea, and Stella Blumfelde, "Artificial Intelligence and EU Security: the False Promise of Digital Sovereignty," *European Security*, 2022, pp. 415-434.

③ Bendiek, Annegret, and Isabella Stuerzer, "The Brussels Effect, European Regulatory Power and Political Capital: Evidence for Mutually Reinforcing Internal and External Dimensions of the Brussels Effect from the European Digital Policy Debate," *Digital Society*, 2023, p. 5.

④ Bradford, Anu, "The Brussels Effect," *Northwestern University Law Review*, 2012.

⑤ Dluhosch, B., & Ziegler, N., "The Paradox of Weakness in the Politics of Trade Integration," *Constitutional Political Economy*, 2011, pp. 325-354.

⑥ Bendiek, Annegret, and Isabella Stuerzer, "The Brussels Effect, European Regulatory Power and Political Capital: Evidence for Mutually Reinforcing Internal and External Dimensions of the Brussels Effect from the European Digital Policy Debate," *Digital Society*, 2023, p. 5.

有了意义，推进了技术创新和欧盟的数字议程。①

此外，一些研究认为欧盟的数字主权是一种对外的政策宣言，难以发挥正面作用。例如，Calderaro 等人通过分析欧盟人工智能的数据、算法和硬件等技术核心要素主权发展情况，认为欧盟的行为本质是通过实施保护主义来缩小技术差距，但无法根本性解决全局问题。② 有研究则发现，欧盟与数据治理有关的政策有助于实现欧盟在数字主权方面的一些具体目标，但在其他目标方面，如提高欧盟的竞争力和监管私营部门方面，这些政策则比较有限。③ 同样，信息技术与创新基金会的报告指出，欧盟在标准制定领域采取的这一系列措施具有明显的技术民族主义倾向，在民族主义保护驱使下制定的欧盟标准，将在伤害欧盟工业和市场的同时，给欧盟带来"欧洲可以自我主宰技术导向"的技术主权幻想。④

四 结语

伴随着欧盟数字主权理念和行动的更新，数字主权这一术语内涵已扩散至战略自主权、开放战略自主权、战略主权、国防主权、技术主权、云主权、数据主权、半导体主权。目前，关于数字主权的含义是不固定的，其根据背景、政策行动、利益相关者及其具体利益和解释的变化而变化。⑤ 本文对相关文献的研究结论也证实了这一点，数字主权仍然是一个模糊概念。尽管如此，本文也通过比较研究以及对欧盟数字主权实践分析，发现了欧盟数

① Csernatoni, R., "The EU's Hegemonic Imaginaries: from European Strategic Autonomy in Defence to Technological Sovereignty," *European Security*, 2022, pp. 395-414.
② Calderaro, Andrea, and Stella Blumfelde, "Artificial Intelligence and EU Security: the False Promise of Digital Sovereignty," *European Security*, 2022, pp. 415-434.
③ Roberts, Huw, et al., "Safeguarding European Values with Digital Sovereignty: An Analysis of Statements and Policies," *Internet Policy Review*, 2021.
④ Cory, Nigel, "How the EU Is Using Technology Standards as a Protectionist Tool In Its Quest for Cybersovereignty," *Information Technology & Innovation Foundation*, 2022.
⑤ Csernatoni, R., "The EU's Hegemonic Imaginaries: from European Strategic Autonomy in Defence to Technological Sovereignty," *European Security*, 2022, pp. 395-414.

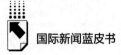

字主权的显著特征。一方面，欧盟数字主权中的"主权"内涵与传统意义上主权国家的"主权"并不一致，而是更偏向于传统主权观中外部主权的内涵，即寻求免受外部力量控制和干预的权利，实现独立和自主，并强调欧盟在数字领域作为国际行为体对欧洲利益的保护能力，在全球范围内的自主能力以及对国际秩序的塑造能力。另一方面，欧盟数字主权在促进欧洲以保护性和防御性等独特方式构建欧洲数字化转型之路、促进数字创新的同时，期望通过外部议程设置促进内部集团的再主权化。这与我国倡导的"网络主权"存在一定的共同点。在新的历史时期，中国与欧盟应以"求同存异"的精神加强对彼此网络政策的理解，如双方能在数字主权这一核心议题上达成某种程度的共识，将会有利于双方在数字领域开展深入的对话与合作，并给全球网络空间国际治理体系变革和网络安全困境带来转机。

Abstract

From the perspective of knowledge and theoretical innovation, the theoretical themes, analytical frameworks and research methods of previous Chinese journalism and communication studies have been deeply influenced by European and American communication studies, showing a relatively apparent tendency of mechanical borrowing without consideration of appropriateness and paradigm borrowing. Most existing journalism and communication researches is based on the West and has derived a so-called universal model. It is because of the perception of drawbacks of this approach that domestic academia has begun to emphasize the construction of the disciplinary system, academic system, and discourse system of journalism and communication with Chinese characteristics in recent years, hoping to create a new theoretical paradigm and knowledge system that can effectively answer and solve practical questions in China and meet the needs of the development of the times. This is where the effort to go, however it must be admitted that the process of constructing an independent knowledge system of Chinese journalism and communication does not mean completely abandoning the knowledge system of Western journalism and communication. It is still an important work to understand and explore the concepts, theories, and knowledge of Western jouraulism and communication. The Annual Report on International Jourmnalisi and Commuication Shudies, compiled by the Institute of Journalism of the Shanghai Academy in Social Sciences, is a systematic compendium of the latest research results of international Journalism and communication studies in the past two years. It hopes to discover new concepts, theories and knowledge through dynamic tracking. The report analyzes the hotspots and research interests of international journalism and communication research in recent years, and identifies

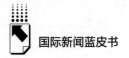

国际新闻蓝皮书

key research themes such as journalistic practices in social communication systems, new paths of information dissemination experiences, dissemination of disinformation and fact-checking, discursive practices of communication in identity politics, and journalism and social media. The report points out that while the classic and cutting-edge themes are still being explored, the dynamics of practice and the will of the academic community are the main forces driving the development of research on the popular themes. Moreover, the advancement of theory and the application of methodology remain the main issues of current research in journalism and communication.

Keywords: Journalism and Communication; Theoretical Paradigm; Disciplinary Development; Foreign Studies

Contents

I General Report

Abstract: This report indexes the research papers published in four journalism and communication studies SSCI journals in 2022 to analyze the hotspots of concern and research aims of Western journalism and communication studies in the current year. The report distills five key research themes based on the synthesis of keyword theme clustering results and journal topics. The report finds that while the classic and cutting-edge themes continue to be explored, the dynamics of practice and the will of the academic community are the main forces driving the development of research on the popular themes; in addition, the progress of theory and methodological application remains the main topic of journalism and communication research nowadays.

Keywords: Journalism Studies; Communication Studies; Journal Review; Western Studies

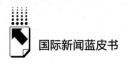
II Cutting-edge Developments

B.2 Research Report on Frontier Issues of Current Communication Political Economy *Zhang Xuekui / 021*

Abstract: At present, communication Political economy needs to expand its new research field of vision, especially in six aspects: First, make good use of Marxian economics to consolidate the theoretical foundation of communication Political economy research. Second, learn from and absorb the theoretical resources of classical Political economy, Institutional economics, New institutional economics, etc. Thirdly, greater emphasis should be placed on studying macro issues such as institutional changes triggered by the information technology revolution and the global information geopolitical revolution. Fourth, accelerate the construction or reconstruction of the micro foundations of Political economy. Fifth, draw on and introduce new research methods and technical means. Sixth, promote the study of communication Political economy with Chinese problem awareness.

Keywords: Research on Political Economy of Communication; Macro Issues; Micro Foundations

B.3 Research Report on the Development of Global Algorithm Literacy in 2022 *Fang Shishi, Jia Zihan / 033*

Abstract: Algorithm literacy aims to pay attention to the "companion" state of users in the interaction with algorithm mechanism. The formation of algorithm literacy has gone through the process from algorithm awareness to algorithm knowledge, from algorithm evaluation to algorithm practice, from building a framework to dynamic cycle. Algorithm literacy shows the transparency of algorithm through various emotional practices, and tries to understand the dynamic knowledge process of algorithm black box. Algorithm literacy consists of practical skills based on algorithm decoding, personal knowledge in daily experience and media imagination of algorithm society. The theory of algorithmic literacy intends to draw users' attention to the organizational strength and system mechanism that are easily overlooked in social configuration, and help users to find their algorithmic ability of self-coordination and combinatorial innovation with a "healthy skepticism".

Keywords: Algorithmic Literacy; Practical Skills; Embodied Knowledge; Media Imagination

B.4 Western Digital Disconnection Research Development
Report 2022　　*Gao Zaihong, Wang Yue and Yan Jingjing* / 050

Abstract: Digital disconnection has become increasingly important in digital life as a regulatory act of over-connection. This study focuses on the conceptual interpretation of digital disconnection, the influencing factors of digital disconnection, the practical paths of digital disconnection and the theoretical considerations of digital disconnection. Digital disconnection is not a dichotomy with connectivity and is divided into voluntary and involuntary disconnection, long-term and short-term disconnection. There are many influences on digital disconnection, and the decisions that drive people to voluntarily disconnect are primarily a consideration of risk and a desire for demand. In addition, digital disconnection is not just about individual practices such as putting down mobile phones and not using social media, but also about collective digital detoxification actions and support for the right to disconnect at a societal level. Finally, digital disconnection is about issues of availability, history and subjectivity and so on. When any new medium first appears, there are wake-up callers to remind users of what we might lose. We should shape and use technology in a way that respects our own subjectivity.

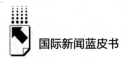

Keywords：Digital Disconnection；News Media；Digital Technology

B.5 Research Report on "Algorithmic Rhetoric" in 2022

Xu Shengquan / 068

Abstract：Currently, we find ourselves in a rhetorical environment constructed by digital media, in which algorithms, as a newly emerged rhetorical force, are reshaping our rhetorical interactions. Algorithms acquire rhetorical qualities by making certain things significant. Unlike previous symbolic persuasion, algorithmic rhetoric is more based on rule-based interactions and implicit persuasion, where the audience often achieves "self-persuasion" through the interaction. The agency of rhetoric also extends to the objects around us. We should also possess algorithmic literacy to be aware of the implicit persuasion brought about by algorithmic rhetoric.

Keywords：Algorithm；Rhetoric；Agency；Algorithmic Literacy

B.6 Research Report on International Communication and
International Relations in 2022

Wang Zhenyu / 084

Abstract：Currently, the world system and global order are undergoing drastic changes. At the moment when international public opinion has become an important strategic force in international competition, how does the current reshaping of international relations affect international communication? How does international communication in the digital age react to international relations? This article aims to review the representative overseas studies in recent years from the perspective of the three main schools of international relations theory—realism, liberalism, and constructivism. This paper finds that, in different perspectives on power, institutions and culture, the corresponding international communication can form three clear main lines: From the perspective of military application and national security, international communication has the ability to influence the shaping and distribution of international power; from the perspective of global governance From the perspective of international cooperation, international communication is giving birth to a new international system and adaptive selection model; from the perspective of identity construction and interest shaping, international communication is strengthening the current trend of intensified competition among major powers under certain limits.

Keywords: International Relations; Realism; Liberalism; Constructivism; International Communication

Ⅲ   Media Society

B. 7   The Expansion of Actor-Network Theory in Cross-Disciplinary
Applications: From Science to Media Study

Liu Yuanyuan, Li Jing / 095

Abstract: The Actor-Network Theory, which was put forward by French anthropologist and sociologist Bruno Latour and others, has emerged as an important intellectual achievement in the field of science and technology studies. Over the past two decades, it has been extensively expanded and introduced into a wider range of sociological research, including media sociology. This report combs the academic overflow process of the Actor-Network Theory from science to media, from science and technology studies to media sociology, and points out the inspirations, limitations, and potential for adjustment and expansion that this new research paradigm brings to media sociology.

Keywords: Actor-Network Theory; Media; Intermediaries; Actant

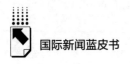
国际新闻蓝皮书

B.8 Research Report on "Metajournalistic Discourse", News Epistemology, and Changes in News Production

Meng Hui, Chen Xi / 109

Abstract: The development of technologies such as mobile internet and artificial intelligence has led to significant changes in the communication environment, prompting news media to embark on a path of deep integration and development. Based on the relevant research in academic circles, this paper makes a systematic analysis of the concept of "metajournalistic discourse" and "news epistemology", and also discusses the evolution of news production and its presentation with "metajournalistic discourse" in the new media environment. Furthermore, the paper examines the persistence and evolution of media practitioners' self-congnition in the new communication environment.

Keywords: Metajournalistic Discourse; News Epistemology; News Production

B.9 Foreign Digital Media Journalism Ethics Research Report

Wang Xiyu, Wang Wei / 122

Abstract: Digital media technology has profoundly changed the practical activities of news production and communication, bringing opportunities for the development of journalism, but also bringing more complex issues of Journalism ethics. Based on relevant literature published on Web Of Science, this paper summarizes six research topics of Journalism ethics in the digital media era in 2021: technology and Journalism ethics, audience and Citizen journalism, norms research, false information and fact verification, news transparency and image ethics. Finally, we will discuss the enlightenment brought by the research in this field. In the digital media era, we should fully recognize the changes and impacts of technology, multiple participants and other factors on Journalism ethics, which also indicates that the research on Journalism ethics in the digital media era still has important significance and value. In the future, Journalism ethics research should carry out more in-depth research in the discrimination of different technologies, the evaluation of audience status and roles, and the specifying of norms.

Keywords: Journalism Ethics; Digital Media; Web of Science

B.10   Fake News: Definition, History, Academic Practice

and Controversies   *Lv Peng, Yang Ya* / 134

Abstract: The phenomenon of fake news has a long history, and its emergence, interpretation and change are part of the changes of social information ecology. However, there are still differences in the understanding of the concept of fake news. Based on the analysis of the existing academic literature, this paper discusses the concept, history, academic practice and controversy of fake news. The academic research on fake news mainly focuses on its causes, characteristics, effects, governance and so on. Many interdisciplinary theories have been applied to the study of fake news, forming a complete research system. However, with the advent of the Internet and the development of social media, the concept of fake news, mode of production and social impact have also changed. There is still room for improvement in the definition and countermeasures of fake news. At the same time, it is also very important to clarify the concept boundary and the relationship with other similar concepts for the cognition of fake news.

Keywords: Fake News; News Change; Social Media

B.11   A Research Report on the Source of Public Emotion Theory

Zhang Xinlu / 155

Abstract: This paper reviews the definition of emotion in the contemporary emotional turn and the theory of emotion in the tradition of political philosophy. In

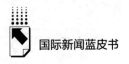
the first part, from the emotional context of Spinoza and Deleuze, the emotional theory of Brian Massumi is combed to reproduce the theoretical resources of the current emotional transformation of the humanities. The second part covers the emotional theory of Hume, Smith and the contemporary scholar Nussbaum, and briefly connects with the three works of the public domain, in order to present the secret correlation between the theory of the public domain and the emotional theory.

Keywords：Emotional Turn；Affect；Emotional Moralism；Sympathize

Ⅳ   Practical Cases

B . 12   2022 Overseas Netflix Communication Research Report

Zhang Zaozao / 170

Abstract：This paper comprehensively uses bibliometric analysis to review overseas Netflix communication research. Current research primarily focuses on six areas：Netflix's streaming platform operations, brand building, the impact of its expansion on the television industry, audience characteristics, product content characteristics, and critical analyses of its global expansion. Initial research centered on the influence of algorithm science on the platform's operations, the development of audience consumption habits, and the phenomenon of "binge-watching." As Netflix has expanded its presence globally, research has increasingly shifted towards examining its restructuring of local TV markets and viewing cultures, as well as its role in reshaping the global media landscape. Furthermore, textual analyses of transmitted content and quantitative investigations into audience cognitive experiences are rapidly evolving, in line with Netflix's "content is king" competitive strategy. Future studies on Netflix will focus on narrative communication and critical communication, such as the analysis of algorithmic imperialism, digital platform cosmopolitanism, or the revelation and satire of the binary opposition of modernism by cross-cultural content.

Keywords：Netflix；Bibliometric；Communication Studies；Streaming Platform；Television

Contents ↖↘

Abstract: As one of the largest online social media platforms in the world, Twitter has been comprehensively analyzed and studied in various disciplines such as communication, computer science, engineering, behavioral science, mathematical computational biology, psychology, etc., since its establishment. From the perspective of communication, overseas research on Twitter focuses on social media use, social mobilization, health communication, false information and rumor propagation. From the perspective of "media use", this paper focuses on the influence of different identities, motivations and behaviors of Twitter users on the use of Twitter platform. Identity research mainly focuses on the identity of participants of a specific topic on Twitter platform, the comparison of multi-platform user use, Twitter news production, etc. Motivation research focuses on individual emotional satisfaction, group mobilization, brand promotion, and the comparison with the use motivation of multiple social platforms. Behavioral research focuses on the negative effects of media use such as "information epidemic" and "media dependence disorder". In the future, crisis communication, political communication, intelligent communication (social robots, etc.), health communication, marketing communication, etc., will remain the focus and trend of overseas Twitter research.

Keywords: Communication; Social Media; Twitter

Abstract: With the emergence of artificial intelligence (AI) technologies such as AlphaGo, intelligent algorithms, the metaverse, and ChatGPT, the social impact and risks of AI have repeatedly attracted the attention of academia,

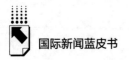

technology, and various sectors of society. The related controversies have shifted from the debate between "narrow AI" and "general AI" or "superintelligence," yet they remain deeply entangled in the divergent and heated arguments of "optimism" "pessimism" and "skepticism" forming a complex landscape of public opinion regarding the AI risks. Based on the description of the public opinion, this report indirectly reveals the current state of interaction and relationship between human cognition and artificial intelligence.

Keywords: Artificial Intelligence; Social Risks; Landscape of Public Opinion

B. 15 Research Report on Social Media Influencers and
Followers from the Perspective of "New Relationship"

Zhang Zhuo / 222

Abstract: The opportunities of the new digital technology have brought new changes to the social interaction behavior on the Internet. This research report reviews the relationship between social media influencers and followers, and combs the current "trans-parasocial relationship" between social media and brand communication from the perspective of "new relationship" to understand new forms of social interaction and audience behavior. By organizing the current mainstream research framework, we hope to provide a new research foundation and a reference knowledge system for communication and advertising theory in the digital age.

Keywords: Social Media Influencers; Followers; Parasocial Relationship; Persuasion Knowledge Model; Trans-Parasocial Relationship

B. 16 Report on the Progress of International Studies on the

Health Communication Related to COVID−19   *Wang Li* / 237

Abstract: This study aimed to review the literature on health communication related to the COVID−19 pandemic in the past three years, and tries to answer: Does the pandemic reveal new problems that have not been identified in previous health communication? What new findings have researchers gleaned from health communication practices during the pandemic? What are the implications for global public health governance? This study found that: since the COVID −19 pandemic, there have been many insights from various disciplines conducting health communication research related to the pandemic from their own disciplinary perspectives, among which "infodemic" is the most concerned communication issue; the hasty production of scientific knowledge for health communication has affected public health policymaking; user-generated health content is becoming the main content of health communication; meanwhile, precision health has set higher requirements for health communication. In the face of these new agendas, new phenomena, and new problems, this review also presents implications for public health governance from four perspectives: sources, channels, targets, and contents.

Keywords: COVID-19 Pandemic; Health Communication; Infodemic; Health Content; Public Health Assistant

V Regional Country

B. 17 Report on the Overseas Chinese Media History Research

Dong Qian / 251

Abstract: In recent years, historians of overseas Chinese history have turned their attention to the specific media that convey the information they are interested in and try to understand the connections between the physical and technological

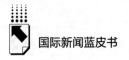

attributes of media and their political, economic, cultural, and social significance. In the fields of overseas Chinese modern history and contemporary history, there has been a shift from "media as an object" to "media as a method" in research. The study of media history in overseas Chinese modern history involves case studies such as lithographic printing, slide shows, telegrams, and films, with a greater emphasis on the materiality of existing media and the production processes of specific media products. In the field of media research in contemporary history, scholars explore the relationships between technology and politics, materiality and politics, aesthetics and politics, focusing on the material characteristics of media and official cultural products, as well as their mediation functions, while maintaining their mediality and individual experiences as sources of meaning, transcending the conventional propaganda paradigm. Scholars have begun to discover that a genuine media history research approach can bring unique perspectives and insights to the study of Chinese history.

Keywords: Media; Materiality; Technology; Politics

B. 18   Report on EU Disinformation Governance Overseas Research

Lan Yuhan, *Dai Lina* / 264

Abstract: In recent years, a large amount of disinformation has been flooding in cyberspace. In the EU region, it has seriously threatened the democratic system and political security of member states. On the one hand, disinformation has seriously eroded citizens' trust in public institutions such as the government and the media, exacerbated the division of ethnic groups and communities, and fundamentally shaken the foundation of the EU system of "many as one"; on the other hand, During the COVID-19, a large amount of disinformation and even rumors spread, triggering a global "infodemic", confusing the public, causing panic among citizens, and seriously threatening the health and safety of citizens. Therefore, research on the governance of disinformation in the EU has become a hotspot in academic research. This research analyzes overseas literature and research reports related to EU disinformation governance, focusing on the connotation, harm, governance practice, and controversy of EU disinformation governance, in order to provide reference and inspiration for China's disinformation governance research and practice.

Keywords: Disinformation; Disinformation Governance; Infodemic; Information Fog; European Union

B.19 The Brussels Effect in the Digital Age: EU Digital Sovereignty Research Report

Tang Qiaoying / 276

Abstract: Under the new wave of digital transformation, the concepts of digital autonomy, digital sovereignty, technological sovereignty, and data sovereignty have become the core propositions of EU political leaders, EU digital policies, and regulatory actions. Research on digital sovereignty is also booming in foreign academic and think tank circles. However, there is no unified consensus on the definition and connotation of EU digital sovereignty. Based on this, this article collects and analyzes important academic articles and think tank reports, and systematically sorts out the policies and regulations on digital sovereignty issued by the EU, with a view to presenting a picture of EU digital sovereignty research abroad, and gaining insight into the specific concept, development motivation and global impact of EU digital sovereignty.

Keywords: European Union; Digital Sovereignty; Digital Autonomy; Digital Transformation

皮 书

智库成果出版与传播平台

❖ 皮书定义 ❖

皮书是对中国与世界发展状况和热点问题进行年度监测，以专业的角度、专家的视野和实证研究方法，针对某一领域或区域现状与发展态势展开分析和预测，具备前沿性、原创性、实证性、连续性、时效性等特点的公开出版物，由一系列权威研究报告组成。

❖ 皮书作者 ❖

皮书系列报告作者以国内外一流研究机构、知名高校等重点智库的研究人员为主，多为相关领域一流专家学者，他们的观点代表了当下学界对中国与世界的现实和未来最高水平的解读与分析。截至 2022 年底，皮书研创机构逾千家，报告作者累计超过 10 万人。

❖ 皮书荣誉 ❖

皮书作为中国社会科学院基础理论研究与应用对策研究融合发展的代表性成果，不仅是哲学社会科学工作者服务中国特色社会主义现代化建设的重要成果，更是助力中国特色新型智库建设、构建中国特色哲学社会科学"三大体系"的重要平台。皮书系列先后被列入"十二五""十三五""十四五"时期国家重点出版物出版专项规划项目；2013~2023 年，重点皮书列入中国社会科学院国家哲学社会科学创新工程项目。

皮书网

（网址：www.pishu.cn）

发布皮书研创资讯，传播皮书精彩内容
引领皮书出版潮流，打造皮书服务平台

栏目设置

◆ **关于皮书**

何谓皮书、皮书分类、皮书大事记、
皮书荣誉、皮书出版第一人、皮书编辑部

◆ **最新资讯**

通知公告、新闻动态、媒体聚焦、
网站专题、视频直播、下载专区

◆ **皮书研创**

皮书规范、皮书选题、皮书出版、
皮书研究、研创团队

◆ **皮书评奖评价**

指标体系、皮书评价、皮书评奖

◆ **皮书研究院理事会**

理事会章程、理事单位、个人理事、高级
研究员、理事会秘书处、入会指南

所获荣誉

◆ 2008 年、2011 年、2014 年，皮书网均
在全国新闻出版业网站荣誉评选中获得
"最具商业价值网站"称号；
◆ 2012 年,获得"出版业网站百强"称号。

网库合一

2014年，皮书网与皮书数据库端口合
一，实现资源共享，搭建智库成果融合创
新平台。

皮书网　　　　"皮书说"　　　　皮书微博
　　　　　　微信公众号

权威报告·连续出版·独家资源

皮书数据库
ANNUAL REPORT(YEARBOOK)
DATABASE

分析解读当下中国发展变迁的高端智库平台

所获荣誉

- 2020年，入选全国新闻出版深度融合发展创新案例
- 2019年，入选国家新闻出版署数字出版精品遴选推荐计划
- 2016年，入选"十三五"国家重点电子出版物出版规划骨干工程
- 2013年，荣获"中国出版政府奖·网络出版物奖"提名奖
- 连续多年荣获中国数字出版博览会"数字出版·优秀品牌"奖

皮书数据库

"社科数托邦"
微信公众号

成为用户

　　登录网址www.pishu.com.cn访问皮书数据库网站或下载皮书数据库APP，通过手机号码验证或邮箱验证即可成为皮书数据库用户。

用户福利

- 已注册用户购书后可免费获赠100元皮书数据库充值卡。刮开充值卡涂层获取充值密码，登录并进入"会员中心"—"在线充值"—"充值卡充值"，充值成功即可购买和查看数据库内容。
- 用户福利最终解释权归社会科学文献出版社所有。

社会科学文献出版社 皮书系列
SOCIAL SCIENCES ACADEMIC PRESS (CHINA)

卡号：128927918287
密码：

数据库服务热线：400-008-6695
数据库服务QQ：2475522410
数据库服务邮箱：database@ssap.cn
图书销售热线：010-59367070/7028
图书服务QQ：1265056568
图书服务邮箱：duzhe@ssap.cn

S 基本子库
UB DATABASE

中国社会发展数据库（下设 12 个专题子库）

紧扣人口、政治、外交、法律、教育、医疗卫生、资源环境等 12 个社会发展领域的前沿和热点，全面整合专业著作、智库报告、学术资讯、调研数据等类型资源，帮助用户追踪中国社会发展动态、研究社会发展战略与政策、了解社会热点问题、分析社会发展趋势。

中国经济发展数据库（下设 12 专题子库）

内容涵盖宏观经济、产业经济、工业经济、农业经济、财政金融、房地产经济、城市经济、商业贸易等 12 个重点经济领域，为把握经济运行态势、洞察经济发展规律、研判经济发展趋势、进行经济调控决策提供参考和依据。

中国行业发展数据库（下设 17 个专题子库）

以中国国民经济行业分类为依据，覆盖金融业、旅游业、交通运输业、能源矿产业、制造业等 100 多个行业，跟踪分析国民经济相关行业市场运行状况和政策导向，汇集行业发展前沿资讯，为投资、从业及各种经济决策提供理论支撑和实践指导。

中国区域发展数据库（下设 4 个专题子库）

对中国特定区域内的经济、社会、文化等领域现状与发展情况进行深度分析和预测，涉及省级行政区、城市群、城市、农村等不同维度，研究层级至县及县以下行政区，为学者研究地方经济社会宏观态势、经验模式、发展案例提供支撑，为地方政府决策提供参考。

中国文化传媒数据库（下设 18 个专题子库）

内容覆盖文化产业、新闻传播、电影娱乐、文学艺术、群众文化、图书情报等 18 个重点研究领域，聚焦文化传媒领域发展前沿、热点话题、行业实践，服务用户的教学科研、文化投资、企业规划等需要。

世界经济与国际关系数据库（下设 6 个专题子库）

整合世界经济、国际政治、世界文化与科技、全球性问题、国际组织与国际法、区域研究 6 大领域研究成果，对世界经济形势、国际形势进行连续性深度分析，对年度热点问题进行专题解读，为研判全球发展趋势提供事实和数据支持。

法律声明